# 2022年 苏州教育 绿皮书

苏州市教育质量监测中心　编著

Green Paper on Education in Suzhou

苏州大学出版社　Soochow University Press

图书在版编目(CIP)数据

2022年苏州教育绿皮书／苏州市教育质量监测中心编著. -- 苏州：苏州大学出版社，2024.3
ISBN 978-7-5672-4753-6

Ⅰ.①2… Ⅱ.①苏… Ⅲ.①教育事业－研究报告－苏州－2022 Ⅳ.①G527.533

中国国家版本馆 CIP 数据核字(2024)第 054192 号

2022 年苏州教育绿皮书
2022 NIAN SUZHOU JIAOYU LÜPISHU

| 编　　著：苏州市教育质量监测中心
| 责任编辑：万才兰
| 出版发行：苏州大学出版社(Soochow University Press)
| 社　　址：苏州市十梓街1号　邮编：215006
| 印　　刷：苏州工业园区美柯乐制版印务有限责任公司
| 网　　址：www.sudapress.com
| 邮　　箱：sdcbs@suda.edu.cn
| 邮购热线：0512-67480030
| 销售热线：0512-67481020

| 开　　本：787 mm×1 092 mm　1/16
| 印　　张：17
| 字　　数：330 千
| 版　　次：2024 年 3 月第 1 版
| 印　　次：2024 年 3 月第 1 次印刷
| 书　　号：ISBN 978-7-5672-4753-6
| 定　　价：80.00 元

若发现印装错误，请与本社联系调换。服务热线：0512-67481020

# 前　言

2022年，苏州市教育系统坚持以习近平新时代中国特色社会主义思想为指导，深入学习宣传贯彻党的二十大精神，深刻领会"教育、科技、人才"三位一体部署推进的战略意义，在市委、市政府和省教育厅的坚强领导下，自觉肩负"争当表率、争做示范、走在前列"的职责使命，全面贯彻党的教育方针，落实立德树人根本任务，不断提升教育现代化水平，育人成效显著提升，全市教育各项工作取得巨大突破。

为了更好地记录、分析与总结苏州教育的发展历程，不断构建五育并举、优质均衡、内涵扎实规范的现代教育体系，努力实现高标准教育强市的目标，苏州市教育质量监测中心组织编辑出版了《2022年苏州教育绿皮书》。该书历经半年的采稿、筛选、编辑，收录了13篇全方位体现2022年度苏州教育发展情况的监测公告、调查报告和专题报告，涵盖了学生体质健康、义务教育学业质量、学生心理健康、社会与情感能力、教师跨学科教学素养等热点、难点问题，精选了苏州县级市（区）在教育综合改革过程中所取得的具有区域特色的发展报告。

期盼本书的出版，能够为教育行政管理人员、教育科学研究人员、广大师生及所有关心苏州教育的有识之士提供有益的参考。同时，衷心希望得到各界的意见和建议，使教育绿皮书真正成为融学术性与可读性于一体的地方教育史志。

本书的编辑出版，得到了苏州市教育局、苏州市人民政府教育督导室各位领导，教育局有关处室、直属学校（单位），有关县级市（区）教育行政部门及苏州大学出版社的大力支持。

# 目 录

## 监测公告

2022年苏州市中小学生体质健康监测公告 003
2022年苏州市义务教育学业质量监测公告 075

## 调查报告

县校互推：新入职小学语文教师融创式研修的实践研究
　　——太仓市新入职小学语文教师培养调查报告 091
苏州市中小学生全球胜任力评估与调研报告 096
家长参与：处境不利学生实现学业抗逆的关键密钥
　　——基于苏州市50 826个初中生家庭教育调查与学业质量监测数据的关联分析 118
苏州市中小学教师跨学科教学素养调查及优化提升路径研究 126
苏州市中小学课堂话语互动模式及其效果的研究 157
苏州市幼儿电子媒介使用及家长干预状况研究 174

## 专题报告

"双减"背景下不同教师群体的工作负担现状及影响因素研究专题报告 197
2022年苏州市初中生社会与情感能力状况专题分析报告 207
2022年苏州工业园区教育人才指数测评分析报告 217
2022年苏州市初中生心理健康状况专题分析报告 239
集团化办学助推城乡基础教育一体化高质量发展
　　——吴江区集团化办学专题分析报告 257

# 监测公告

# 2022 年苏州市中小学生体质健康监测公告

## 一、健康指标

苏州市中小学生的健康指标主要通过肥胖率和近视率两个指标得到反映。

### （一）肥胖率

#### 1. 中小学生肥胖率的基本情况

2022 年苏州市中小学生肥胖率，男生为 13.46%，女生为 7.31%，男生的肥胖率较女生高，总体肥胖率为 10.40%。（表 1）

表 1　2022 年苏州市中小学生肥胖率

|  | 男生 | 女生 | 总体 |
| --- | --- | --- | --- |
| 肥胖率 | 13.46% | 7.31% | 10.40% |

注：肥胖率统计按照中国肥胖问题工作组（WGOC）评价判断标准。

各区之间的学生肥胖率相差较大，P 区、B 区、G 区、K 区和 E 区学生的肥胖率在 10% 以上，其中 B 区学生的肥胖率最高，为 13.40%；C 区、D 区、I 区、T 区和 L 区学生的肥胖率在 10% 以下，其中 I 区学生的肥胖率最低，为 7.61%。（表 2）

表 2　2022 年苏州市各区中小学生肥胖率

| 各区 | 肥胖率 | 各区 | 肥胖率 |
| --- | --- | --- | --- |
| P 区 | 10.48% | I 区 | 7.61% |
| B 区 | 13.40% | T 区 | 9.20% |
| C 区 | 9.01% | K 区 | 11.83% |
| D 区 | 7.63% | L 区 | 8.80% |
| G 区 | 10.69% | E 区 | 12.99% |

注：肥胖率统计按照中国肥胖问题工作组（WGOC）评价判断标准。

从各年龄段中小学生的肥胖率数据（表 3）来看，小学学段肥胖率较高，12 岁达 13.16%。随着年龄增长和身体逐渐发育，各区学生的肥胖率有所下降，15 岁最低，为

6.41%，到高中学段又略微回升，18 岁为 8.13%。

各区学生的肥胖率也整体呈小学学段最高、初中学段次之、高中学段最低的趋势。（表 4）

表 3  2022 年苏州市各年龄段中小学生肥胖率

| 年龄/岁 | 肥胖率 | 年龄/岁 | 肥胖率 |
| --- | --- | --- | --- |
| 7 | 11.08% | 13 | 10.39% |
| 8 | 12.27% | 14 | 10.12% |
| 9 | 12.91% | 15 | 6.41% |
| 10 | 11.46% | 16 | 6.90% |
| 11 | 11.61% | 17 | 7.02% |
| 12 | 13.16% | 18 | 8.13% |

注：肥胖率统计按照中国肥胖问题工作组（WGOC）评价判断标准。

表 4  2022 年苏州市各区各年龄段中小学生肥胖率

| 各区 | 性别 | 7岁 | 8岁 | 9岁 | 10岁 | 11岁 | 12岁 | 13岁 | 14岁 | 15岁 | 16岁 | 17岁 | 18岁 |
| --- | --- | --- | --- | --- | --- | --- | --- | --- | --- | --- | --- | --- | --- |
| E区 | 男 | 15.56% | 20.00% | 20.00% | 15.56% | 14.29% | 11.63% | 19.57% | 19.44% | 12.12% | 19.51% | 16.67% | 15.38% |
| | 女 | 6.67% | 13.33% | 13.33% | 13.33% | 15.22% | 15.38% | 5.26% | 11.43% | 3.45% | 2.27% | 2.38% | 0.00% |
| P区 | 男 | 2.22% | 6.12% | 15.09% | 12.00% | 14.00% | 17.78% | 9.76% | 14.29% | 30.77% | 16.22% | 10.42% | 16.67% |
| | 女 | 11.11% | 12.77% | 6.38% | 8.51% | 11.11% | 11.11% | 2.33% | 4.76% | 14.29% | 7.69% | 2.08% | 0.00% |
| D区 | 男 | 20.51% | 16.00% | 15.56% | 15.56% | 13.33% | 11.11% | 6.82% | 13.33% | 2.44% | 2.27% | 0.00% | 2.31% |
| | 女 | 9.09% | 6.67% | 13.33% | 6.82% | 8.89% | 2.22% | 0.00% | 0.00% | 0.00% | 2.27% | 0.00% | 0.00% |
| C区 | 男 | 8.89% | 15.56% | 15.56% | 6.67% | 18.18% | 15.56% | 20.45% | 4.44% | 18.18% | 11.63% | 0.00% | 2.11% |
| | 女 | 2.22% | 9.09% | 11.11% | 8.89% | 11.11% | 6.67% | 2.22% | 4.44% | 4.55% | 0.00% | 2.33% | 0.00% |
| G区 | 男 | 11.54% | 8.00% | 16.98% | 20.83% | 11.90% | 19.57% | 16.39% | 17.78% | 6.25% | 4.08% | 12.50% | 28.57% |
| | 女 | 7.69% | 11.76% | 9.80% | 8.16% | 11.54% | 12.77% | 6.35% | 2.22% | 5.56% | 4.44% | 4.76% | 5.26% |
| I区 | 男 | 17.78% | 13.33% | 13.33% | 4.55% | 13.33% | 13.89% | 14.55% | 0.00% | 0.00% | 6.82% | 6.25% | 0.00% |
| | 女 | 13.33% | 11.11% | 6.67% | 4.35% | 6.67% | 14.29% | 0.00% | 10.00% | 0.00% | 2.38% | 0.00% | 0.00% |
| T区 | 男 | 15.56% | 17.78% | 15.56% | 17.78% | 17.78% | 14.89% | 18.60% | 15.56% | 0.00% | 6.25% | 2.22% | 0.00% |
| | 女 | 4.44% | 13.33% | 6.67% | 6.67% | 11.11% | 4.35% | 11.54% | 2.13% | 0.00% | 0.00% | 0.00% | 2.13% |
| B区 | 男 | 14.29% | 16.83% | 20.43% | 15.38% | 18.89% | 33.33% | 14.89% | 23.26% | 7.32% | 13.64% | 16.67% | 0.00% |
| | 女 | 9.33% | 8.89% | 10.64% | 9.47% | 9.68% | 11.11% | 4.44% | 18.60% | 4.26% | 4.65% | 10.20% | 0.00% |
| L区 | 男 | 13.95% | 6.67% | 13.33% | 15.91% | 2.22% | 17.78% | 15.91% | 0.00% | 6.98% | 14.89% | 23.08% | 4.13% |
| | 女 | 4.76% | 11.11% | 4.44% | 11.36% | 0.00% | 6.67% | 2.63% | 6.45% | 6.67% | 0.00% | 4.44% | 0.00% |
| K区 | 男 | 18.00% | 16.67% | 14.00% | 12.50% | 10.42% | 13.33% | 11.36% | 9.52% | 7.50% | 13.95% | 14.00% | 0.00% |
| | 女 | 12.00% | 8.51% | 10.20% | 12.77% | 6.00% | 15.56% | 15.56% | 13.64% | 7.69% | 6.98% | 8.51% | 0.00% |

注：肥胖率统计按照中国肥胖问题工作组（WGOC）评价判断标准。

**2. 2022 年与 2021 年中小学生肥胖率的比较**

与 2021 年相比，2022 年苏州市中小学生的肥胖率有所下降，总体从 10.42% 下降为 10.40%。男生和女生的肥胖率都略微下降，男生从 13.97% 下降为 13.46%，女生从 7.46% 下降为 7.31%。男生、女生对比，男生的肥胖率要高于女生。（表 5）

表 5  2022 年与 2021 年苏州市中小学男生、女生肥胖率对比

|  | 男生 | 女生 | 总体 |
| --- | --- | --- | --- |
| 2021 年肥胖率 | 13.97% | 7.46% | 10.42% |
| 2022 年肥胖率 | 13.46% | 7.31% | 10.40% |

注：肥胖率统计按照中国肥胖问题工作组（WGOC）评价判断标准。

从 2022 年与 2021 年苏州市各年龄段中小学生肥胖率对比（表 6）可以看出，2022 年小学学段学生的肥胖率较高，从初中开始下降，到 15 岁最低，为 6.41%，之后略有回升，到高三达 8.13%。

表 6  2022 年与 2021 年苏州市各年龄段中小学生肥胖率对比

| 年龄/岁 | 2021 年肥胖率 | 2022 年肥胖率 | 年龄/岁 | 2021 年肥胖率 | 2022 年肥胖率 |
| --- | --- | --- | --- | --- | --- |
| 7 | 11.26% | 11.08% | 13 | 10.48% | 10.39% |
| 8 | 12.88% | 12.27% | 14 | 6.14% | 10.12% |
| 9 | 13.91% | 12.91% | 15 | 6.83% | 6.41% |
| 10 | 15.38% | 11.46% | 16 | 7.03% | 6.90% |
| 11 | 11.90% | 11.61% | 17 | 6.52% | 7.02% |
| 12 | 11.77% | 13.16% | 18 | 4.42% | 8.13% |

注：肥胖率统计按照中国肥胖问题工作组（WGOC）评价判断标准。

## （二）近视率

**1. 中小学生近视率的基本情况**

2022 年苏州市中小学生近视率，男生为 56.20%，女生为 59.57%，女生的近视率高于男生，总体近视率为 57.87%。（表 7）

表 7  2022 年苏州市中小学生近视率

|  | 男生 | 女生 | 总体 |
| --- | --- | --- | --- |
| 近视率 | 56.20% | 59.57% | 57.87% |

注：双眼裸眼视力均 ≥4.8 为正常视力，反之则为近视。

各区学生近视率对比，L 区学生的近视率最低，为 48.71%，C 区学生的近视率最

高，为63.66%，其次为E区的学生，其近视率为62.93%，其他各区学生的近视率分别为P区56.28%、B区54.91%、D区60.10%、G区58.89%、I区50.14%、T区59.50%、K区62.33%。（表8）

表8　2022年苏州市各区中小学生近视率

| 各区 | 近视率 | 各区 | 近视率 |
| --- | --- | --- | --- |
| P区 | 56.28% | I区 | 50.14% |
| B区 | 54.91% | T区 | 59.50% |
| C区 | 63.66% | K区 | 62.33% |
| D区 | 60.10% | L区 | 48.71% |
| G区 | 58.89% | E区 | 62.93% |

注：双眼裸眼视力均≥4.8为正常视力，反之则为近视。

从2022年苏州市各区各年龄段中小学生的近视率（表9）来看，小学学段近视率最低，高中学段近视率最高，普遍在80%以上。随着年龄增长，中小学生的近视率总体呈逐渐升高趋势，高中学段最高，甚至个别区的高三学生的近视率达到100%。

表9　2022年苏州市各区各年龄段中小学生近视率

| 各区 | 性别 | 7岁 | 8岁 | 9岁 | 10岁 | 11岁 | 12岁 | 13岁 | 14岁 | 15岁 | 16岁 | 17岁 | 18岁 |
| --- | --- | --- | --- | --- | --- | --- | --- | --- | --- | --- | --- | --- | --- |
| E区 | 男 | 8.89% | 33.33% | 46.67% | 53.33% | 61.22% | 62.79% | 67.39% | 91.67% | 87.88% | 90.24% | 89.58% | 92.31% |
|  | 女 | 20.00% | 31.11% | 42.22% | 40.00% | 52.17% | 74.36% | 71.05% | 85.71% | 93.10% | 95.45% | 95.24% | 100.00% |
| P区 | 男 | 13.33% | 18.37% | 30.19% | 26.00% | 46.00% | 77.78% | 65.85% | 69.05% | 88.46% | 89.19% | 95.83% | 100.00% |
|  | 女 | 8.89% | 12.77% | 27.66% | 40.43% | 35.56% | 53.33% | 67.44% | 90.48% | 95.24% | 86.54% | 87.50% | 100.00% |
| D区 | 男 | 10.26% | 26.00% | 31.11% | 48.89% | 37.78% | 64.44% | 70.45% | 68.89% | 82.93% | 84.09% | 85.00% | 100.00% |
|  | 女 | 0.00% | 24.44% | 46.67% | 59.09% | 62.22% | 93.33% | 71.11% | 84.44% | 84.44% | 97.73% | 95.00% | 89.58% |
| C区 | 男 | 8.89% | 24.44% | 33.33% | 48.89% | 68.18% | 55.56% | 77.27% | 91.11% | 97.73% | 90.70% | 90.91% | 100.00% |
|  | 女 | 28.89% | 18.18% | 35.56% | 66.67% | 68.89% | 64.44% | 75.56% | 84.44% | 90.91% | 90.48% | 95.35% | 95.24% |
| G区 | 男 | 15.38% | 20.00% | 37.74% | 43.75% | 59.52% | 63.04% | 72.13% | 55.56% | 81.25% | 89.80% | 93.75% | 100.00% |
|  | 女 | 19.23% | 29.41% | 35.29% | 55.10% | 48.08% | 72.34% | 74.60% | 75.56% | 86.11% | 88.89% | 83.33% | 100.00% |
| I区 | 男 | 6.67% | 20.00% | 37.78% | 34.09% | 46.67% | 58.33% | 78.18% | 75.00% | 76.67% | 72.73% | 81.25% | 75.00% |
|  | 女 | 11.11% | 31.11% | 26.67% | 39.13% | 62.22% | 64.29% | 63.64% | 65.00% | 88.89% | 85.71% | 86.79% | 100.00% |
| T区 | 男 | 15.56% | 28.89% | 33.33% | 57.78% | 64.44% | 48.94% | 72.22% | 88.89% | 66.67% | 58.33% | 100.00% | 100.00% |
|  | 女 | 8.89% | 17.78% | 40.00% | 71.11% | 75.56% | 71.74% | 75.00% | 76.60% | 63.64% | 72.34% | 97.44% | 60.00% |
| B区 | 男 | 19.05% | 25.74% | 48.39% | 56.04% | 47.78% | 66.67% | 78.72% | 67.44% | 92.68% | 84.09% | 79.63% | 97.44% |
|  | 女 | 21.33% | 40.00% | 44.68% | 56.84% | 53.76% | 66.67% | 64.44% | 79.07% | 82.98% | 90.70% | 87.76% | 100.00% |

续表

| 各区 | 性别 | 7岁 | 8岁 | 9岁 | 10岁 | 11岁 | 12岁 | 13岁 | 14岁 | 15岁 | 16岁 | 17岁 | 18岁 |
|---|---|---|---|---|---|---|---|---|---|---|---|---|---|
| L区 | 男 | 16.28% | 11.11% | 31.11% | 31.82% | 42.22% | 44.44% | 61.36% | 35.48% | 88.37% | 68.09% | 82.05% | 93.62% |
| | 女 | 11.90% | 28.89% | 46.67% | 31.82% | 58.97% | 37.78% | 65.79% | 41.94% | 75.56% | 83.33% | 77.78% | 100.00% |
| K区 | 男 | 26.00% | 37.50% | 48.00% | 52.08% | 52.08% | 66.67% | 79.55% | 73.81% | 82.50% | 90.70% | 88.00% | 97.44% |
| | 女 | 22.00% | 38.30% | 46.94% | 46.81% | 54.00% | 73.33% | 80.00% | 79.55% | 82.05% | 86.05% | 93.62% | 100.00% |

注：双眼裸眼视力均≥4.8为正常视力，反之则为近视。

#### 2. 2022年与2021年中小学生近视率的比较

与2021年相比，2022年苏州市中小学生的近视率有较大幅度下降，总体从66.50%下降为57.87%，其中男生从64.59%下降为56.20%，女生从68.37%下降为59.57%。（表10）小学生的近视率最低，高中生的近视率普遍都在80%以上，甚至高达95%。随着年龄增长，因用眼过度和不科学用眼，学生的视力水平逐渐下降。2021年新冠病毒感染疫情防控期间上网课较多，学生的近视率增长明显可能与使用电子产品增多相关，2022年学校教学逐渐恢复正常，网课数量减少，学生的视力情况有所改善，但家长须对学生使用电子用品进行有效监管以改善视力水平下降的情况。

表10 2022年与2021年苏州市中小学男生、女生近视率对比

| | 男生 | 女生 | 总体 |
|---|---|---|---|
| 2021年近视率 | 64.59% | 68.37% | 66.50% |
| 2022年近视率 | 56.20% | 59.57% | 57.87% |

注：双眼裸眼视力均≥4.8为正常视力，反之则为近视。

## 二、身体形态指标

苏州市中小学生的身体形态指标主要通过身高、体重、胸围三个指标得到反映。

### （一）身高

#### 1. 中小学生身高的基本情况

2022年苏州市中小学各学段学生身高，小学学段男生、女生身高差别不大，男生身高为（141.39±1.22）（$\bar{x}±s$，下同）cm，女生为（141.93±1.53）cm；从初中开始，男生的身高明显高于女生，初中学段男生身高为（167.18±1.79）cm，女生为（160.37±

1.25）cm；高中学段男生身高为（175.24±2.03）cm，女生为（163.77±1.89）cm。（表11）

表11　2022年苏州市中小学生身高

单位：cm

| 学段 | 男生 | 女生 | 总体 |
| --- | --- | --- | --- |
| 小学 | 141.39±1.22 | 141.93±1.53 | 141.66±1.38 |
| 初中 | 167.18±1.79 | 160.37±1.25 | 163.77±3.80 |
| 高中 | 175.24±2.03 | 163.77±1.89 | 169.50±6.19 |

从小学学段学生身高数据可以看出，男生中E区的身高均值最高，为143.82 cm，D区最低，为139.80 cm；女生中C区的身高均值最高，为144.64 cm，D区最低，为139.78 cm。从初中学段学生身高数据可以看出，男生中L区的身高均值最高，为169.73 cm，C区最低，为164.45 cm；女生中G区的身高均值最高，为162.17 cm，D区最低，为158.63 cm。从高中学段学生的身高数据可以看出，男生中L区的身高均值最高，为178.05 cm，D区最低，为172.92 cm；女生中T区的身高均值最高，为167.25 cm，D区最低，为161.55 cm。（表12）

表12　2022年苏州市各区中小学生身高均值

单位：cm

| 各区 | 小学 | | 初中 | | 高中 | |
| --- | --- | --- | --- | --- | --- | --- |
| | 男生 | 女生 | 男生 | 女生 | 男生 | 女生 |
| P区 | 141.28 | 141.56 | 165.05 | 159.33 | 173.03 | 162.46 |
| B区 | 141.91 | 142.86 | 166.17 | 159.71 | 173.97 | 162.06 |
| C区 | 140.58 | 144.64 | 164.45 | 159.80 | 176.78 | 164.74 |
| D区 | 139.80 | 139.78 | 167.33 | 158.63 | 172.92 | 161.55 |
| G区 | 141.80 | 141.11 | 168.42 | 162.17 | 177.97 | 165.02 |
| I区 | 140.02 | 140.61 | 167.10 | 161.01 | 174.33 | 162.92 |
| T区 | 141.02 | 141.80 | 169.65 | 161.50 | 176.93 | 167.25 |
| K区 | 140.99 | 140.50 | 166.01 | 159.00 | 173.27 | 161.76 |
| L区 | 142.68 | 142.70 | 169.73 | 161.92 | 178.05 | 165.33 |
| E区 | 143.82 | 143.69 | 167.88 | 160.63 | 175.16 | 164.59 |

从 2022 年苏州市各区各年龄段中小学生的身高数据来看，D 区学生整体身高水平较低，各区 7—18 岁学生的身高总体呈稳步增长趋势。（表 13）

表 13  2022 年苏州市各区各年龄段中小学生身高均值

单位：cm

| 各区 | 性别 | 7岁 | 8岁 | 9岁 | 10岁 | 11岁 | 12岁 | 13岁 | 14岁 | 15岁 | 16岁 | 17岁 | 18岁 |
|---|---|---|---|---|---|---|---|---|---|---|---|---|---|
| E区 | 男 | 130.38 | 138.49 | 143.12 | 149.94 | 156.06 | 161.93 | 170.39 | 171.78 | 173.30 | 174.21 | 176.57 | 177.88 |
| E区 | 女 | 127.21 | 135.97 | 145.62 | 150.90 | 158.42 | 159.33 | 161.47 | 161.14 | 164.55 | 165.03 | 164.15 | 164.58 |
| P区 | 男 | 128.44 | 135.23 | 140.96 | 146.76 | 153.60 | 160.16 | 167.61 | 167.80 | 172.30 | 171.35 | 174.00 | 174.43 |
| P区 | 女 | 129.13 | 134.93 | 139.79 | 149.36 | 154.63 | 158.38 | 158.63 | 161.05 | 163.03 | 162.09 | 162.16 | 164.15 |
| D区 | 男 | 129.34 | 131.62 | 139.11 | 145.39 | 153.05 | 163.04 | 166.76 | 172.17 | 172.45 | 173.15 | 173.18 | 175.22 |
| D区 | 女 | 129.14 | 132.12 | 138.50 | 146.93 | 152.11 | 155.38 | 160.09 | 160.42 | 160.82 | 161.20 | 162.75 | 163.12 |
| C区 | 男 | 128.31 | 133.26 | 141.80 | 146.89 | 152.93 | 161.06 | 167.22 | 165.14 | 176.07 | 176.64 | 177.64 | 176.21 |
| C区 | 女 | 127.70 | 134.38 | 139.69 | 148.67 | 152.60 | 156.52 | 159.04 | 163.85 | 164.41 | 162.95 | 166.84 | 165.81 |
| G区 | 男 | 129.60 | 136.12 | 141.55 | 148.00 | 156.88 | 160.88 | 169.80 | 174.26 | 175.39 | 178.26 | 179.37 | 178.07 |
| G区 | 女 | 127.23 | 133.97 | 140.45 | 148.44 | 155.71 | 159.78 | 163.70 | 162.53 | 164.72 | 166.17 | 164.92 | 165.63 |
| I区 | 男 | 128.71 | 133.42 | 139.70 | 146.08 | 152.33 | 161.88 | 170.51 | 172.53 | 175.61 | 173.48 | 174.75 | 174.25 |
| I区 | 女 | 127.83 | 132.51 | 140.63 | 147.18 | 154.76 | 159.69 | 160.58 | 163.46 | 165.11 | 161.91 | 162.37 | 164.50 |
| T区 | 男 | 127.44 | 135.33 | 140.60 | 146.47 | 155.23 | 161.42 | 170.46 | 174.64 | 176.10 | 175.42 | 179.31 | 177.11 |
| T区 | 女 | 129.22 | 133.51 | 139.77 | 149.38 | 157.13 | 159.89 | 162.08 | 162.43 | 164.21 | 164.05 | 175.08 | 162.86 |
| B区 | 男 | 130.31 | 138.10 | 141.55 | 147.71 | 154.24 | 161.50 | 167.07 | 167.13 | 172.47 | 174.80 | 174.51 | 175.21 |
| B区 | 女 | 128.43 | 137.35 | 141.92 | 148.57 | 155.07 | 155.38 | 161.02 | 161.36 | 161.45 | 163.29 | 161.31 | 162.01 |
| L区 | 男 | 131.59 | 136.61 | 141.56 | 148.35 | 154.94 | 164.60 | 171.89 | 174.13 | 177.67 | 177.77 | 178.81 | 176.35 |
| L区 | 女 | 129.32 | 137.35 | 142.52 | 149.34 | 156.02 | 161.19 | 162.36 | 162.43 | 164.23 | 166.07 | 165.54 | 166.22 |
| K区 | 男 | 129.82 | 135.02 | 142.62 | 145.28 | 152.61 | 158.71 | 167.36 | 170.28 | 172.35 | 173.31 | 173.89 | 175.18 |
| K区 | 女 | 128.32 | 133.49 | 141.26 | 146.39 | 153.00 | 157.73 | 160.08 | 159.19 | 162.09 | 162.82 | 160.51 | 162.67 |

2. 2022 年与 2021 年苏州市中小学生身高的比较

2021 年至 2022 年，苏州市中小学各学段学生中男生身高略有降低，小学学段男生身高从（141.93±3.33）cm 下降为（141.39±1.22）cm，初中学段男生身高从（168.23±1.04）cm 下降为（167.18±1.79）cm，高中学段男生身高从（175.34±1.66）cm 下降为（175.24±2.03）cm。女生的身高也有一些变化，小学学段女生身高从（141.45±2.84）cm 上升为（141.93±1.53）cm，初中学段女生身高从（160.40±1.23）cm 下降为（160.37±1.25）cm，高中学段女生身高从（163.35±1.70）cm 上升为（163.77±1.89）cm。整体来看，近两年各学段学生的身高变化不大。（表 14）

表 14　2022 年与 2021 年苏州市中小学男生、女生身高对比

单位：cm

| 学段 | 男生 | | 女生 | |
|---|---|---|---|---|
| | 2021 年 | 2022 年 | 2021 年 | 2022 年 |
| 小学 | 141.93±3.33 | 141.39±1.22 | 141.45±2.84 | 141.93±1.53 |
| 初中 | 168.23±1.04 | 167.18±1.79 | 160.40±1.23 | 160.37±1.25 |
| 高中 | 175.34±1.66 | 175.24±2.03 | 163.35±1.70 | 163.77±1.89 |

2022 年小学学段各区男生身高变化不大，只有 L 区男生身高降幅明显，从 150.95 cm 下降为 142.68 cm；小学女生身高大部分都有所上升，只有 D 区、K 区、L 区女生的身高较 2021 年有所降低，D 区从 141.17 cm 下降为 139.78 cm，K 区从 141.21 cm 下降为 140.50 cm，L 区从 148.63 cm 下降为 142.70 cm。（表 15）2022 年初中学段大部分地区的男生身高较 2021 年有所降低，只有 G 区、T 区、L 区男生的身高有所上升，G 区从 168.09 cm 上升为 168.42 cm，T 区从 169.40 cm 上升为 169.65 cm，L 区从 167.30 cm 上升为 169.73 cm，而女生相反，大部分地区初中女生的身高有所上升，只有 P 区、D 区、E 区女生的身高略有下降，P 区从 159.90 cm 下降为 159.33 cm，D 区从 161.52 cm 下降为 158.63 cm，E 区从 162.56 cm 下降为 160.63 cm。（表 16）2022 年高中学段各区男生身高与 2021 年相比各有差异，P 区、B 区、D 区、G 区、E 区男生身高略有下降，C 区、I 区、T 区、K 区、L 区男生身高有所上升；高中女生中，P 区、B 区、D 区、G 区、I 区学生身高较 2021 年有所下降，C 区、T 区、K 区、L 区、E 区学生的身高较 2021 年有所上升。（表 17）

表 15　苏州市各区小学学段学生身高均值

单位：cm

| 各区 | 男生 | | 女生 | |
|---|---|---|---|---|
| | 2021 年 | 2022 年 | 2021 年 | 2022 年 |
| P 区 | 141.35 | 141.28 | 140.96 | 141.56 |
| B 区 | 141.72 | 141.91 | 140.99 | 142.86 |
| C 区 | 140.74 | 140.58 | 140.32 | 144.64 |
| D 区 | 141.47 | 139.80 | 141.17 | 139.78 |
| G 区 | 139.04 | 141.80 | 137.97 | 141.11 |
| I 区 | 139.77 | 140.02 | 139.72 | 140.61 |
| T 区 | 140.26 | 141.02 | 140.37 | 141.80 |

续表

| 各区 | 男生 | | 女生 | |
|---|---|---|---|---|
| | 2021年 | 2022年 | 2021年 | 2022年 |
| K区 | 141.60 | 140.99 | 141.21 | 140.50 |
| L区 | 150.95 | 142.68 | 148.63 | 142.70 |
| E区 | 142.43 | 143.82 | 143.16 | 143.69 |

表16 苏州市各区初中学段学生身高均值

单位：cm

| 各区 | 男生 | | 女生 | |
|---|---|---|---|---|
| | 2021年 | 2022年 | 2021年 | 2022年 |
| P区 | 167.27 | 165.05 | 159.90 | 159.33 |
| B区 | 167.21 | 166.17 | 159.57 | 159.71 |
| C区 | 168.59 | 164.45 | 159.64 | 159.80 |
| D区 | 169.68 | 167.33 | 161.52 | 158.63 |
| G区 | 168.09 | 168.42 | 159.86 | 162.17 |
| I区 | 169.21 | 167.10 | 160.97 | 161.01 |
| T区 | 169.40 | 169.65 | 161.28 | 161.50 |
| K区 | 166.80 | 166.01 | 158.21 | 159.00 |
| L区 | 167.30 | 169.73 | 160.47 | 161.92 |
| E区 | 168.75 | 167.88 | 162.56 | 160.63 |

表17 苏州市各区高中学段学生身高均值

单位：cm

| 各区 | 男生 | | 女生 | |
|---|---|---|---|---|
| | 2021年 | 2022年 | 2021年 | 2022年 |
| P区 | 175.01 | 173.03 | 162.96 | 162.46 |
| B区 | 174.35 | 173.97 | 162.27 | 162.06 |
| C区 | 174.23 | 176.78 | 161.34 | 164.74 |
| D区 | 175.18 | 172.92 | 164.39 | 161.55 |
| G区 | 178.49 | 177.97 | 165.66 | 165.02 |
| I区 | 174.28 | 174.33 | 165.21 | 162.92 |
| T区 | 176.37 | 176.93 | 163.35 | 167.25 |

续表

| 各区 | 男生 | | 女生 | |
|---|---|---|---|---|
| | 2021年 | 2022年 | 2021年 | 2022年 |
| K区 | 172.72 | 173.27 | 160.30 | 161.76 |
| L区 | 177.20 | 178.05 | 164.62 | 165.33 |
| E区 | 175.57 | 175.16 | 163.37 | 164.59 |

## （二）体重

### 1. 中小学生体重的基本情况

2022年苏州市中小学各学段学生体重，小学学段男生为（36.95±1.33）kg，女生为（35.28±1.32）kg；初中学段男生为（59.39±2.54）kg，女生为（51.51±2.22）kg；高中学段男生为（68.02±2.85）kg，女生为（55.54±1.13）kg。从初中开始，男生的体重显著大于女生。（表18）

表18 2022年苏州市中小学各学段学生体重

单位：kg

| 学段 | 男生 | 女生 | 总体 |
|---|---|---|---|
| 小学 | 36.95±1.33 | 35.28±1.32 | 36.12±1.55 |
| 初中 | 59.39±2.54 | 51.51±2.22 | 55.45±4.66 |
| 高中 | 68.02±2.85 | 55.54±1.13 | 61.78±6.74 |

从小学学段学生体重数据可以看出，E区学生的体重均值最高，男生为40.17 kg，女生为38.02 kg；I区男生的体重均值最低，为35.42 kg，D区女生的体重均值最低，为33.85 kg。从初中学段学生体重数据可以看出，男生中L区的体重均值最高，为62.17 kg，I区最低，为54.91 kg；女生中K区的体重均值最高，为54.94 kg，D区最低，为48.67 kg。从高中学段学生体重数据可以看出，男生中L区的体重均值最高，为72.60 kg，I区最低，为63.40 kg；女生中K区的体重均值最高，为56.94 kg，I区最低，为53.05 kg。（表19）

表19  2022年苏州市各区各学段学生体重均值

单位：kg

| 各区 | 小学 | | 初中 | | 高中 | |
|---|---|---|---|---|---|---|
| | 男生 | 女生 | 男生 | 女生 | 男生 | 女生 |
| P区 | 35.71 | 35.06 | 56.81 | 49.76 | 68.88 | 56.39 |
| B区 | 37.52 | 35.92 | 61.28 | 54.27 | 68.39 | 55.75 |
| C区 | 36.45 | 36.92 | 57.25 | 49.93 | 68.74 | 54.85 |
| D区 | 37.11 | 33.85 | 58.94 | 48.67 | 64.27 | 55.24 |
| G区 | 36.67 | 35.25 | 60.95 | 52.83 | 67.28 | 56.12 |
| I区 | 35.42 | 34.12 | 54.91 | 48.97 | 63.40 | 53.05 |
| T区 | 37.61 | 34.80 | 61.78 | 51.48 | 66.89 | 54.74 |
| K区 | 36.61 | 34.43 | 58.10 | 54.94 | 67.98 | 56.94 |
| L区 | 36.23 | 34.45 | 62.17 | 51.07 | 72.60 | 56.59 |
| E区 | 40.17 | 38.02 | 61.72 | 53.23 | 71.73 | 55.73 |

年龄较小时，男生、女生体重差别不大，7岁时学生的体重大致在25～29 kg。随着年龄增长，学生体重稳步增长，12岁之后男生、女生体重逐步拉开差距，到18岁时，男生的体重基本在64～75 kg，女生的体重大致在53～57 kg。（表20）

表20  2022年苏州市各区各年龄段中小学生体重均值

单位：kg

| 各区 | 性别 | 7岁 | 8岁 | 9岁 | 10岁 | 11岁 | 12岁 | 13岁 | 14岁 | 15岁 | 16岁 | 17岁 | 18岁 |
|---|---|---|---|---|---|---|---|---|---|---|---|---|---|
| E区 | 男 | 29.42 | 35.34 | 37.14 | 45.33 | 52.52 | 54.45 | 64.16 | 67.26 | 66.58 | 70.66 | 74.50 | 75.00 |
| | 女 | 26.15 | 31.33 | 38.81 | 43.87 | 49.68 | 54.06 | 51.01 | 54.71 | 56.69 | 56.93 | 54.19 | 55.21 |
| P区 | 男 | 25.82 | 29.98 | 36.51 | 40.26 | 44.82 | 53.40 | 57.12 | 60.16 | 70.08 | 67.57 | 67.77 | 71.85 |
| | 女 | 26.36 | 29.87 | 33.17 | 40.13 | 45.89 | 47.59 | 49.64 | 52.19 | 58.22 | 57.78 | 54.87 | 53.54 |
| D区 | 男 | 29.32 | 30.05 | 36.37 | 40.85 | 44.72 | 55.19 | 56.25 | 65.31 | 61.46 | 65.53 | 65.78 | 73.44 |
| | 女 | 26.55 | 28.85 | 32.92 | 38.18 | 42.69 | 44.42 | 48.91 | 52.67 | 53.67 | 54.95 | 57.34 | 56.37 |
| C区 | 男 | 27.29 | 29.73 | 37.32 | 40.60 | 47.54 | 55.77 | 61.55 | 54.52 | 71.11 | 68.70 | 66.40 | 69.47 |
| | 女 | 25.72 | 29.48 | 32.70 | 38.72 | 44.55 | 47.13 | 50.24 | 52.42 | 54.65 | 55.41 | 54.52 | 55.29 |
| G区 | 男 | 28.24 | 30.92 | 36.61 | 41.74 | 48.22 | 53.25 | 61.33 | 68.32 | 62.91 | 66.38 | 71.14 | 67.11 |
| | 女 | 26.62 | 30.14 | 34.75 | 38.88 | 45.95 | 51.10 | 53.44 | 53.80 | 55.23 | 54.90 | 57.97 | 53.58 |
| I区 | 男 | 28.28 | 30.96 | 34.04 | 38.76 | 45.14 | 49.91 | 58.19 | 65.84 | 61.49 | 62.23 | 65.43 | 64.75 |
| | 女 | 26.22 | 28.53 | 33.26 | 37.33 | 45.19 | 47.88 | 47.65 | 55.37 | 54.76 | 51.29 | 53.05 | 56.56 |

续表

| 各区 | 性别 | 7岁 | 8岁 | 9岁 | 10岁 | 11岁 | 12岁 | 13岁 | 14岁 | 15岁 | 16岁 | 17岁 | 18岁 |
|---|---|---|---|---|---|---|---|---|---|---|---|---|---|
| T区 | 男 | 27.60 | 31.79 | 35.10 | 40.67 | 52.89 | 55.21 | 63.52 | 66.99 | 65.64 | 64.90 | 70.20 | 71.04 |
|  | 女 | 25.95 | 29.50 | 32.01 | 39.61 | 46.94 | 49.88 | 52.13 | 52.32 | 55.15 | 54.81 | 54.37 | 53.26 |
| B区 | 男 | 28.07 | 32.83 | 37.92 | 42.77 | 48.09 | 58.71 | 57.97 | 65.57 | 62.43 | 68.93 | 72.49 | 73.50 |
|  | 女 | 25.99 | 30.39 | 35.75 | 39.46 | 45.85 | 49.16 | 53.73 | 57.41 | 55.13 | 56.76 | 56.63 | 57.29 |
| L区 | 男 | 28.59 | 31.72 | 34.97 | 42.27 | 43.42 | 55.90 | 64.32 | 68.21 | 66.50 | 73.22 | 78.58 | 75.29 |
|  | 女 | 26.28 | 30.54 | 33.11 | 38.92 | 44.28 | 50.12 | 49.26 | 54.66 | 56.10 | 56.18 | 57.46 | 57.20 |
| K区 | 男 | 29.14 | 31.78 | 37.15 | 40.42 | 44.85 | 52.03 | 58.89 | 64.40 | 63.89 | 69.28 | 69.81 | 70.18 |
|  | 女 | 26.84 | 29.15 | 34.61 | 37.92 | 43.55 | 51.69 | 56.36 | 56.82 | 55.28 | 56.87 | 58.37 | 57.29 |

### 2. 2022年与2021年苏州市中小学生体重的比较

2021年至2022年，苏州市中小学各学段学生体重均有小幅度变化。小学学段男生体重从（37.82±2.59）kg下降为（36.95±1.33）kg，女生体重从（35.29±1.93）kg下降为（35.28±1.32）kg；初中学段男生体重从（58.54±2.00）kg上升为（59.39±2.54）kg，女生体重从（50.68±1.48）kg上升为（51.51±2.22）kg；高中学段男生体重从（67.39±2.43）kg上升为（68.02±2.85）kg，女生体重从（55.62±1.19）kg下降为（55.54±1.13）kg。（表21）结合身高和肥胖率来看，在身体发育良好的同时，肥胖率在下降，这符合身体发育特点，有利于学生的健康和身体素质发展。

表21 2022年与2021年苏州市中小学男、女生体重对比

单位：kg

| 学段 | 男生 | | 女生 | |
|---|---|---|---|---|
|  | 2021年 | 2022年 | 2021年 | 2022年 |
| 小学 | 37.82±2.59 | 36.95±1.33 | 35.29±1.93 | 35.28±1.32 |
| 初中 | 58.54±2.00 | 59.39±2.54 | 50.68±1.48 | 51.51±2.22 |
| 高中 | 67.39±2.43 | 68.02±2.85 | 55.62±1.19 | 55.54±1.13 |

与2021年相比，2022年小学学段P区、B区、C区、D区、G区、K区、L区男生体重下降，其余各区男生体重上升；P区、D区、T区、L区女生体重下降，其余各区女生体重上升。（表22）与2021年相比，2022年初中学段C区、I区、K区男生体重下降，其余各区男生体重上升；C区、D区、I区、T区女生体重下降，其余各区女生体重上升。（表23）与2021年相比，2022年高中学段B区、C区、D区男生体重下降，其余各区男生体重上升；B区、C区、I区、L区女生体重下降，其余各区女生体重上升。（表24）

表 22  苏州市各区小学学段学生体重均值

单位：kg

| 各区 | 男生 | | 女生 | |
| --- | --- | --- | --- | --- |
| | 2021 年 | 2022 年 | 2021 年 | 2022 年 |
| P 区 | 37.20 | 35.71 | 35.24 | 35.06 |
| B 区 | 38.57 | 37.52 | 35.18 | 35.92 |
| C 区 | 37.11 | 36.45 | 35.21 | 36.92 |
| D 区 | 37.31 | 37.11 | 34.03 | 33.85 |
| G 区 | 37.46 | 36.67 | 34.36 | 35.25 |
| I 区 | 34.30 | 35.42 | 32.55 | 34.12 |
| T 区 | 36.39 | 37.61 | 34.90 | 34.80 |
| K 区 | 36.70 | 36.61 | 34.38 | 34.43 |
| L 区 | 44.29 | 36.23 | 39.50 | 34.45 |
| E 区 | 38.90 | 40.17 | 37.50 | 38.02 |

表 23  苏州市各区初中学段学生体重均值

单位：kg

| 各区 | 男生 | | 女生 | |
| --- | --- | --- | --- | --- |
| | 2021 年 | 2022 年 | 2021 年 | 2022 年 |
| P 区 | 55.02 | 56.81 | 48.82 | 49.76 |
| B 区 | 61.15 | 61.28 | 52.77 | 54.27 |
| C 区 | 57.54 | 57.25 | 50.89 | 49.93 |
| D 区 | 58.17 | 58.94 | 49.83 | 48.67 |
| G 区 | 60.94 | 60.95 | 51.33 | 52.83 |
| I 区 | 55.71 | 54.91 | 49.44 | 48.97 |
| T 区 | 59.53 | 61.78 | 51.52 | 51.48 |
| K 区 | 59.22 | 58.10 | 52.97 | 54.94 |
| L 区 | 58.95 | 62.17 | 48.93 | 51.07 |
| E 区 | 59.15 | 61.72 | 50.31 | 53.23 |

表24　苏州市各区高中学段学生体重均值

单位：kg

| 各区 | 男生 | | 女生 | |
| --- | --- | --- | --- | --- |
| | 2021年 | 2022年 | 2021年 | 2022年 |
| P区 | 66.69 | 68.88 | 55.01 | 56.39 |
| B区 | 69.90 | 68.39 | 56.49 | 55.75 |
| C区 | 68.85 | 68.74 | 56.86 | 54.85 |
| D区 | 64.90 | 64.27 | 55.08 | 55.24 |
| G区 | 66.23 | 67.28 | 54.82 | 56.12 |
| I区 | 63.09 | 63.40 | 56.24 | 53.05 |
| T区 | 66.22 | 66.89 | 53.15 | 54.74 |
| K区 | 67.72 | 67.98 | 56.07 | 56.94 |
| L区 | 69.27 | 72.60 | 57.16 | 56.59 |
| E区 | 71.04 | 71.73 | 55.32 | 55.73 |

## （三）胸围

### 1. 中小学生胸围的基本情况

2022年苏州市中小学各学段学生胸围，小学学段男生为（68.10±1.58）cm，女生为（67.41±1.57）cm；初中学段男生为（81.62±4.95）cm，女生为（79.40±1.96）cm；高中学段男生为（86.55±2.78）cm，女生为（82.45±2.65）cm。（表25）

表25　2022年苏州市中小学各学段学生胸围

单位：cm

| 学段 | 男生 | 女生 | 总体 |
| --- | --- | --- | --- |
| 小学 | 68.10±1.58 | 67.41±1.57 | 67.75±1.57 |
| 初中 | 81.62±4.95 | 79.40±1.96 | 80.51±3.84 |
| 高中 | 86.55±2.78 | 82.45±2.65 | 84.50±3.38 |

随着年龄增长，胸围也在增长。小学学段各区学生胸围数值相差不大，男生中B区和E区学生的胸围均值最高，为69.85 cm，D区最低，为65.68 cm；女生中C区学生的胸围均值最高，为69.54 cm，I区最低，为64.93 cm。初中学段各区学生胸围数据差别较大，男生中P区学生的胸围均值最高，为93.16 cm，T区最低，为75.48 cm；女生

中 K 区学生的胸围均值最高，为 81.51 cm，I 区最低，为 76.09 cm。从高中学段各区学生胸围数据可以看出，男生中 E 区学生的胸围均值最高，为 91.99 cm，B 区最低，为 83.02 cm；女生中 I 区学生的胸围均值最高，为 85.42 cm，E 区最低，为 77.63 cm。（表 26）

2022 年苏州市各区各年龄段学生胸围均值如表 27 所示，以供参考及分析。

表 26　2022 年苏州市各区各学段学生胸围均值

单位：cm

| 各区 | 小学 | | 初中 | | 高中 | |
|---|---|---|---|---|---|---|
| | 男 | 女 | 男 | 女 | 男 | 女 |
| P 区 | 68.24 | 67.44 | 93.16 | 79.37 | 87.81 | 83.87 |
| B 区 | 69.85 | 68.51 | 78.78 | 80.44 | 83.02 | 80.20 |
| C 区 | 68.78 | 69.54 | 83.97 | 80.86 | 85.94 | 83.50 |
| D 区 | 65.68 | 66.38 | 79.94 | 77.32 | 83.71 | 80.96 |
| G 区 | 68.42 | 67.75 | 82.11 | 79.83 | 85.42 | 85.25 |
| I 区 | 66.49 | 64.93 | 78.01 | 76.09 | 86.59 | 85.42 |
| T 区 | 68.01 | 66.01 | 75.48 | 76.80 | 85.71 | 79.83 |
| K 区 | 65.92 | 65.75 | 77.97 | 81.51 | 85.09 | 82.99 |
| L 区 | 69.72 | 69.07 | 83.53 | 80.53 | 90.21 | 84.86 |
| E 区 | 69.85 | 68.67 | 83.27 | 81.21 | 91.99 | 77.63 |

表 27　2022 年苏州市各区各年龄段学生胸围均值

单位：cm

| 各区 | 性别 | 7 岁 | 8 岁 | 9 岁 | 10 岁 | 11 岁 | 12 岁 | 13 岁 | 14 岁 | 15 岁 | 16 岁 | 17 岁 | 18 岁 |
|---|---|---|---|---|---|---|---|---|---|---|---|---|---|
| E 区 | 男 | 62.98 | 69.23 | 70.62 | 71.51 | 74.50 | 81.95 | 82.41 | 85.94 | 88.88 | 90.46 | 94.42 | 96.33 |
| | 女 | 60.08 | 62.65 | 71.31 | 73.36 | 75.80 | 81.62 | 81.18 | 80.77 | 78.07 | 78.80 | 76.10 | 77.79 |
| P 区 | 男 | 60.67 | 64.32 | 70.25 | 70.79 | 74.20 | 77.60 | 97.41 | 105.69 | 87.16 | 86.27 | 87.33 | 91.82 |
| | 女 | 60.57 | 63.66 | 65.31 | 71.32 | 76.46 | 77.51 | 78.67 | 82.07 | 83.76 | 85.29 | 82.94 | 81.85 |
| D 区 | 男 | 60.49 | 61.08 | 65.31 | 68.02 | 73.33 | 75.76 | 79.77 | 84.29 | 81.73 | 83.91 | 85.53 | 96.28 |
| | 女 | 63.63 | 61.61 | 64.73 | 68.92 | 73.00 | 73.85 | 77.84 | 80.27 | 79.52 | 80.60 | 82.98 | 81.49 |
| C 区 | 男 | 65.38 | 61.50 | 70.20 | 70.33 | 76.64 | 81.65 | 84.66 | 85.60 | 86.45 | 86.70 | 84.68 | 85.27 |
| | 女 | 63.29 | 60.73 | 66.67 | 71.02 | 78.04 | 77.78 | 80.49 | 84.30 | 83.14 | 85.07 | 82.33 | 82.48 |
| G 区 | 男 | 57.30 | 67.78 | 69.45 | 72.79 | 76.64 | 78.35 | 81.33 | 87.00 | 80.49 | 86.13 | 87.23 | 90.53 |
| | 女 | 56.37 | 67.19 | 68.31 | 71.01 | 76.11 | 78.09 | 80.60 | 80.58 | 89.95 | 81.60 | 84.77 | 85.56 |

续表

| 各区 | 性别 | 7岁 | 8岁 | 9岁 | 10岁 | 11岁 | 12岁 | 13岁 | 14岁 | 15岁 | 16岁 | 17岁 | 18岁 |
|---|---|---|---|---|---|---|---|---|---|---|---|---|---|
| I区 | 男 | 62.59 | 66.23 | 64.61 | 67.36 | 71.67 | 76.18 | 79.21 | 82.51 | 84.50 | 86.68 | 87.38 | 89.25 |
|  | 女 | 61.60 | 62.22 | 63.99 | 65.62 | 71.20 | 77.57 | 74.89 | 81.29 | 83.13 | 81.15 | 89.14 | 90.88 |
| T区 | 男 | 62.58 | 66.27 | 67.49 | 70.82 | 72.91 | 71.18 | 77.77 | 77.79 | 84.29 | 85.88 | 86.84 | 93.28 |
|  | 女 | 59.67 | 61.76 | 65.07 | 70.87 | 72.71 | 72.50 | 77.40 | 80.33 | 82.30 | 82.07 | 74.59 | 78.00 |
| B区 | 男 | 62.18 | 67.61 | 70.02 | 73.68 | 77.30 | 78.35 | 77.05 | 80.19 | 79.71 | 82.85 | 85.64 | 89.28 |
|  | 女 | 58.89 | 65.13 | 68.53 | 72.40 | 75.63 | 76.36 | 80.03 | 83.35 | 79.74 | 80.40 | 81.32 | 80.26 |
| L区 | 男 | 64.93 | 67.58 | 69.78 | 71.64 | 74.51 | 78.31 | 85.52 | 88.26 | 89.41 | 89.83 | 91.55 | 90.27 |
|  | 女 | 62.79 | 68.38 | 69.22 | 67.82 | 77.85 | 78.11 | 80.34 | 84.26 | 85.08 | 84.83 | 84.66 | 85.27 |
| K区 | 男 | 61.76 | 62.51 | 66.42 | 68.53 | 70.54 | 74.93 | 78.48 | 80.31 | 82.82 | 86.30 | 85.70 | 87.27 |
|  | 女 | 60.42 | 62.20 | 66.46 | 68.74 | 70.89 | 79.11 | 83.25 | 82.18 | 81.44 | 82.93 | 84.32 | 85.26 |

2. 2022年与2021年苏州市中小学生胸围的比较

2021年至2022年，苏州市中小学各学段学生胸围有较小幅度的变化。小学学段男生胸围从（68.99±2.69）cm下降为（68.10±1.58）cm，女生胸围从（67.77±2.37）cm下降为（67.41±1.57）cm。初中学段男生胸围从（79.73±2.09）cm上升为（81.62±4.95）cm，女生胸围从（79.72±3.48）cm下降为（79.40±1.96）cm。高中学段男生胸围从（85.58±2.73）cm上升为（86.55±2.78）cm，女生胸围从（82.54±2.78）cm下降为（82.45±2.65）cm。（表28）苏州市中小学生胸围数据的总体趋势还是上升的，降幅小、涨幅大。

表28　2022年与2021年苏州市中小学男、女生胸围对比

单位：cm

| 学段 | 男生 | | 女生 | |
|---|---|---|---|---|
|  | 2021年 | 2022年 | 2021年 | 2022年 |
| 小学 | 68.99±2.69 | 68.10±1.58 | 67.77±2.37 | 67.41±1.57 |
| 初中 | 79.73±2.09 | 81.62±4.95 | 79.72±3.48 | 79.40±1.96 |
| 高中 | 85.58±2.73 | 86.55±2.78 | 82.54±2.78 | 82.45±2.65 |

与2021年相比，2022年小学学段C区、G区、T区、K区、L区、E区男生胸围均值下降，其余各区男生胸围均值上升；P区、T区、K区、L区、E区女生胸围均值下降，其余各区女生胸围均值上升。（表29）与2021年相比，2022年初中学段B区、I区、T区男生胸围均值下降，其余各区男生胸围均值上升；C区、D区、I区、T区女生胸围均值下降，其余各区女生胸围均值上升。（表30）与2021年相比，2022年高中学

段 B 区、C 区、G 区、T 区、L 区男生胸围均值下降，其余各区男生胸围值上升；P 区、B 区、D 区、T 区女生胸围均值下降，其余各区女生胸围均值上升。（表 31）

表 29　2022 年与 2021 年苏州市各区小学学段学生胸围均值对比

单位：cm

| 各区 | 男生 | | 女生 | |
| --- | --- | --- | --- | --- |
| | 2021 年 | 2022 年 | 2021 年 | 2022 年 |
| P 区 | 67.94 | 68.24 | 67.55 | 67.44 |
| B 区 | 69.01 | 69.85 | 66.77 | 68.51 |
| C 区 | 69.73 | 68.78 | 65.69 | 69.54 |
| D 区 | 64.04 | 65.68 | 66.09 | 66.38 |
| G 区 | 69.86 | 68.42 | 67.61 | 67.75 |
| I 区 | 66.39 | 66.49 | 64.52 | 64.93 |
| T 区 | 71.83 | 68.01 | 70.37 | 66.01 |
| K 区 | 67.46 | 65.92 | 66.77 | 65.75 |
| L 区 | 73.43 | 69.72 | 71.86 | 69.07 |
| E 区 | 70.17 | 69.85 | 70.50 | 68.67 |

表 30　2022 年与 2021 年苏州市各区初中学段学生胸围均值对比

单位：cm

| 各区 | 男生 | | 女生 | |
| --- | --- | --- | --- | --- |
| | 2021 年 | 2022 年 | 2021 年 | 2022 年 |
| P 区 | 78.80 | 93.16 | 78.61 | 79.37 |
| B 区 | 80.89 | 78.78 | 79.55 | 80.44 |
| C 区 | 80.08 | 83.97 | 86.44 | 80.86 |
| D 区 | 76.23 | 79.94 | 78.83 | 77.32 |
| G 区 | 78.15 | 82.11 | 73.25 | 79.83 |
| I 区 | 83.08 | 78.01 | 76.90 | 76.09 |
| T 区 | 79.68 | 75.48 | 82.90 | 76.80 |
| K 区 | 77.61 | 77.97 | 80.68 | 81.51 |
| L 区 | 82.15 | 83.53 | 79.40 | 80.53 |
| E 区 | 80.59 | 83.27 | 80.66 | 81.21 |

表 31  2022 年与 2021 年苏州市各区高中学段学生胸围均值对比

单位：cm

| 各区 | 男生 | | 女生 | |
| --- | --- | --- | --- | --- |
| | 2021 年 | 2022 年 | 2021 年 | 2022 年 |
| P 区 | 86.11 | 87.81 | 84.28 | 83.87 |
| B 区 | 85.89 | 83.02 | 82.56 | 80.20 |
| C 区 | 87.75 | 85.94 | 80.89 | 83.50 |
| D 区 | 81.22 | 83.71 | 82.47 | 80.96 |
| G 区 | 86.28 | 85.42 | 83.72 | 85.25 |
| I 区 | 86.37 | 86.59 | 85.03 | 85.42 |
| T 区 | 86.30 | 85.71 | 86.54 | 79.83 |
| K 区 | 83.84 | 85.09 | 82.37 | 82.99 |
| L 区 | 90.36 | 90.21 | 81.27 | 84.86 |
| E 区 | 81.64 | 91.99 | 76.31 | 77.63 |

## 三、身体机能

苏州市中小学生的身体机能指标主要通过肺活量体重指数、血压、脉搏得到反映。

### （一）肺活量体重指数

#### 1. 中小学生肺活量体重指数的基本情况

2022 年苏州市中小学各学段学生肺活量体重指数，小学学段男生为（60.01±9.70）mL/kg，女生为（60.54±11.20）mL/kg；初中学段男生为（60.01±4.31）mL/kg，女生为（56.29±4.40）mL/kg；高中学段男生为（66.45±3.50）mL/kg，女生为（59.26±4.01）mL/kg。（表 32）

表 32  2022 年苏州市中小学各学段学生肺活量体重指数

单位：mL/kg

| 学段 | 男生 | 女生 | 总体 |
| --- | --- | --- | --- |
| 小学 | 60.01±9.70 | 60.54±11.20 | 60.28±10.2 |
| 初中 | 60.01±4.31 | 56.29±4.40 | 58.15±4.65 |
| 高中 | 66.45±3.50 | 59.26±4.01 | 62.86±5.20 |

从小学学段学生肺活量体重指数数据可以看出，K 区学生的肺活量体重指数均值最高，男生为 72.35 mL/kg，女生为 75.08 mL/kg；G 区学生的肺活量体重指数均值最低，男生为 37.75 mL/kg，女生为 36.18 mL/kg。从初中学段学生肺活量体重指数数据可以看出，男生中 D 区学生的肺活量体重指数均值最高，为 67.22 mL/kg，L 区最低，为 54.61 mL/kg；女生中 D 区学生的肺活量体重指数均值最高，为 65.27 mL/kg，G 区最低，为 51.27 mL/kg。从高中学段学生肺活量体重指数数据可以看出，男生中 D 区学生的肺活量体重指数均值最高，为 74.18 mL/kg，G 区最低，为 62.64 mL/kg，女生中 B 区学生的肺活量指数均值最高，为 65.28 mL/kg，G 区最低，为 52.43 mL/kg。（表 33）

2022 年苏州市各区年龄段中小学生肺活量体重指数均值如表 34 所示，以供参考及分析。

表 33　2022 年苏州市各区各学段学生肺活量体重指数均值

单位：mL/kg

| 各区 | 小学 | | 初中 | | 高中 | |
| --- | --- | --- | --- | --- | --- | --- |
| | 男生 | 女生 | 男生 | 女生 | 男生 | 女生 |
| P 区 | 64.43 | 61.98 | 57.91 | 54.40 | 65.24 | 60.22 |
| B 区 | 60.73 | 60.20 | 62.48 | 60.41 | 69.76 | 65.28 |
| C 区 | 56.83 | 64.36 | 55.86 | 55.82 | 67.99 | 61.87 |
| D 区 | 67.43 | 69.47 | 67.22 | 65.27 | 74.18 | 64.11 |
| G 区 | 37.75 | 36.18 | 54.85 | 51.27 | 62.64 | 52.43 |
| I 区 | 54.53 | 52.68 | 60.89 | 55.57 | 66.81 | 53.98 |
| T 区 | 66.90 | 70.11 | 59.36 | 54.92 | 63.56 | 58.63 |
| K 区 | 72.35 | 75.08 | 65.23 | 60.23 | 66.49 | 59.74 |
| L 区 | 55.34 | 52.31 | 54.61 | 51.76 | 64.08 | 58.03 |
| E 区 | 63.78 | 63.08 | 61.72 | 53.23 | 63.77 | 58.34 |

表34　2022年苏州市各区各年龄段中小学生肺活量体重指数均值

单位：mL/kg

| 各区 | 性别 | 7岁 | 8岁 | 9岁 | 10岁 | 11岁 | 12岁 | 13岁 | 14岁 | 15岁 | 16岁 | 17岁 | 18岁 |
| --- | --- | --- | --- | --- | --- | --- | --- | --- | --- | --- | --- | --- | --- |
| E区 | 男 | 64.91 | 63.01 | 67.22 | 61.69 | 62.20 | 54.45 | 64.16 | 67.26 | 62.75 | 62.21 | 65.13 | 64.85 |
|  | 女 | 68.47 | 63.10 | 62.78 | 58.72 | 62.37 | 54.06 | 51.01 | 54.71 | 59.98 | 57.90 | 58.60 | 55.48 |
| P区 | 男 | 61.73 | 66.46 | 63.36 | 64.46 | 65.99 | 66.04 | 54.43 | 52.61 | 55.26 | 54.37 | 58.38 | 62.38 |
|  | 女 | 58.07 | 65.26 | 59.08 | 62.97 | 64.45 | 59.53 | 52.82 | 50.51 | 51.35 | 53.26 | 60.27 | 58.33 |
| D区 | 男 | 69.58 | 70.43 | 66.18 | 67.01 | 63.90 | 62.97 | 70.38 | 68.39 | 76.15 | 73.15 | 73.31 | 70.33 |
|  | 女 | 71.63 | 73.65 | 68.48 | 68.71 | 64.93 | 67.88 | 65.43 | 62.48 | 64.55 | 65.15 | 62.46 | 63.56 |
| C区 | 男 | 53.83 | 64.88 | 52.10 | 57.91 | 55.42 | 51.12 | 55.69 | 60.75 | 64.20 | 66.19 | 73.52 | 70.37 |
|  | 女 | 52.08 | 75.40 | 60.97 | 62.06 | 57.32 | 52.60 | 52.41 | 62.45 | 59.21 | 61.18 | 65.28 | 62.39 |
| G区 | 男 | 37.26 | 36.67 | 39.13 | 36.75 | 39.06 | 48.97 | 56.19 | 59.03 | 66.32 | 60.80 | 62.04 | 62.85 |
|  | 女 | 33.66 | 32.31 | 37.90 | 39.63 | 37.55 | 49.94 | 50.37 | 53.94 | 56.85 | 51.06 | 51.72 | 47.67 |
| I区 | 男 | 58.24 | 48.02 | 50.02 | 57.73 | 58.69 | 59.55 | 61.76 | 62.76 | 76.13 | 63.12 | 64.49 | 66.05 |
|  | 女 | 57.01 | 46.17 | 47.79 | 58.34 | 55.23 | 56.24 | 53.92 | 52.83 | 53.41 | 54.89 | 54.80 |  |
| T区 | 男 | 58.73 | 57.27 | 57.44 | 69.48 | 91.58 | 57.49 | 60.28 | 60.43 | 60.90 | 65.59 | 63.88 | 62.44 |
|  | 女 | 58.39 | 58.79 | 66.59 | 71.56 | 95.23 | 49.61 | 57.79 | 56.94 | 52.86 | 61.06 | 62.23 | 57.84 |
| B区 | 男 | 67.49 | 60.14 | 58.66 | 59.04 | 57.33 | 58.80 | 66.65 | 60.31 | 71.18 | 70.15 | 67.68 | 65.30 |
|  | 女 | 73.71 | 60.23 | 55.90 | 58.37 | 55.48 | 61.66 | 60.91 | 59.43 | 63.71 | 65.83 | 64.74 | 66.28 |
| L区 | 男 | 50.41 | 55.26 | 56.75 | 53.93 | 60.08 | 58.26 | 59.08 | 42.98 | 61.17 | 67.27 | 63.43 | 63.62 |
|  | 女 | 48.19 | 52.81 | 54.14 | 53.62 | 52.58 | 57.79 | 55.30 | 38.69 | 57.50 | 59.68 | 57.01 | 60.72 |
| K区 | 男 | 73.77 | 76.94 | 71.25 | 68.45 | 71.33 | 63.77 | 67.27 | 63.96 | 67.38 | 67.27 | 65.22 | 61.39 |
|  | 女 | 79.04 | 77.89 | 74.30 | 72.07 | 72.05 | 61.21 | 60.71 | 58.73 | 60.98 | 59.80 | 58.65 | 60.33 |

**2. 2022年与2021年苏州市中小学生肺活量体重指数的比较**

相较于2021年，2022年苏州市各学段中小学生的肺活量体重指数都有所升高，小学学段男生的肺活量体重指数从（51.91±8.69）mL/kg升高至（60.01±9.70）mL/kg，女生从（50.79±8.01）mL/kg升高至（60.54±11.20）mL/kg；初中学段男生的肺活量体重指数从（58.89±8.02）mL/kg升高至（60.01±4.31）mL/kg，女生从（50.97±7.39）mL/kg升高至（56.29±4.40）mL/kg；高中学段男生的肺活量体重指数从（59.85±6.03）mL/kg升高至（66.59±3.69）mL/kg，女生从（51.47±6.22）mL/kg升高至（59.16±4.24）mL/kg。（表35）肺活量体重指数是衡量身体心肺机能的重要指标，心肺机能与人体健康息息相关。根据肺活量体重指数评分标准，苏州市各学段中小学生的肺活量体重指数均值都在及格范围内。

表35 2022年与2021年苏州市各学段中小学生肺活量体重指数对比

单位：mL/kg

| 学段 | 男生 | | 女生 | | 总体 | |
|---|---|---|---|---|---|---|
| | 2021年 | 2022年 | 2021年 | 2022年 | 2021年 | 2022年 |
| 小学 | 51.91±8.69 | 60.01±9.70 | 50.79±8.01 | 60.54±11.20 | 51.35±8.16 | 60.28±10.2 |
| 初中 | 58.89±8.02 | 60.01±4.31 | 50.97±7.39 | 56.29±4.40 | 54.93±8.54 | 58.15±4.65 |
| 高中 | 59.85±6.03 | 66.59±3.69 | 51.47±6.22 | 59.16±4.24 | 55.66±7.35 | 57.06±18.48 |

与2021年相比，2022年小学学段G区、I区、L区、E区男生的肺活量体重指数均值降低，其余各区男生的肺活量体重指数均值升高；G区、I区、L区女生的肺活量体重指数均值降低，其余各区女生的肺活量指数均值升高。（表36）与2021年相比，2022年初中学段P区、G区、I区、T区、L区、E区男生的肺活量体重指数均值降低，其余各区男生的肺活量体重指数均值升高；P区、G区、L区、E区女生的肺活量体重指数均值降低，其余各区女生的肺活量体重指数均值升高。（表37）与2021年相比，2022年高中学段L区、E区男生的肺活量体重指数均值降低，其余各区男生的肺活量体重指数均值总体升高；I区女生的肺活量体重指数均值降低，其余各区女生的肺活量体重指数均值总体升高。（表38）

表36 2022年与2021年苏州市各区小学学段学生对比

单位：mL/kg

| 各区 | 男生 | | 女生 | |
|---|---|---|---|---|
| | 2021年 | 2022年 | 2021年 | 2022年 |
| P区 | 60.43 | 64.43 | 58.30 | 61.98 |
| B区 | 55.67 | 60.73 | 55.91 | 60.20 |
| C区 | 37.72 | 56.83 | 37.34 | 64.36 |
| D区 | 42.87 | 67.43 | 43.98 | 69.47 |
| G区 | 44.33 | 37.75 | 44.25 | 36.18 |
| I区 | 56.99 | 54.53 | 57.75 | 52.68 |
| T区 | 51.98 | 66.90 | 47.69 | 70.11 |
| K区 | 46.50 | 72.35 | 46.39 | 75.08 |
| L区 | 58.19 | 55.34 | 53.64 | 52.31 |
| E区 | 64.47 | 63.78 | 62.62 | 63.08 |

表37  2022年与2021年苏州市各区初中学段学生肺活量体重指数均值对比

单位：mL/kg

| 各区 | 男生 | | 女生 | |
|---|---|---|---|---|
| | 2021年 | 2022年 | 2021年 | 2022年 |
| P区 | 71.48 | 57.91 | 57.22 | 54.40 |
| B区 | 47.97 | 62.48 | 44.31 | 60.41 |
| C区 | 52.45 | 55.86 | 40.72 | 55.82 |
| D区 | 51.88 | 67.22 | 46.05 | 65.27 |
| G区 | 58.60 | 54.85 | 53.94 | 51.27 |
| I区 | 62.92 | 60.89 | 54.65 | 55.57 |
| T区 | 62.91 | 59.36 | 48.42 | 54.92 |
| K区 | 50.01 | 65.23 | 44.26 | 60.23 |
| L区 | 62.51 | 54.61 | 55.67 | 51.76 |
| E区 | 68.19 | 61.72 | 64.47 | 53.23 |

表38  2022年与2021年苏州市各区高中学段学生肺活量体重指数均值对比

单位：mL/kg

| 各区 | 男生 | | 女生 | |
|---|---|---|---|---|
| | 2021年 | 2022年 | 2021年 | 2022年 |
| P区 | 70.58 | — | 61.00 | — |
| B区 | 51.87 | 69.76 | 45.56 | 65.28 |
| C区 | 54.75 | 67.99 | 43.39 | 61.87 |
| D区 | 56.56 | 74.18 | 48.87 | 64.11 |
| G区 | 62.60 | 62.64 | 51.35 | 52.43 |
| I区 | 60.06 | 66.81 | 56.42 | 53.98 |
| T区 | 60.80 | 63.56 | 53.40 | 58.63 |
| K区 | 52.19 | 66.49 | 42.65 | 59.74 |
| L区 | 64.11 | 64.08 | 54.78 | 58.03 |
| E区 | 64.93 | 63.77 | 57.23 | 58.34 |

## （二）血压

1. 中小学生血压的基本情况

2022年苏州市中小学各学段学生血压，小学学段男生为舒张压（67.83±3.34）mmHg、收缩压（108.36±7.07）mmHg，女生为舒张压（68.84±3.47）mmHg、收缩压

（106.31±7.98）mmHg；初中学段男生为舒张压（70.69±2.11）mmHg、收缩压（118.88±6.74）mmHg，女生为舒张压（70.43±2.13）mmHg、收缩压（112.45±6.74）mmHg；高中学段男生为舒张压（73.26±2.23）mmHg、收缩压（125.74±6.69）mmHg，女生为舒张压（73.14±2.81）mmHg、收缩压（116.29±4.54）mmHg。（表39）

表39 2022年苏州市中小学各学段学生血压

单位：mmHg

| 学段 | 舒张压 | | | 收缩压 | | |
| --- | --- | --- | --- | --- | --- | --- |
| | 男生 | 女生 | 总体 | 男生 | 女生 | 总体 |
| 小学 | 67.83±3.34 | 68.84±3.47 | 68.33±3.36 | 108.36±7.07 | 106.31±7.98 | 107.33±7.42 |
| 初中 | 70.69±2.11 | 70.43±2.13 | 70.56±2.07 | 118.88±6.74 | 112.45±6.74 | 115.67±7.34 |
| 高中 | 73.26±2.23 | 73.14±2.81 | 73.20±2.47 | 125.74±6.69 | 116.29±4.54 | 121.01±7.38 |

2022年苏州市各区各学段学生舒张压、收缩压均值具体监测数据如表40、表41所示，以供参考及分析。从各年龄段数据（表42、表43）来看，随着年龄增长，学生的舒张压均值和收缩压均值都略微升高，收缩压均值变化较大。

表40 2022年苏州市各区各学段学生舒张压均值

单位：mmHg

| 各区 | 小学 | | 初中 | | 高中 | |
| --- | --- | --- | --- | --- | --- | --- |
| | 男生 | 女生 | 男生 | 女生 | 男生 | 女生 |
| P区 | 66.97 | 68.28 | 67.33 | 66.55 | 75.05 | 73.34 |
| B区 | 65.87 | 65.30 | 72.33 | 71.35 | 74.43 | 72.24 |
| C区 | 71.75 | 72.72 | 68.86 | 71.37 | 69.72 | 70.57 |
| D区 | 71.83 | 73.39 | 69.88 | 67.94 | 74.89 | 73.02 |
| G区 | 70.31 | 71.00 | 68.60 | 68.87 | 75.57 | 77.77 |
| I区 | 62.13 | 62.61 | 70.52 | 70.96 | 69.74 | 69.99 |
| T区 | 63.75 | 67.90 | 74.22 | 69.49 | 71.84 | 70.23 |
| K区 | 70.84 | 71.55 | 72.69 | 72.87 | 75.50 | 74.80 |
| L区 | 67.31 | 66.07 | 70.73 | 72.68 | 72.94 | 77.57 |
| E区 | 67.56 | 69.55 | 71.76 | 72.19 | 72.96 | 71.90 |

表41 2022年苏州市各区各学段学生收缩压均值

单位：mmHg

| 各区 | 小学 | | 初中 | | 高中 | |
| --- | --- | --- | --- | --- | --- | --- |
| | 男生 | 女生 | 男生 | 女生 | 男生 | 女生 |
| P区 | 108.58 | 107.08 | 115.38 | 111.42 | 124.33 | 113.99 |
| B区 | 101.53 | 99.51 | 129.32 | 120.62 | 135.42 | 120.35 |
| C区 | 107.88 | 105.58 | 115.13 | 114.92 | 124.69 | 110.67 |
| D区 | 120.58 | 120.19 | 123.14 | 111.15 | 133.64 | 118.95 |
| G区 | 108.04 | 108.23 | 110.60 | 104.91 | 120.96 | 115.96 |
| I区 | 98.94 | 96.68 | 113.32 | 102.61 | 117.72 | 110.47 |
| T区 | 104.37 | 100.09 | 111.38 | 106.70 | 119.03 | 115.31 |
| K区 | 120.18 | 118.96 | 127.47 | 121.99 | 135.56 | 120.62 |
| L区 | 105.30 | 100.11 | 119.16 | 110.57 | 122.64 | 123.93 |
| E区 | 108.18 | 106.64 | 123.94 | 119.66 | 123.39 | 112.64 |

表42 2022年苏州市各区各年龄段中小学生舒张压均值

单位：mmHg

| 各区 | 性别 | 7岁 | 8岁 | 9岁 | 10岁 | 11岁 | 12岁 | 13岁 | 14岁 | 15岁 | 16岁 | 17岁 | 18岁 |
| --- | --- | --- | --- | --- | --- | --- | --- | --- | --- | --- | --- | --- | --- |
| E区 | 男 | 69.20 | 67.80 | 68.18 | 65.78 | 66.92 | 70.05 | 72.02 | 73.47 | 72.73 | 71.66 | 73.90 | 73.75 |
| | 女 | 70.44 | 68.24 | 69.58 | 69.69 | 69.78 | 72.92 | 69.42 | 74.37 | 73.41 | 73.50 | 69.69 | 71.16 |
| P区 | 男 | 69.96 | 64.34 | 63.92 | 67.38 | 69.66 | 66.67 | 69.41 | 66.00 | 70.92 | 72.46 | 76.79 | 79.21 |
| | 女 | 68.82 | 69.96 | 66.09 | 67.89 | 68.69 | 64.73 | 68.42 | 66.60 | 70.24 | 72.77 | 74.27 | 77.23 |
| D区 | 男 | 72.08 | 75.44 | 70.47 | 71.60 | 69.18 | 67.80 | 69.93 | 71.91 | 74.24 | 75.20 | 75.20 | 74.73 |
| | 女 | 73.55 | 74.69 | 75.00 | 71.57 | 72.13 | 67.20 | 68.40 | 68.22 | 73.47 | 72.36 | 73.25 | 79.36 |
| C区 | 男 | 70.69 | 69.44 | 73.80 | 72.56 | 72.30 | 71.22 | 67.36 | 67.96 | 69.32 | 68.42 | 71.39 | 72.38 |
| | 女 | 70.33 | 70.07 | 74.20 | 73.38 | 72.13 | 74.62 | 70.64 | 68.84 | 69.89 | 68.62 | 73.16 | 74.27 |
| G区 | 男 | 68.69 | 71.12 | 69.70 | 70.39 | 72.05 | 68.02 | 69.07 | 68.56 | 74.38 | 74.94 | 76.90 | 76.29 |
| | 女 | 71.06 | 70.86 | 71.20 | 69.96 | 71.87 | 68.00 | 70.41 | 67.62 | 75.53 | 77.44 | 79.24 | 72.69 |
| I区 | 男 | 63.29 | 60.44 | 59.89 | 64.41 | 62.67 | 70.11 | 70.78 | 68.28 | 65.77 | 69.36 | 71.23 | 77.75 |
| | 女 | 62.82 | 61.98 | 61.00 | 64.72 | 62.47 | 71.93 | 72.09 | 72.10 | 71.07 | 67.52 | 71.06 | 72.25 |
| T区 | 男 | 62.76 | 59.53 | 65.04 | 65.80 | 65.62 | 82.04 | 66.16 | 73.76 | 68.02 | 73.79 | 73.33 | 72.88 |
| | 女 | 59.22 | 65.64 | 63.40 | 81.53 | 69.71 | 68.52 | 68.10 | 71.98 | 68.61 | 70.49 | 71.38 | 73.00 |
| B区 | 男 | 66.02 | 64.43 | 65.71 | 66.62 | 66.73 | 70.28 | 71.04 | 74.67 | 72.51 | 72.93 | 77.39 | 76.38 |
| | 女 | 64.43 | 63.50 | 64.72 | 65.37 | 68.25 | 68.14 | 71.78 | 72.74 | 71.43 | 71.86 | 73.90 | 74.28 |

续表

| 各区 | 性别 | 7岁 | 8岁 | 9岁 | 10岁 | 11岁 | 12岁 | 13岁 | 14岁 | 15岁 | 16岁 | 17岁 | 18岁 |
|---|---|---|---|---|---|---|---|---|---|---|---|---|---|
| L区 | 男 | 65.33 | 68.49 | 64.96 | 69.23 | 68.51 | 70.67 | 70.45 | 71.23 | 76.63 | 72.02 | 69.97 | 72.60 |
| L区 | 女 | 64.45 | 68.58 | 63.98 | 66.09 | 67.28 | 70.53 | 73.00 | 75.42 | 71.62 | 79.52 | 81.69 | 77.27 |
| K区 | 男 | 71.44 | 69.00 | 70.80 | 72.75 | 70.17 | 71.53 | 72.11 | 74.31 | 74.31 | 73.95 | 77.82 | 76.28 |
| K区 | 女 | 69.72 | 71.94 | 71.90 | 73.66 | 70.70 | 72.67 | 72.87 | 73.07 | 74.49 | 73.86 | 75.91 | 74.88 |

表43　2022年苏州市各区各年龄段中小学生收缩压均值

单位：mmHg

| 各区 | 性别 | 7 | 8 | 9 | 10 | 11 | 12 | 13 | 14 | 15 | 16 | 17 | 18 |
|---|---|---|---|---|---|---|---|---|---|---|---|---|---|
| E区 | 男 | 101.58 | 106.76 | 108.16 | 111.76 | 112.31 | 118.67 | 124.22 | 129.86 | 122.88 | 120.34 | 124.48 | 130.17 |
| E区 | 女 | 101.16 | 105.29 | 104.49 | 109.00 | 113.11 | 117.51 | 115.68 | 126.37 | 111.72 | 114.61 | 111.36 | 113.11 |
| P区 | 男 | 109.24 | 106.51 | 104.98 | 108.64 | 113.78 | 112.89 | 118.12 | 115.38 | 126.27 | 121.86 | 125.77 | 124.64 |
| P区 | 女 | 107.93 | 107.85 | 104.06 | 105.29 | 110.44 | 109.76 | 113.79 | 110.79 | 111.86 | 115.29 | 112.69 | 117.08 |
| D区 | 男 | 122.36 | 122.60 | 118.13 | 119.29 | 120.56 | 121.76 | 122.39 | 125.51 | 130.02 | 134.64 | 136.25 | 134.28 |
| D区 | 女 | 117.50 | 120.42 | 119.40 | 123.61 | 120.04 | 110.93 | 110.49 | 112.02 | 120.36 | 116.82 | 119.73 | 120.47 |
| C区 | 男 | 105.00 | 106.69 | 107.07 | 105.04 | 115.80 | 113.29 | 116.89 | 115.24 | 120.36 | 122.12 | 131.52 | 129.36 |
| C区 | 女 | 103.18 | 98.84 | 105.60 | 107.22 | 108.71 | 111.31 | 120.64 | 112.80 | 106.41 | 108.90 | 116.74 | 119.37 |
| G区 | 男 | 105.58 | 107.86 | 109.08 | 110.13 | 107.60 | 107.28 | 109.61 | 115.33 | 119.59 | 117.45 | 124.35 | 128.43 |
| G区 | 女 | 106.87 | 111.06 | 107.06 | 108.10 | 108.10 | 104.36 | 106.59 | 103.13 | 118.92 | 114.33 | 114.36 | 120.25 |
| I区 | 男 | 94.56 | 100.16 | 97.91 | 101.27 | 100.84 | 109.22 | 116.00 | 115.38 | 114.27 | 115.86 | 120.25 | 125.63 |
| I区 | 女 | 93.11 | 94.40 | 94.78 | 98.43 | 102.64 | 105.71 | 106.82 | 100.60 | 107.63 | 107.21 | 113.79 | 115.13 |
| T区 | 男 | 96.69 | 100.16 | 101.76 | 109.58 | 113.69 | 110.85 | 113.98 | 109.44 | 115.90 | 119.79 | 121.13 | 120.42 |
| T区 | 女 | 92.22 | 95.87 | 98.76 | 103.18 | 110.44 | 109.96 | 105.06 | 105.34 | 110.66 | 110.34 | 124.95 | 127.80 |
| B区 | 男 | 100.12 | 100.81 | 103.16 | 99.18 | 104.67 | 125.06 | 127.70 | 132.95 | 134.12 | 133.30 | 138.46 | 129.74 |
| B区 | 女 | 97.15 | 98.99 | 99.65 | 97.07 | 104.29 | 113.11 | 121.62 | 123.53 | 120.41 | 121.55 | 121.31 | 120.37 |
| L区 | 男 | 102.12 | 106.73 | 101.27 | 108.20 | 108.11 | 117.20 | 119.36 | 121.71 | 127.12 | 120.43 | 120.36 | 120.34 |
| L区 | 女 | 97.38 | 100.36 | 97.11 | 101.43 | 104.72 | 110.76 | 108.24 | 113.16 | 124.47 | 124.21 | 123.13 | 122.68 |
| K区 | 男 | 115.18 | 117.15 | 119.62 | 126.10 | 123.06 | 123.96 | 126.77 | 130.60 | 132.36 | 135.81 | 137.92 | 128.69 |
| K区 | 女 | 113.22 | 116.94 | 121.02 | 122.09 | 121.64 | 119.49 | 123.00 | 123.50 | 121.26 | 119.95 | 120.70 | 121.69 |

**2. 2022年与2021年苏州市中小学生血压的比较**

与2021年舒张压数据相比，2022年只有初中男生的舒张压上升了，从（70.61±1.62）mmHg上升为（70.69±2.11）mmHg。小学学段男生的舒张压从（69.88±3.96）mmHg下降为（67.83±3.34）mmHg，女生的舒张压从（69.87±3.32）mmHg下降为（68.84±3.47）mmHg；初中学段女生的舒张压从（70.71±1.15）mmHg下降为（70.43±

2.13）mmHg；高中学段男生的舒张压从（74.38±2.16）mmHg下降为（73.26±2.23）mmHg，女生的舒张压从（74.55±3.53）mmHg下降为（73.14±2.81）mmHg。从收缩压数据来看，2021年至2022年变化不大，小学学段男生的收缩压从（108.73±7.46）mmHg下降为（108.36±7.07）mmHg，女生的收缩压从（107.08±7.47）mmHg下降为（106.31±7.98）mmHg；初中学段男生的收缩压从（121.81±6.50）mmHg下降为（118.88±6.74）mmHg；女生的收缩压从（114.64±6.50）mmHg下降为（112.45±6.74）mmHg；高中学段男生的收缩压从（125.51±12.21）mmHg上升为（125.74±6.69）mmHg，女生的收缩压从（116.57±8.23）mmHg下降为（116.29±4.54）mmHg。（表44、表45）

表44 2021年苏州市中小学各学段学生血压

单位：mmHg

| 学段 | 舒张压 | | | 收缩压 | | |
| --- | --- | --- | --- | --- | --- | --- |
| | 男生 | 女生 | 总体 | 男生 | 女生 | 总体 |
| 小学 | 69.88±3.96 | 69.87±3.32 | 69.88±3.55 | 108.73±7.46 | 107.08±7.47 | 107.90±7.32 |
| 初中 | 70.61±1.62 | 70.71±1.15 | 70.66±1.37 | 121.81±6.50 | 114.64±6.50 | 118.22±7.32 |
| 高中 | 74.38±2.16 | 74.55±3.53 | 74.46±2.85 | 125.51±12.21 | 116.57±8.23 | 121.04±11.12 |

表45 2022年苏州市中小学各学段学生血压

单位：mmHg

| 学段 | 舒张压 | | | 收缩压 | | |
| --- | --- | --- | --- | --- | --- | --- |
| | 男生 | 女生 | 总体 | 男生 | 女生 | 总体 |
| 小学 | 67.83±3.34 | 68.84±3.47 | 68.33±3.36 | 108.36±7.07 | 106.31±7.98 | 107.33±7.42 |
| 初中 | 70.69±2.11 | 70.43±2.13 | 70.56±2.07 | 118.88±6.74 | 112.45±6.74 | 115.67±7.34 |
| 高中 | 73.26±2.23 | 73.14±2.81 | 73.20±2.47 | 125.74±6.69 | 116.29±4.54 | 121.01±7.38 |

根据最新血压标准，苏州市各学段中小学生的血压均在标准范围之内，但随着学段的提高，学生的血压也呈上升趋势，这应该与学业压力有关。此外，随着学业压力的变大，锻炼身体的时间减少也是一大原因。

2021—2022年，苏州市各区各学段学生舒张压、收缩压均值具体监测数据如表46至表51所示，以供参考及分析。

表46　2022年与2021年苏州市各区小学学段学生舒张压均值对比

单位：mmHg

| 各区 | 男生 | | 女生 | |
| --- | --- | --- | --- | --- |
| | 2021年 | 2022年 | 2021年 | 2022年 |
| P区 | 66.41 | 66.97 | 66.45 | 68.28 |
| B区 | 75.41 | 65.87 | 72.10 | 65.30 |
| C区 | 67.40 | 71.75 | 67.28 | 72.72 |
| D区 | 70.11 | 71.83 | 69.89 | 73.39 |
| G区 | 74.16 | 70.31 | 72.40 | 71.00 |
| I区 | 75.92 | 62.13 | 76.74 | 62.61 |
| T区 | 66.43 | 63.75 | 67.55 | 67.90 |
| K区 | 69.76 | 70.84 | 71.68 | 71.55 |
| L区 | 68.03 | 67.31 | 67.61 | 66.07 |
| E区 | 65.20 | 67.56 | 67.02 | 69.55 |

表47　2022年与2021年苏州市各区初中学段学生舒张压均值对比

单位：mmHg

| 各区 | 男生 | | 女生 | |
| --- | --- | --- | --- | --- |
| | 2021年 | 2022年 | 2021年 | 2022年 |
| P区 | 70.94 | 67.33 | 70.62 | 66.55 |
| B区 | 71.15 | 72.33 | 71.54 | 71.35 |
| C区 | 72.13 | 68.86 | 73.03 | 71.37 |
| D区 | 70.76 | 69.88 | 69.71 | 67.94 |
| G区 | 73.84 | 68.60 | 71.69 | 68.87 |
| I区 | 70.07 | 70.52 | 70.27 | 70.96 |
| T区 | 68.15 | 74.22 | 69.80 | 69.49 |
| K区 | 70.49 | 72.69 | 71.30 | 72.87 |
| L区 | 68.81 | 70.73 | 69.64 | 72.68 |
| E区 | 69.78 | 71.76 | 69.52 | 72.19 |

表48　2022年与2021年苏州市各区高中学段学生舒张压均值对比

单位：mmHg

| 各区 | 男生 | | 女生 | |
| --- | --- | --- | --- | --- |
| | 2021年 | 2022年 | 2021年 | 2022年 |
| P区 | 75.34 | 75.05 | 80.29 | 73.34 |
| B区 | 77.32 | 74.43 | 75.90 | 72.24 |
| C区 | 71.30 | 69.72 | 74.15 | 70.57 |
| D区 | 72.99 | 74.89 | 72.37 | 73.02 |
| G区 | 76.87 | 75.57 | 79.30 | 77.77 |
| I区 | 71.47 | 69.74 | 72.08 | 69.99 |
| T区 | 73.38 | 71.84 | 70.96 | 70.23 |
| K区 | 75.83 | 75.50 | 74.38 | 74.80 |
| L区 | 75.87 | 72.94 | 76.60 | 77.57 |
| E区 | 73.45 | 72.96 | 69.41 | 71.90 |

表49　2022年与2021年苏州市各区小学学段学生收缩压均值对比

单位：mmHg

| 各区 | 男生 | | 女生 | |
| --- | --- | --- | --- | --- |
| | 2021年 | 2022年 | 2021年 | 2022年 |
| P区 | 102.31 | 108.58 | 100.84 | 107.08 |
| B区 | 103.23 | 101.53 | 103.78 | 99.51 |
| C区 | 106.01 | 107.88 | 102.26 | 105.58 |
| D区 | 119.53 | 120.58 | 118.01 | 120.19 |
| G区 | 108.53 | 108.04 | 107.49 | 108.23 |
| I区 | 97.12 | 98.94 | 96.29 | 96.68 |
| T区 | 111.00 | 104.37 | 109.56 | 100.09 |
| K区 | 121.56 | 120.18 | 120.45 | 118.96 |
| L区 | 109.57 | 105.30 | 104.23 | 100.11 |
| E区 | 108.42 | 108.18 | 107.90 | 106.64 |

表50　2022年与2021年苏州市各区初中学段学生收缩压均值对比

单位：mmHg

| 各区 | 男生 | | 女生 | |
|---|---|---|---|---|
| | 2021年 | 2022年 | 2021年 | 2022年 |
| P区 | 118.96 | 115.38 | 113.26 | 111.42 |
| B区 | 133.21 | 129.32 | 126.22 | 120.62 |
| C区 | 119.82 | 115.13 | 112.87 | 114.92 |
| D区 | 126.44 | 123.14 | 119.99 | 111.15 |
| G区 | 119.27 | 110.60 | 111.13 | 104.91 |
| I区 | 111.71 | 113.32 | 108.94 | 102.61 |
| T区 | 116.23 | 111.38 | 106.57 | 106.70 |
| K区 | 129.90 | 127.47 | 122.56 | 121.99 |
| L区 | 118.97 | 119.16 | 108.57 | 110.57 |
| E区 | 123.59 | 123.94 | 116.26 | 119.66 |

表51　2022年与2021年苏州市各区高中学段学生收缩压均值对比

单位：mmHg

| 各区 | 男生 | | 女生 | |
|---|---|---|---|---|
| | 2021年 | 2022年 | 2021年 | 2022年 |
| P区 | 125.47 | 124.33 | 111.23 | 113.99 |
| B区 | 140.90 | 135.42 | 127.51 | 120.35 |
| C区 | 123.59 | 124.69 | 115.32 | 110.67 |
| D区 | 140.10 | 133.64 | 124.50 | 118.95 |
| G区 | 117.94 | 120.96 | 115.75 | 115.96 |
| I区 | 117.10 | 117.72 | 114.87 | 110.47 |
| T区 | 128.59 | 119.03 | 116.41 | 115.31 |
| K区 | 140.48 | 135.56 | 125.30 | 120.62 |
| L区 | 116.46 | 122.64 | 116.06 | 123.93 |
| E区 | 104.44 | 123.39 | 98.79 | 112.64 |

## (三) 脉搏

### 1. 中小学生脉搏的基本情况

2022年苏州市中小学各学段学生脉搏，小学学段男生为（86.75±3.24）次/min，女生为（87.84±4.19）次/min；初中学段男生为（83.76±4.65）次/min，女生为（86.11±5.26）次/min；高中学段男生为（77.38±6.01）次/min，女生为（80.43±5.75）次/min。（表52）

表52  2022年苏州市中小学各学段学生脉搏

单位：次/min

| 学段 | 男生 | 女生 | 总体 |
| --- | --- | --- | --- |
| 小学 | 86.75±3.24 | 87.84±4.19 | 87.29±3.69 |
| 初中 | 83.76±4.65 | 86.11±5.26 | 84.93±4.98 |
| 高中 | 77.38±6.01 | 80.43±5.75 | 78.91±5.94 |

从小学学段脉搏数据可以看出，男生中T区学生的脉搏均值最高，为91.37次/min，G区最低，为80.76次/min；女生中D区学生的脉搏均值最高，为94.91次/min，G区最低，为81.15次/min。从初中学段脉搏数据可以看出，男生中P区学生的脉搏均值最高，为88.84次/min，L区最低，为76.30次/min；女生中K区学生的脉搏均值最高，为95.25次/min，L区最低，为78.05次/min。从高中学段脉搏数据可以看出，男生中K区学生的脉搏均值最高，为88.10次/min，I区最低，为70.68次/min；女生中K区学生的脉搏均值最高，为88.84次/min，L区最低，为73.11次/min。（表53）

表53  2022年苏州市各区各学段学生脉搏均值

单位：次/min

| 各区 | 小学 | | 初中 | | 高中 | |
| --- | --- | --- | --- | --- | --- | --- |
| | 男生 | 女生 | 男生 | 女生 | 男生 | 女生 |
| P区 | 85.44 | 87.13 | 88.84 | 87.92 | 87.76 | 87.66 |
| B区 | 87.96 | 87.75 | 77.53 | 82.81 | 74.73 | 82.20 |
| C区 | 85.28 | 86.50 | 85.27 | 84.13 | 74.89 | 81.97 |
| D区 | 90.79 | 94.91 | 88.03 | 92.39 | 78.27 | 83.85 |
| G区 | 80.76 | 81.15 | 87.09 | 86.81 | 74.29 | 75.42 |
| I区 | 86.15 | 85.15 | 79.41 | 80.39 | 70.68 | 75.10 |

续表

| 各区 | 小学 | | 初中 | | 高中 | |
|---|---|---|---|---|---|---|
| | 男生 | 女生 | 男生 | 女生 | 男生 | 女生 |
| T区 | 91.37 | 92.58 | 83.51 | 88.84 | 74.07 | 73.64 |
| K区 | 87.45 | 89.33 | 88.59 | 95.25 | 88.10 | 88.84 |
| L区 | 83.47 | 83.24 | 76.30 | 78.05 | 72.64 | 73.11 |
| E区 | 88.79 | 90.62 | 83.06 | 84.49 | 78.40 | 82.50 |

从各年龄段数据来看，随着年龄增长，学生的脉搏逐渐由7岁时的82.10~96.41次/min下降为18岁时的70.25~95.85次/min。（表54）

**表54　2022年苏州市各区各年龄段中小学生脉搏均值**

单位：次/min

| 各区 | 性别 | 7岁 | 8岁 | 9岁 | 10岁 | 11岁 | 12岁 | 13岁 | 14岁 | 15岁 | 16岁 | 17岁 | 18岁 |
|---|---|---|---|---|---|---|---|---|---|---|---|---|---|
| E区 | 男 | 91.96 | 89.13 | 87.38 | 88.76 | 86.92 | 86.95 | 79.48 | 82.97 | 79.39 | 78.80 | 78.00 | 76.75 |
| | 女 | 93.58 | 85.78 | 91.04 | 94.49 | 88.24 | 86.08 | 83.34 | 83.97 | 80.66 | 84.34 | 81.76 | 81.32 |
| P区 | 男 | 84.76 | 86.47 | 86.17 | 85.02 | 84.70 | 88.82 | 91.49 | 86.26 | 83.54 | 83.97 | 89.27 | 94.11 |
| | 女 | 83.80 | 87.74 | 90.34 | 88.79 | 84.73 | 86.24 | 91.79 | 85.74 | 88.33 | 84.31 | 88.77 | 95.85 |
| D区 | 男 | 92.10 | 96.50 | 89.58 | 89.02 | 86.31 | 90.87 | 88.09 | 85.13 | 80.10 | 76.34 | 78.53 | 79.26 |
| | 女 | 96.41 | 100.53 | 89.22 | 94.34 | 94.09 | 90.62 | 95.33 | 91.20 | 86.67 | 79.20 | 85.80 | 81.73 |
| C区 | 男 | 85.89 | 85.87 | 84.33 | 82.98 | 87.39 | 88.91 | 82.73 | 84.11 | 73.30 | 77.33 | 74.09 | 75.27 |
| | 女 | 85.62 | 90.64 | 84.22 | 84.11 | 87.04 | 86.42 | 82.02 | 83.93 | 79.07 | 86.00 | 81.00 | 79.37 |
| G区 | 男 | 83.63 | 79.40 | 77.64 | 82.27 | 81.05 | 85.57 | 89.89 | 84.84 | 74.53 | 73.59 | 74.94 | 73.57 |
| | 女 | 82.10 | 78.61 | 78.57 | 82.16 | 84.27 | 86.98 | 87.98 | 85.00 | 70.44 | 77.31 | 77.31 | 78.00 |
| I区 | 男 | 91.67 | 82.38 | 88.42 | 85.48 | 82.80 | 80.89 | 78.44 | 77.26 | 73.07 | 69.36 | 70.48 | 70.25 |
| | 女 | 89.87 | 83.44 | 88.96 | 81.61 | 81.90 | 79.64 | 79.24 | 80.75 | 79.59 | 74.25 | 73.04 | 78.00 |
| T区 | 男 | 87.96 | 87.82 | 91.29 | 90.91 | 98.87 | 84.23 | 85.74 | 80.62 | 77.79 | 66.94 | 78.22 | 80.26 |
| | 女 | 90.18 | 89.51 | 87.89 | 96.31 | 99.00 | 96.52 | 90.69 | 79.28 | 73.84 | 74.09 | 73.26 | 70.60 |
| B区 | 男 | 92.05 | 88.94 | 83.66 | 86.13 | 88.38 | 79.00 | 77.36 | 77.05 | 71.93 | 72.32 | 78.85 | 79.27 |
| | 女 | 93.76 | 89.01 | 82.50 | 86.53 | 88.25 | 83.75 | 83.60 | 81.42 | 80.59 | 81.73 | 84.08 | 82.74 |
| L区 | 男 | 86.91 | 87.80 | 77.91 | 82.86 | 82.02 | 82.51 | 73.70 | 70.97 | 76.40 | 70.32 | 71.28 | 76.37 |
| | 女 | 87.31 | 86.31 | 77.73 | 82.68 | 82.31 | 83.78 | 74.37 | 74.26 | 71.42 | 73.74 | 74.22 | 75.38 |
| K区 | 男 | 87.84 | 90.83 | 87.44 | 86.90 | 84.23 | 88.24 | 90.34 | 88.16 | 79.69 | 83.81 | 98.80 | 82.48 |
| | 女 | 91.74 | 90.53 | 88.16 | 92.43 | 84.04 | 98.58 | 93.80 | 93.34 | 88.59 | 85.56 | 92.04 | 90.38 |

**2. 2022年与2021年苏州市中小学生脉搏的比较**

与2021年相比，2022年小学学段学生的脉搏升高，初中学段、高中学段学生的脉搏降低。小学学段男生的脉搏从（84.83±4.85）次/min 升高至（86.75±3.24）次/min，女生的脉搏从（86.02±5.55）次/min 升高至（87.84±4.19）次/min；初中学段男生的脉搏从（84.03±4.95）次/min 下降为（83.76±4.65）次/min，女生的脉搏从（86.78±6.86）次/min 下降为（86.11±5.26）次/min；高中学段男生的脉搏从（77.92±4.94）次/min 下降为（77.38±6.01）次/min，女生的脉搏从（81.71±6.98）次/min 下降为（80.43±5.75）次/min。（表55）脉搏反映心率，临床标准是60~100次/min，苏州市中小学各学段学生的脉搏均在标准范围之内。随着学段的提高，脉搏呈下降趋势，应该是因为随着生长发育，学生的身体机能增强，心脏的每搏输出量增加，每分钟脉搏次数下降。体育锻炼可以提高身体机能，增加心脏的每搏输出量，各学段学生应加强体育锻炼。

表55　2022年与2021年苏州市中小学各学段学生脉搏对比

单位：次/min

| 学段 | 男生 | | 女生 | | 总体 | |
| --- | --- | --- | --- | --- | --- | --- |
| | 2021年 | 2022年 | 2021年 | 2022年 | 2021年 | 2022年 |
| 小学 | 84.83±4.85 | 86.75±3.24 | 86.02±5.55 | 87.84±4.19 | 85.42±5.11 | 87.29±3.69 |
| 初中 | 84.03±4.95 | 83.76±4.65 | 86.78±6.86 | 86.11±5.26 | 85.41±5.99 | 84.93±4.98 |
| 高中 | 77.92±4.94 | 77.38±6.01 | 81.71±6.98 | 80.43±5.75 | 79.82±6.20 | 78.91±5.94 |

与2021年相比，2022年小学学段C区、D区、K区男生的脉搏均值降低，其余各区男生的脉搏均值升高；C区、K区女生的脉搏均值降低，其余各区女生的脉搏均值升高。（表56）与2021年相比，2022年初中学段P区、B区、T区、K区、L区、E区男生的脉搏均值降低，其余各区男生的脉搏均值升高；P区、B区、C区、K区、E区女生的脉搏均值降低，其余各区女生的脉搏均值升高。（表57）与2021年相比，2022年高中学段B区、C区、G区、T区、L区男生的脉搏均值降低，其余各区男生的脉搏均值升高；I区、E区女生的脉搏均值升高，其余各区女生的脉搏均值降低。（表58）

表56　2022年与2021年苏州市各区小学学段学生脉搏均值对比

单位：次/min

| 各区 | 男生 | | 女生 | |
| --- | --- | --- | --- | --- |
| | 2021年 | 2022年 | 2021年 | 2022年 |
| P区 | 78.55 | 85.44 | 80.20 | 87.13 |
| B区 | 83.73 | 87.96 | 84.35 | 87.75 |
| C区 | 89.37 | 85.28 | 91.40 | 86.50 |

续表

| 各区 | 男生 | | 女生 | |
|---|---|---|---|---|
| | 2021年 | 2022年 | 2021年 | 2022年 |
| D区 | 91.16 | 90.79 | 92.97 | 94.91 |
| G区 | 78.38 | 80.76 | 78.93 | 81.15 |
| I区 | 82.33 | 86.15 | 81.97 | 85.15 |
| T区 | 86.12 | 91.37 | 87.22 | 92.58 |
| K区 | 90.32 | 87.45 | 93.14 | 89.33 |
| L区 | 80.32 | 83.47 | 80.37 | 83.24 |
| E区 | 88.04 | 88.79 | 89.61 | 90.62 |

表57 2022年与2021年苏州市各区初中学段学生脉搏均值对比

单位：次/min

| 各区 | 男生 | | 女生 | |
|---|---|---|---|---|
| | 2021年 | 2022年 | 2021年 | 2022年 |
| P区 | 89.81 | 88.84 | 90.72 | 87.92 |
| B区 | 78.53 | 77.53 | 84.04 | 82.81 |
| C区 | 81.12 | 85.27 | 87.50 | 84.13 |
| D区 | 86.63 | 88.03 | 92.29 | 92.39 |
| G区 | 86.16 | 87.09 | 82.18 | 86.81 |
| I区 | 78.39 | 79.41 | 78.58 | 80.39 |
| T区 | 85.74 | 83.51 | 87.53 | 88.84 |
| K区 | 90.47 | 88.59 | 99.85 | 95.25 |
| L区 | 76.70 | 76.30 | 76.45 | 78.05 |
| E区 | 86.75 | 83.06 | 88.68 | 84.49 |

表58 2022年与2021苏州市各区高中学段学生脉搏均值对比

单位：次/min

| 各区 | 男生 | | 女生 | |
|---|---|---|---|---|
| | 2021年 | 2022年 | 2021年 | 2022年 |
| P区 | 82.66 | 87.76 | 89.40 | 87.66 |
| B区 | 78.81 | 74.73 | 87.73 | 82.20 |
| C区 | 83.02 | 74.89 | 87.16 | 81.97 |

续表

| 各区 | 男生 | | 女生 | |
|---|---|---|---|---|
| | 2021 年 | 2022 年 | 2021 年 | 2022 年 |
| D 区 | 76.64 | 78.27 | 84.20 | 83.85 |
| G 区 | 76.44 | 74.29 | 78.81 | 75.42 |
| I 区 | 69.44 | 70.68 | 73.12 | 75.10 |
| T 区 | 79.19 | 74.07 | 79.72 | 73.64 |
| K 区 | 85.45 | 88.10 | 90.20 | 88.84 |
| L 区 | 72.95 | 72.64 | 75.68 | 73.11 |
| E 区 | 74.57 | 78.40 | 71.11 | 82.50 |

## 四、身体素质

苏州市中小学生的身体素质主要通过力量素质、心肺耐力、身体功能得到反映。

### （一）力量素质

**1. 上身力量——斜身引体（男）、引体向上（男）、仰卧起坐（女）**

（1）上身力量——斜身引体（男）、引体向上（男）、仰卧起坐（女）基本情况

2022 年苏州市中小学各学段学生上身力量——斜身引体（男）、引体向上（男）、仰卧起坐（女），小学学段男生斜身引体为（31.40±8.64）个，女生仰卧起坐为（30.87±2.91）个；初中学段男生引体向上为（2.53±2.16）个，女生仰卧起坐为（32.02±3.63）个；高中学段男生引体向上为（3.81±1.02）个，女生仰卧起坐为（34.94±3.66）个。（表59）

表59　2022 年苏州市中小学各学段学生上身力量

单位：个

| 学段 | 男生 | 女生 |
|---|---|---|
| 小学 | 31.40±8.64 | 30.87±2.91 |
| 初中 | 2.53±2.16 | 32.02±3.63 |
| 高中 | 3.81±1.02 | 34.94±3.66 |

注：小学学段斜身引体（男）、仰卧起坐（女），初中、高中学段引体向上（男）、仰卧起坐（女）。

从小学学段上身力量数据可以看出，男生中 T 区学生的上身力量均值最高，为 46.31 个，D 区最低，为 21.68 个；女生中 T 区学生的上身力量均值最高，为 35.10 个，D 区最低，为 24.79 个。从初中学段上身力量数据可以看出，男生中 B 区学生的上身力量均值最高，为 7.30 个，E 区最低，为 0.83 个；女生中 L 区学生的上身力量均值最高，为 38.52 个，B 区最低，为 26.84 个。从高中学段上身力量数据可以看出，男生中 D 区和 I 区学生的上身力量均值最高，为 5.30 个，E 区最低，为 2.79 个；女生中 L 区学生的上身力量均值最高，为 43.32 个，K 区最低，为 31.03 个。（表 60）

表 60　2022 年苏州市各区各学段学生上身力量均值

单位：个

| 各区 | 小学 | | 初中 | | 高中 | |
|---|---|---|---|---|---|---|
|  | 男生 | 女生 | 男生 | 女生 | 男生 | 女生 |
| P 区 | 22.01 | 33.00 | 1.14 | 36.57 | 2.87 | 32.75 |
| B 区 | 23.34 | 31.73 | 7.30 | 26.84 | 5.00 | 35.12 |
| C 区 | 26.44 | 33.38 | 2.69 | 29.44 | 4.00 | 38.91 |
| D 区 | 21.68 | 24.79 | 1.45 | 29.13 | 5.30 | 33.29 |
| G 区 | 42.16 | 30.24 | 1.82 | 29.35 | 3.21 | 34.85 |
| I 区 | 29.57 | 30.98 | 1.46 | 33.54 | 5.30 | 35.10 |
| T 区 | 46.31 | 35.10 | 5.51 | 33.45 | 3.01 | 32.72 |
| K 区 | 35.87 | 28.05 | 0.99 | 30.62 | 3.05 | 31.03 |
| L 区 | 37.23 | 31.48 | 2.11 | 38.52 | 3.57 | 43.32 |
| E 区 | 29.37 | 29.97 | 0.83 | 32.75 | 2.79 | 32.36 |

注：小学学段斜身引体（男）、仰卧起坐（女），初中、高中学段引体向上（男）、仰卧起坐（女）。

从各年龄段数据来看，小学学段各区的男生斜身引体向上数据差值较大，初中、高中学段男生引体向上的次数均值随着年龄增长而总体呈上升趋势，女生的仰卧起坐次数均值随着年龄增长而逐渐增加，从 7 岁时的 14.48~25.76 个增加至 18 岁时的 30.20~41.26 个。（表 61）

表 61　2022 年苏州市各区各年龄段学生上身力量均值

单位：个

| 各区 | 性别 | 7 岁 | 8 岁 | 9 岁 | 10 岁 | 11 岁 | 12 岁 | 13 岁 | 14 岁 | 15 岁 | 16 岁 | 17 岁 | 18 岁 |
|---|---|---|---|---|---|---|---|---|---|---|---|---|---|
| E 区 | 男 | 39.31 | 30.00 | 24.11 | 26.22 | 27.37 | 0.25 | 0.72 | 0.71 | 2.55 | 2.93 | 2.54 | 3.50 |
|  | 女 | 22.22 | 26.84 | 30.02 | 34.18 | 36.43 | 33.23 | 33.84 | 31.03 | 33.38 | 34.16 | 29.55 | 32.89 |

续表

| 各区 | 性别 | 7岁 | 8岁 | 9岁 | 10岁 | 11岁 | 12岁 | 13岁 | 14岁 | 15岁 | 16岁 | 17岁 | 18岁 |
|---|---|---|---|---|---|---|---|---|---|---|---|---|---|
| P区 | 男 | 18.60 | 25.69 | 16.58 | 25.56 | 23.68 | 0.55 | 0.98 | 1.30 | 2.31 | 3.46 | 3.23 | 1.89 |
|  | 女 | 18.47 | 40.34 | 31.94 | 36.15 | 37.70 | 36.67 | 37.95 | 35.05 | 32.00 | 32.48 | 32.15 | 37.23 |
| D区 | 男 | 17.03 | 22.80 | 24.31 | 22.89 | 20.64 | 0.00 | 1.07 | 1.86 | 6.34 | 4.64 | 4.98 | 3.01 |
|  | 女 | 14.48 | 22.71 | 25.96 | 30.00 | 30.69 | 32.11 | 29.56 | 25.73 | 34.44 | 30.82 | 34.70 | 36.23 |
| C区 | 男 | 21.29 | 29.87 | 31.13 | 30.02 | 28.89 | 1.25 | 2.79 | 2.54 | 0.89 | 4.26 | 6.86 | 2.41 |
|  | 女 | 24.22 | 29.14 | 30.84 | 33.18 | 38.76 | 36.20 | 31.80 | 20.31 | 37.48 | 36.38 | 42.84 | 37.35 |
| G区 | 男 | 42.33 | 35.24 | 43.42 | 40.63 | 50.38 | 0.89 | 2.33 | 2.09 | 2.19 | 3.55 | 3.38 | 4.43 |
|  | 女 | 24.21 | 28.27 | 33.51 | 32.93 | 31.60 | 28.53 | 31.65 | 29.11 | 34.58 | 33.78 | 35.71 | 39.28 |
| I区 | 男 | 26.11 | 21.00 | 27.84 | 37.48 | 35.58 | 0.42 | 2.26 | 2.44 | 5.23 | 5.55 | 4.27 | 3.25 |
|  | 女 | 25.76 | 28.16 | 29.13 | 38.63 | 33.07 | 31.93 | 34.03 | 31.30 | 37.37 | 35.62 | 34.11 | 30.75 |
| T区 | 男 | 34.40 | 49.51 | 41.91 | 48.40 | 57.84 | 2.01 | 5.66 | 5.32 | 2.00 | 3.94 | 2.96 | 2.46 |
|  | 女 | 23.09 | 38.76 | 38.56 | 36.20 | 38.89 | 32.76 | 34.17 | 33.32 | 34.75 | 33.79 | 29.46 | 30.20 |
| B区 | 男 | 16.67 | 24.34 | 23.60 | 26.52 | 26.51 | 20.00 | 2.51 | 2.56 | 4.83 | 5.00 | 5.00 | 1.41 |
|  | 女 | 20.23 | 29.71 | 32.40 | 36.08 | 37.85 | 26.94 | 26.98 | 26.37 | 35.87 | 32.73 | 35.08 | 38.34 |
| L区 | 男 | 31.23 | 47.51 | 38.73 | 32.02 | 36.29 | 1.79 | 2.00 | 2.29 | 2.40 | 3.04 | 5.51 | 3.21 |
|  | 女 | 24.07 | 26.76 | 31.02 | 35.93 | 40.41 | 39.62 | 39.53 | 35.68 | 39.93 | 43.93 | 46.13 | 41.26 |
| K区 | 男 | 30.72 | 37.56 | 34.06 | 53.65 | 23.67 | 4.00 | 0.70 | 5.47 | 5.00 | 2.26 | 2.26 | 2.25 |
|  | 女 | 21.58 | 29.02 | 26.55 | 31.13 | 32.18 | 28.62 | 31.13 | 32.14 | 31.74 | 30.65 | 30.79 | 36.34 |

注：小学学段斜身引体（男）、仰卧起坐（女），初中、高中学段引体向上（男）、仰卧起坐（女）。

（2）2022年与2021年苏州市中小学生上身力量——斜身引体（男）、引体向上（男）、仰卧起坐（女）的比较

与2021年相比，2022年苏州市各学段中小学生的上身力量有所增强，只有初中学段女生有所减弱。小学学段男生斜身引体从（29.63±8.38）个上升为（31.95±8.98）个，女生仰卧起坐从（29.65±3.82）个上升为（30.87±2.91）个；初中学段男生引体向上从（2.46±0.71）个上升为（2.53±2.16）个，女生仰卧起坐从（32.20±5.03）个下降为（32.02±3.63）个；高中学段男生引体向上从（3.18±1.18）个上升为（3.81±1.02）个，女生仰卧起坐从（34.03±3.44）个上升至（34.94±3.66）个。（表62）斜身引体（男）、引体向上（男）、仰卧起坐（女）是衡量人体上身力量的指标，各学段学生的上身力量总体稳步提升。

与2021年相比，2022年小学学段P区、B区、C区、E区男生的上身力量均值下降，G区、I区、T区、K区、L区男生的上身力量均值上升；B区、D区、L区、E区女生的上身力量均值下降，其余各区女生的上身力量均值上升。（表63）与2021年相

比，2022年初中学段P区、D区、G区、I区、K区、E区男生的上身力量均值下降，其余各区男生的上身力量均值上升；P区、B区、C区、E区女生的上身力量均值下降，其余各区女生的上身力量均值上升。（表64）与2021年相比，2022年高中学段P区、G区、I区男生的上身力量均值下降，其余各区男生的上身力量均值上升；P区、B区、D区、G区、E区女生的上身力量均值下降，其余各区女生的上身力量均值上升。（表65）

表62　2022年与2021年苏州市中小学男生、女生上身力量对比

单位：个

| 学段 | 男生 | | 女生 | |
| --- | --- | --- | --- | --- |
| | 2021年 | 2022年 | 2021年 | 2022年 |
| 小学 | 29.63±8.38 | 31.95±8.98 | 29.65±3.82 | 30.87±2.91 |
| 初中 | 2.46±0.71 | 2.53±2.16 | 32.20±5.03 | 32.02±3.63 |
| 高中 | 3.18±1.18 | 3.81±1.02 | 34.03±3.44 | 34.94±3.66 |

注：小学学段斜身引体（男）、仰卧起坐（女），初中、高中学段引体向上（男）、仰卧起坐（女）。

表63　2022年与2021年苏州市各区小学学段学生上身力量均值对比

单位：个

| 各区 | 男生 | | 女生 | |
| --- | --- | --- | --- | --- |
| | 2021年 | 2022年 | 2021年 | 2022年 |
| P区 | 23.48 | 22.01 | 30.88 | 33.00 |
| B区 | 27.01 | 23.34 | 32.83 | 31.73 |
| C区 | 43.33 | 33.38 | 25.54 | 33.38 |
| D区 | 21.68 | 21.68 | 29.72 | 24.79 |
| G区 | 34.10 | 42.16 | 22.28 | 30.24 |
| I区 | 27.24 | 29.57 | 27.49 | 30.98 |
| T区 | 26.52 | 46.31 | 33.32 | 35.10 |
| K区 | 14.50 | 35.87 | 27.79 | 28.05 |
| L区 | 34.13 | 37.23 | 33.59 | 31.48 |
| E区 | 36.38 | 29.37 | 33.01 | 29.97 |

表64　2022年与2021年苏州市各区初中学段学生上身力量均值对比

单位：个

| 各区 | 男生 | | 女生 | |
|---|---|---|---|---|
| | 2021年 | 2022年 | 2021年 | 2022年 |
| P区 | 2.29 | 1.14 | 39.09 | 36.57 |
| B区 | 1.82 | 7.30 | 33.83 | 26.84 |
| C区 | 2.11 | 2.69 | 32.98 | 29.44 |
| D区 | 3.80 | 1.45 | 28.12 | 29.13 |
| G区 | 1.83 | 1.82 | 28.79 | 29.35 |
| I区 | 3.59 | 1.46 | 22.27 | 33.54 |
| T区 | 2.31 | 5.51 | 32.76 | 33.45 |
| K区 | 2.47 | 0.99 | 30.40 | 30.62 |
| L区 | 1.79 | 2.11 | 38.04 | 38.52 |
| E区 | 2.55 | 0.83 | 35.70 | 32.75 |

表65　2022年与2021年苏州市各区高中学段学生上身力量均值对比

单位：个

| 各区 | 男生 | | 女生 | |
|---|---|---|---|---|
| | 2021年 | 2022年 | 2021年 | 2022年 |
| P区 | 3.35 | 2.87 | 33.18 | 32.75 |
| B区 | 2.26 | 5.00 | 37.98 | 35.12 |
| C区 | 3.90 | 4.00 | 35.32 | 38.91 |
| D区 | 3.64 | 5.30 | 33.38 | 33.29 |
| G区 | 3.69 | 3.21 | 35.91 | 34.85 |
| I区 | 5.84 | 5.30 | 27.22 | 35.10 |
| T区 | 2.53 | 3.01 | 32.30 | 32.72 |
| K区 | 2.16 | 3.05 | 30.36 | 31.03 |
| L区 | 1.83 | 3.57 | 37.22 | 43.32 |
| E区 | 2.58 | 2.79 | 37.46 | 32.36 |

2. 上肢力量——握力

（1）中小学生握力的基本情况

2022年苏州市中小学各学段学生握力，小学学段男生为（17.89±2.97）kg，女生为（19.54±5.72）kg；初中学段男生为（32.57±3.48）kg，女生为（25.22±3.36）kg；高中学段男生为（41.56±3.82）kg，女生为（27.75±3.68）kg。（表66）

表66　2022年苏州市中小学各学段学生握力

单位：kg

| 学段 | 男生 | 女生 | 总体 |
| --- | --- | --- | --- |
| 小学 | 17.89±2.97 | 19.54±5.72 | 18.71±4.51 |
| 初中 | 32.57±3.48 | 25.22±3.36 | 28.9±5.03 |
| 高中 | 41.56±3.82 | 27.75±3.68 | 34.66±7.97 |

从小学学段握力数据可以看出，男生中D区学生的握力均值最高，为22.71 kg，L区最低，为14.32 kg；女生中T区学生的握力均值最高，为33.82 kg，L区最低，为13.40 kg。从初中学段握力数据可以看出，男生中D区学生的握力均值最高，为38.63 kg，C区最低，为27.70 kg；女生中D区学生的握力均值最高，为30.27 kg，L区最低，为21.10 kg。从高中学段握力数据可以看出，男生中D区学生的握力均值最高，为48.91 kg，E区最低，为35.06 kg；女生中D区学生的握力均值最高，为33.42 kg，E区最低，为23.98 kg。（表67）

表67　2022年苏州市各区各学段学生握力均值

单位：kg

| 各区 | 小学 | | 初中 | | 高中 | |
| --- | --- | --- | --- | --- | --- | --- |
|  | 男生 | 女生 | 男生 | 女生 | 男生 | 女生 |
| P区 | 17.57 | 17.40 | 31.09 | 23.95 | 40.17 | 26.81 |
| B区 | 16.22 | 18.99 | 36.38 | 29.78 | 45.48 | 32.83 |
| C区 | 15.94 | 17.58 | 27.70 | 23.15 | 40.65 | 25.12 |
| D区 | 22.71 | 21.57 | 38.63 | 30.27 | 48.91 | 33.42 |
| G区 | 20.96 | 14.71 | 28.55 | 21.37 | 42.08 | 31.04 |
| I区 | 14.58 | 20.41 | 34.99 | 26.16 | 42.20 | 25.10 |
| T区 | 18.46 | 33.82 | 33.66 | 24.29 | 40.99 | 24.88 |
| K区 | 21.65 | 21.42 | 33.42 | 28.75 | 42.42 | 29.89 |
| L区 | 14.32 | 13.40 | 30.93 | 21.10 | 37.64 | 24.42 |
| E区 | 16.52 | 16.07 | 30.35 | 23.41 | 35.06 | 23.98 |

从各年龄段数据来看，同年龄学生中男生比女生握力大，且随着年龄增长，学生握

力呈逐渐变大趋势。（表 68）

**表 68　2022 年苏州市各区中小学各年龄段学生握力均值**

单位：kg

| 各区 | 性别 | 7 岁 | 8 岁 | 9 岁 | 10 岁 | 11 岁 | 12 岁 | 13 岁 | 14 岁 | 15 岁 | 16 岁 | 17 岁 | 18 岁 |
|---|---|---|---|---|---|---|---|---|---|---|---|---|---|
| E 区 | 男 | 11.53 | 13.36 | 14.51 | 19.44 | 23.18 | 25.58 | 32.94 | 32.73 | 32.72 | 35.01 | 35.76 | 37.80 |
|  | 女 | 9.28 | 12.60 | 16.27 | 20.33 | 21.73 | 22.66 | 22.40 | 25.34 | 23.69 | 23.38 | 23.86 | 26.02 |
| P 区 | 男 | 10.94 | 13.08 | 20.59 | 17.30 | 25.01 | 25.85 | 32.74 | 35.08 | 37.65 | 39.19 | 42.14 | 39.90 |
|  | 女 | 13.36 | 14.61 | 17.79 | 19.27 | 21.91 | 22.21 | 23.10 | 26.67 | 25.55 | 26.59 | 27.48 | 27.29 |
| D 区 | 男 | 18.73 | 19.90 | 21.48 | 25.36 | 27.85 | 33.78 | 39.40 | 42.74 | 48.60 | 47.60 | 39.40 | 23.86 |
|  | 女 | 17.31 | 20.00 | 20.42 | 23.68 | 26.41 | 28.96 | 31.62 | 30.22 | 33.42 | 33.27 | 33.59 | 32.38 |
| C 区 | 男 | 12.13 | 12.70 | 16.01 | 17.95 | 20.99 | 23.12 | 28.39 | 31.61 | 37.89 | 41.66 | 42.42 | 39.64 |
|  | 女 | 10.89 | 14.43 | 14.47 | 17.70 | 22.42 | 19.67 | 20.55 | 29.22 | 24.26 | 24.83 | 26.27 | 27.37 |
| G 区 | 男 | 11.69 | 14.01 | 39.14 | 19.53 | 19.37 | 21.27 | 28.38 | 36.22 | 36.48 | 47.32 | 40.73 | 40.19 |
|  | 女 | 10.31 | 12.77 | 15.24 | 16.73 | 18.59 | 9.55 | 9.15 | 9.22 | 25.75 | 36.28 | 32.55 | 22.57 |
| I 区 | 男 | 9.97 | 12.97 | 14.30 | 16.67 | 19.05 | 41.38 | 30.81 | 37.12 | 42.26 | 40.77 | 42.93 | 44.90 |
|  | 女 | 8.17 | 12.96 | 13.38 | 15.60 | 52.03 | 20.05 | 29.78 | 24.16 | 25.60 | 24.12 | 25.46 | 26.71 |
| T 区 | 男 | 11.80 | 13.58 | 17.44 | 20.53 | 28.97 | 33.76 | 32.60 | 34.58 | 38.43 | 41.60 | 42.74 | 40.25 |
|  | 女 | 10.06 | 48.55 | 15.26 | 18.56 | 76.66 | 22.62 | 24.45 | 25.75 | 24.87 | 24.82 | 24.71 | 26.96 |
| B 区 | 男 | 12.04 | 13.32 | 16.18 | 18.93 | 21.66 | 31.73 | 36.07 | 39.05 | 44.40 | 46.08 | 45.55 | 45.21 |
|  | 女 | 9.65 | 15.39 | 28.44 | 18.16 | 21.30 | 26.96 | 30.43 | 30.74 | 32.31 | 33.29 | 32.90 | 32.95 |
| L 区 | 男 | 10.07 | 12.44 | 14.25 | 15.55 | 19.11 | 26.03 | 32.55 | 35.74 | 35.21 | 36.66 | 41.51 | 40.74 |
|  | 女 | 8.65 | 11.61 | 12.35 | 15.69 | 19.20 | 20.20 | 20.72 | 22.88 | 22.74 | 24.54 | 26.00 | 26.35 |
| K 区 | 男 | 17.73 | 20.17 | 21.66 | 23.12 | 25.74 | 28.62 | 35.42 | 35.89 | 43.16 | 41.43 | 42.91 | 43.22 |
|  | 女 | 17.95 | 19.31 | 21.34 | 22.65 | 25.81 | 27.44 | 30.19 | 28.63 | 29.13 | 29.07 | 31.27 | 31.74 |

（2）2022 年与 2021 年苏州市中小学生握力的比较

与 2021 年相比，2022 年只有初中女生的握力值下降了。小学学段男生的握力值从（17.69±9.11）kg 上升为（17.89±2.97）kg，女生从（14.98±4.11）kg 上升为（19.54±5.72）kg；初中学段男生的握力值从（31.43±11.53）kg 上升为（32.57±3.48）kg，女生从（26.78±11.59）kg 下降为（25.22±3.36）kg；高中学段男生握力值从（35.12±10.75）kg 上升为（41.56±3.82）kg，女生从（26.15±4.36）kg 上升为（27.75±3.68）kg。（表 69）握力是衡量人体上肢力量的指标，各学段学生的上肢力量素质总体稳步提升。

表69  2022年与2021年苏州市中小学男生、女生握力对比

单位：kg

| 学段 | 男生 | | 女生 | | 总体 | |
|---|---|---|---|---|---|---|
| | 2021年 | 2022年 | 2021年 | 2022年 | 2021年 | 2022年 |
| 小学 | 17.69±9.11 | 17.89±2.97 | 14.98±4.11 | 19.54±5.72 | 16.33±7.02 | 18.71±4.51 |
| 初中 | 31.43±11.53 | 32.57±3.48 | 26.78±11.59 | 25.22±3.36 | 29.10±11.50 | 28.90±5.03 |
| 高中 | 35.12±10.75 | 41.56±3.82 | 26.15±4.36 | 27.75±3.68 | 30.64±9.22 | 34.66±7.97 |

与2021年相比，2022年小学学段B区、C区、I区、L区、E区男生的握力均值下降，其余各区男生的握力均值上升；C区、L区、E区女生的握力均值下降，其余各区女生的握力均值上升。（表70）与2021年相比，2022年初中学段G区、E区男生的握力均值下降，其余各区男生的握力均值上升；C区、G区、L区、E区女生的握力均值下降，其余各区女生的握力均值上升。（表71）与2021年相比，2022年高中学段L区、E区男生的握力均值下降，其余各区男生的握力均值上升；P区、C区、I区、T区、L区女生的握力均值下降，其余各区女生的握力均值上升。（表72）

表70  2022年与2021年苏州市各区小学学段学生握力均值对比

单位：kg

| 各区 | 男生 | | 女生 | |
|---|---|---|---|---|
| | 2021年 | 2022年 | 2021年 | 2022年 |
| P区 | 15.24 | 17.57 | 14.52 | 17.40 |
| B区 | 16.60 | 16.22 | 15.08 | 18.99 |
| C区 | 43.12 | 15.94 | 25.78 | 17.58 |
| D区 | 14.03 | 22.71 | 12.47 | 21.57 |
| G区 | 10.80 | 20.96 | 10.72 | 14.71 |
| I区 | 15.61 | 14.58 | 13.77 | 20.41 |
| T区 | 16.13 | 18.46 | 14.76 | 33.82 |
| K区 | 13.80 | 21.65 | 12.79 | 21.42 |
| L区 | 14.62 | 14.32 | 13.52 | 13.40 |
| E区 | 16.92 | 16.52 | 16.39 | 16.07 |

表71　2022年与2021年苏州市各区初中学段学生握力均值对比

单位：kg

| 各区 | 男生 | | 女生 | |
|---|---|---|---|---|
| | 2021年 | 2022年 | 2021年 | 2022年 |
| P区 | 29.55 | 31.09 | 21.91 | 23.95 |
| B区 | 28.67 | 36.38 | 21.82 | 29.78 |
| C区 | 16.87 | 27.70 | 33.67 | 23.15 |
| D区 | 28.86 | 38.63 | 20.11 | 30.27 |
| G区 | 30.53 | 28.55 | 22.29 | 21.37 |
| I区 | 32.33 | 34.99 | 23.45 | 26.16 |
| T区 | 30.70 | 33.66 | 23.17 | 24.29 |
| K区 | 26.37 | 33.42 | 20.20 | 28.75 |
| L区 | 28.47 | 30.93 | 23.25 | 21.10 |
| E区 | 61.93 | 30.35 | 57.91 | 23.41 |

表72　2022年与2021年苏州市各区高中学段学生握力均值对比

单位：kg

| 各区 | 男生 | | 女生 | |
|---|---|---|---|---|
| | 2021年 | 2022年 | 2021年 | 2022年 |
| P区 | 35.64 | 40.17 | 27.50 | 26.81 |
| B区 | 36.45 | 45.48 | 24.66 | 32.83 |
| C区 | 35.20 | 40.65 | 36.22 | 25.12 |
| D区 | 37.20 | 48.91 | 25.06 | 33.42 |
| G区 | 40.95 | 42.08 | 25.14 | 31.04 |
| I区 | 41.83 | 42.20 | 29.14 | 25.10 |
| T区 | 38.51 | 40.99 | 26.11 | 24.88 |
| K区 | 35.68 | 42.42 | 22.82 | 29.89 |
| L区 | 38.93 | 37.64 | 25.21 | 24.42 |
| E区 | 40.86 | 35.06 | 19.62 | 23.98 |

3. 腰腹核心力量——俯卧背起

（1）中小学生俯卧背起的基本情况

2022年苏州市中小学各学段学生俯卧背起，小学学段男生为（25.11±4.32）cm，女生为（27.64±5.15）cm；初中学段男生为（25.23±4.92）cm，女生为（26.49±3.94）cm；高中学段男生为（25.76±4.63）cm，女生为（26.72±3.53）cm。（表73）

**表73　2022年苏州市中小学各学段学生俯卧背起**

单位：cm

| 学段 | 男生 | 女生 | 总体 |
| --- | --- | --- | --- |
| 小学 | 25.11±4.32 | 27.64±5.15 | 26.38±4.81 |
| 初中 | 25.23±4.92 | 26.49±3.94 | 25.86±4.39 |
| 高中 | 25.76±4.63 | 26.72±3.53 | 26.24±4.04 |

从小学学段俯卧背起数据可以看出，男生中B区学生的俯卧背起均值最高，为33.29 cm，D区最低，为21.14 cm；女生中B区学生的俯卧背起均值最高，为36.98 cm，C区最低，为21.20 cm。从初中学段俯卧背起数据可以看出，男生中C区学生的俯卧背起均值最高，为34.73 cm，B区最低，为21.03 cm；女生中C区学生的俯卧背起均值最高，为33.46 cm，T区最低，为21.75 cm。从高中学段俯卧背起数据可以看出，男生中I区学生的俯卧背起均值最高，为35.24 cm，B区最低，为20.79 cm；女生中I区学生的俯卧背起均值最高，为34.94 cm，D区最低，为22.99 cm。（表74）各年龄段和不同性别的学生俯卧背起均值相差不大。（表75）

**表74　2022年苏州市各区各学段学生俯卧背起均值**

单位：cm

| 各区 | 小学 | | 初中 | | 高中 | |
| --- | --- | --- | --- | --- | --- | --- |
| | 男生 | 女生 | 男生 | 女生 | 男生 | 女生 |
| P区 | 22.70 | 26.28 | 23.34 | 25.27 | 25.75 | 26.83 |
| B区 | 33.29 | 36.98 | 21.03 | 21.79 | 20.79 | 23.74 |
| C区 | 22.49 | 21.20 | 34.73 | 33.46 | 24.49 | 26.65 |
| D区 | 21.14 | 23.12 | 21.17 | 23.38 | 22.33 | 22.99 |
| G区 | 27.22 | 30.04 | 24.22 | 29.87 | 28.89 | 27.20 |
| I区 | 21.30 | 24.25 | 32.89 | 28.58 | 35.24 | 34.94 |
| T区 | 24.39 | 27.34 | 22.35 | 21.75 | 31.07 | 29.67 |
| K区 | 24.56 | 27.49 | 21.66 | 24.07 | 21.65 | 24.26 |
| L区 | 31.81 | 35.36 | 27.59 | 30.19 | 24.69 | 26.82 |
| E区 | 22.24 | 24.33 | 23.30 | 26.55 | 22.73 | 24.09 |

表75　2022年苏州市各区各年龄段学生俯卧背起均值

单位：cm

| 各区 | 性别 | 7岁 | 8岁 | 9岁 | 10岁 | 11岁 | 12岁 | 13岁 | 14岁 | 15岁 | 16岁 | 17岁 | 18岁 |
|---|---|---|---|---|---|---|---|---|---|---|---|---|---|
| E区 | 男 | 19.28 | 21.28 | 22.24 | 23.12 | 23.19 | 22.37 | 22.40 | 24.42 | 25.30 | 18.83 | 23.49 | 26.67 |
| | 女 | 23.81 | 24.29 | 24.33 | 24.28 | 26.38 | 27.64 | 26.38 | 25.34 | 25.39 | 24.38 | 22.36 | 27.06 |
| P区 | 男 | 22.38 | 23.19 | 22.70 | 22.38 | 23.19 | 23.69 | 22.89 | 22.92 | 23.89 | 21.00 | 26.12 | 25.88 |
| | 女 | 21.39 | 25.28 | 26.29 | 25.38 | 25.10 | 26.77 | 24.81 | 23.67 | 25.73 | 25.38 | 26.66 | 27.15 |
| D区 | 男 | 21.39 | 23.94 | 21.14 | 22.81 | 21.45 | 20.80 | 21.58 | 21.54 | 22.38 | 23.84 | 22.33 | 23.18 |
| | 女 | 21.45 | 23.51 | 23.12 | 23.15 | 24.91 | 24.01 | 23.40 | 22.75 | 21.49 | 21.38 | 22.99 | 22.40 |
| C区 | 男 | 31.20 | 29.11 | 31.20 | 32.15 | 34.10 | 35.26 | 28.37 | 29.47 | 24.49 | 25.93 | | |
| | 女 | 29.10 | 33.29 | 34.22 | 31.58 | 32.51 | 34.29 | 33.28 | 32.64 | 25.39 | 27.83 | 26.65 | 26.38 |
| G区 | 男 | 25.18 | 26.31 | 27.18 | 29.10 | 28.31 | 21.78 | 22.38 | 27.55 | 25.44 | 30.52 | 30.26 | 23.86 |
| | 女 | 28.14 | 31.18 | 29.97 | 31.07 | 30.16 | 28.53 | 30.14 | 29.11 | 25.92 | 31.05 | 25.86 | 26.56 |
| I区 | 男 | 21.52 | 22.00 | 21.30 | 23.15 | 28.31 | 34.39 | 31.80 | 30.28 | 33.20 | 36.04 | 35.54 | 36.69 |
| | 女 | 23.51 | 24.11 | 24.25 | 25.41 | 29.15 | 36.27 | 33.06 | 33.90 | 34.50 | 35.86 | 33.69 | 39.94 |
| T区 | 男 | 23.51 | 24.11 | 24.11 | 23.15 | 24.11 | 24.21 | 21.91 | 28.30 | 21.05 | 26.38 | 31.07 | 30.28 |
| | 女 | 24.55 | 25.41 | 27.34 | 26.41 | 24.14 | 22.22 | 20.39 | 21.28 | 21.49 | 19.00 | 29.86 | 30.30 |
| B区 | 男 | 29.41 | 31.26 | 33.29 | 32.41 | 28.41 | 21.28 | 21.50 | 20.81 | 20.38 | 21.38 | 20.79 | 31.38 |
| | 女 | 23.55 | 26.31 | 36.98 | 31.36 | 27.33 | 22.20 | 21.40 | 21.45 | 21.64 | 22.46 | 23.74 | 24.93 |
| L区 | 男 | 28.31 | 26.31 | 31.81 | 30.51 | 28.89 | 27.28 | 27.38 | 28.05 | 25.88 | 23.09 | 24.69 | 21.39 |
| | 女 | 28.51 | 29.41 | 35.36 | 34.15 | 33.29 | 31.27 | 29.31 | 28.56 | 24.91 | 25.38 | 26.82 | 25.93 |
| K区 | 男 | 24.31 | 23.51 | 24.56 | 23.41 | 22.45 | 23.27 | 22.30 | 19.94 | 20.61 | 21.39 | 21.81 | 23.37 |
| | 女 | 25.35 | 26.35 | 27.49 | 24.16 | 25.31 | 25.12 | 24.10 | 23.00 | 23.10 | 23.73 | 24.26 | 22.03 |

（2）2022年与2021年中小学生俯卧背起的比较

与2021年相比，除了小学学段和高中学段男生外，2022年其他各学段学生的俯卧背起值均有提升。小学学段男生的俯卧背起值从（25.56±6.95）cm下降为（25.11±4.32）cm，女生从（27.60±6.67）cm上升为（27.64±5.15）cm；初中学段男生俯卧的背起值从（23.92±4.31）cm上升为（25.23±4.92）cm，女生从（24.52±5.23）cm上升为（26.49±3.94）cm；高中学段男生的俯卧背起值从（26.89±8.66）cm下降为（25.76±4.63）cm，女生从（25.84±9.07）cm上升为（26.72±3.53）cm。俯卧背起是衡量人体腰腹核心力量的指标，苏州市中小学生的俯卧背起值总体稳步提升。（表76）

表 76 2022 年与 2021 年苏州中小学男、女生俯卧背起对比

单位：cm

| 学段 | 男生 | | 女生 | | 总体 | |
|---|---|---|---|---|---|---|
| | 2021 年 | 2022 年 | 2021 年 | 2022 年 | 2021 年 | 2022 年 |
| 小学 | 25.56±6.95 | 25.11±4.32 | 27.60±6.67 | 27.64±5.15 | 26.63±6.70 | 26.38±4.81 |
| 初中 | 23.92±4.31 | 25.23±4.92 | 24.52±5.23 | 26.49±3.94 | 24.22±4.68 | 25.86±4.39 |
| 高中 | 26.89±8.66 | 25.76±4.63 | 25.84±9.07 | 26.72±3.53 | 26.34±8.64 | 26.24±4.04 |

与 2021 年相比，2022 年小学学段 G 区、I 区、L 区、E 区男生的俯卧背起均值降低，其余各区男生的俯卧背起均值升高；C 区、E 区女生的俯卧背起均值降低，其余各区女生的俯卧背起均值升高。（表 77）与 2021 年相比，2022 年初中学段 B 区、K 区、L 区、E 区男生的俯卧背起均值降低，其余各区男生的俯卧背起均值升高；P 区、T 区、K 区、L 区女生的俯卧背起均值降低，其余各区女生的俯卧背起均值升高。（表 78）与 2021 年相比，2022 年高中学段 D 区、G 区、I 区、L 区男生的俯卧背起均值降低，其余各区男生的俯卧背起均值升高；G 区、L 区女生的俯卧背起均值降低，其余各区女生的俯卧背起均值升高。（表 79）

表 77 2022 年与 2021 年苏州市各区小学学段学生俯卧背起均值对比

单位：cm

| 各区 | 男生 | | 女生 | |
|---|---|---|---|---|
| | 2021 年 | 2022 年 | 2021 年 | 2022 年 |
| P 区 | 22.27 | 22.70 | 25.47 | 26.28 |
| B 区 | 18.95 | 33.29 | 22.36 | 36.98 |
| C 区 | 18.06 | 22.49 | 21.55 | 21.20 |
| D 区 | 21.03 | 21.14 | 22.88 | 23.12 |
| G 区 | 28.75 | 27.22 | 28.14 | 30.04 |
| I 区 | 32.89 | 21.30 | 25.20 | 28.58 |
| T 区 | 24.36 | 24.39 | 24.78 | 27.34 |
| K 区 | 24.54 | 24.56 | 27.38 | 27.49 |
| L 区 | 32.64 | 31.81 | 35.13 | 35.36 |
| E 区 | 39.43 | 22.24 | 43.07 | 24.33 |

表78　2022年与2021年苏州市各区初中学段学生俯卧背起均值对比

单位：cm

| 各区 | 男生 | | 女生 | |
|---|---|---|---|---|
| | 2021年 | 2022年 | 2021年 | 2022年 |
| P区 | 23.02 | 23.34 | 26.23 | 25.27 |
| B区 | 21.27 | 21.03 | 19.50 | 21.79 |
| C区 | 21.61 | 34.73 | 18.10 | 33.46 |
| D区 | 20.00 | 21.17 | 20.84 | 23.38 |
| G区 | 19.88 | 24.22 | 20.10 | 29.87 |
| I区 | 29.93 | — | 32.01 | — |
| T区 | 21.04 | 22.35 | 24.61 | 21.75 |
| K区 | 23.44 | 21.66 | 26.51 | 24.07 |
| L区 | 32.28 | 27.59 | 33.65 | 30.19 |
| E区 | 26.68 | 23.30 | 23.70 | 26.55 |

表79　2022年与2021年苏州市各区高中学段学生俯卧背起均值对比

单位：cm

| 各区 | 男生 | | 女生 | |
|---|---|---|---|---|
| | 2021年 | 2022年 | 2021年 | 2022年 |
| P区 | 25.48 | 25.75 | 26.62 | 26.83 |
| B区 | 19.00 | 20.79 | 18.03 | 23.74 |
| C区 | — | 24.49 | 18.62 | 26.65 |
| D区 | 24.59 | 22.33 | 21.91 | 22.99 |
| G区 | 45.64 | 28.89 | 46.71 | 27.20 |
| I区 | 35.72 | 35.24 | 34.48 | 34.94 |
| T区 | 23.18 | 31.07 | 22.42 | 29.67 |
| K区 | 20.23 | 21.65 | 23.90 | 24.26 |
| L区 | 27.77 | 24.69 | 28.64 | 26.82 |
| E区 | 20.43 | 22.73 | 17.07 | 24.09 |

**4. 下肢爆发力——立定跳远**

(1) 中小学生立定跳远的基本情况

2022年苏州市中小学各学段学生立定跳远，小学学段男生为（150.89±6.29）cm，女生为（142.36±5.14）cm；初中学段男生为（191.24±6.79）cm，女生为（159.37±

5.18）cm；高中学段男生为（220.43±6.39）cm，女生为（167.84±5.72）cm。（表80）

表80　2022年苏州市中小学各学段学生立定跳远

单位：cm

| 学段 | 男生 | 女生 | 总体 |
| --- | --- | --- | --- |
| 小学 | 150.89±6.29 | 142.36±5.14 | 146.63±7.10 |
| 初中 | 191.24±6.79 | 159.37±5.18 | 175.30±17.37 |
| 高中 | 220.43±6.39 | 167.84±5.72 | 194.14±27.61 |

从小学学段立定跳远数据可以看出，男生中G区学生的立定跳远均值最高，为159.13 cm，D区最低，为135.78 cm；女生中G区学生的立定跳远均值最高，为150.95 cm，D区最低，为132.56 cm。从初中学段立定跳远数据可以看出，男生中T区学生的立定跳远均值最高，为204.81 cm，C区最低，为181.61 cm；女生中C区学生的立定跳远均值最高，为165.90 cm，K区最低，为151.36 cm。从高中学段立定跳远数据可以看出，男生中D区学生的立定跳远均值最高，为231.01 cm，E区最低，为210.39 cm；女生中B区学生的立定跳远均值最高，为174.19 cm，K区最低，为153.84 cm。（表81）

表81　2022年苏州市各区各学段学生立定跳远均值

单位：cm

| 各区 | 小学 | | 初中 | | 高中 | |
| --- | --- | --- | --- | --- | --- | --- |
| | 男生 | 女生 | 男生 | 女生 | 男生 | 女生 |
| P区 | 151.40 | 137.20 | 189.40 | 157.25 | 220.78 | 167.75 |
| B区 | 150.35 | 145.76 | 187.70 | 152.40 | 220.04 | 174.19 |
| C区 | 151.85 | 146.64 | 181.61 | 165.90 | 221.85 | 170.24 |
| D区 | 135.78 | 132.56 | 198.22 | 158.55 | 231.01 | 168.48 |
| G区 | 159.13 | 150.95 | 192.84 | 164.46 | 220.12 | 165.98 |
| I区 | 150.98 | 140.49 | 183.96 | 162.02 | 226.55 | 172.19 |
| T区 | 158.40 | 141.42 | 204.81 | 164.54 | 216.93 | 165.90 |
| K区 | 149.87 | 143.06 | 188.49 | 151.36 | 211.46 | 153.84 |
| L区 | 149.85 | 141.02 | 190.87 | 155.42 | 225.19 | 172.84 |
| E区 | 151.33 | 144.50 | 194.46 | 161.79 | 210.39 | 167.02 |

从各年龄段数据来看，各区整体呈现出相同年龄下男生的立定跳远均值比女生高的现象。随着年龄增长，男生、女生的立定跳远成绩都有所提高，男生从7岁时的106.31～

143.29 cm 增长至 18 岁时的 214.83~238.34 cm，女生从 7 岁时的 110.23~130.04 cm 增长至 18 岁时的 162.40~181.31 cm。（表82）

表82  2022 年苏州市各区各年龄段中小学生立定跳远均值

单位：cm

| 各区 | 性别 | 7岁 | 8岁 | 9岁 | 10岁 | 11岁 | 12岁 | 13岁 | 14岁 | 15岁 | 16岁 | 17岁 | 18岁 |
|---|---|---|---|---|---|---|---|---|---|---|---|---|---|
| E区 | 男 | 131.49 | 140.36 | 149.33 | 165.27 | 168.65 | 184.23 | 200.78 | 198.61 | 208.06 | 208.93 | 211.17 | 214.83 |
|  | 女 | 123.82 | 137.96 | 145.04 | 153.80 | 161.48 | 158.69 | 162.00 | 165.00 | 171.24 | 161.23 | 167.33 | 173.58 |
| P区 | 男 | 134.96 | 150.45 | 142.55 | 160.18 | 167.74 | 173.38 | 192.68 | 203.36 | 214.65 | 220.16 | 226.75 | 215.54 |
|  | 女 | 124.22 | 138.26 | 139.94 | 131.16 | 152.51 | 154.67 | 152.81 | 164.55 | 163.48 | 166.37 | 168.92 | 175.92 |
| D区 | 男 | 106.31 | 126.34 | 132.02 | 154.44 | 156.89 | 183.51 | 202.93 | 208.33 | 228.90 | 227.48 | 237.05 | 238.34 |
|  | 女 | 110.23 | 127.78 | 130.89 | 142.36 | 151.27 | 160.91 | 165.07 | 149.67 | 168.16 | 166.25 | 171.30 | 171.32 |
| C区 | 男 | 143.29 | 143.13 | 152.00 | 160.29 | 160.75 | 172.29 | 186.55 | 186.11 | 210.98 | 217.88 | 236.59 | 229.34 |
|  | 女 | 130.04 | 133.09 | 140.53 | 152.60 | 152.82 | 156.82 | 160.11 | 180.78 | 161.77 | 168.83 | 180.28 | 181.31 |
| G区 | 男 | 137.96 | 161.72 | 158.92 | 161.77 | 179.50 | 175.24 | 194.70 | 208.31 | 218.44 | 214.16 | 225.88 | 230.00 |
|  | 女 | 128.98 | 146.10 | 153.14 | 159.08 | 167.87 | 161.34 | 164.94 | 167.07 | 163.33 | 169.04 | 164.93 | 163.19 |
| I区 | 男 | 128.78 | 148.87 | 153.51 | 154.66 | 169.18 | 175.61 | 189.42 | 236.27 | 235.90 | 222.66 | 225.94 | 216.63 |
|  | 女 | 118.89 | 140.62 | 141.71 | 150.80 | 150.18 | 157.43 | 166.39 | 159.35 | 178.59 | 170.76 | 171.11 | 165.25 |
| T区 | 男 | 130.00 | 158.22 | 155.07 | 169.82 | 178.91 | 189.15 | 207.91 | 218.22 | 211.45 | 216.88 | 222.09 | 224.38 |
|  | 女 | 119.09 | 140.42 | 138.91 | 152.53 | 156.75 | 162.15 | 165.08 | 166.72 | 164.93 | 170.28 | 162.18 | 162.40 |
| B区 | 男 | 129.90 | 145.99 | 152.49 | 159.76 | 167.28 | 168.50 | 190.83 | 192.79 | 225.95 | 218.43 | 217.48 | 221.35 |
|  | 女 | 125.31 | 140.17 | 143.82 | 154.54 | 160.66 | 153.47 | 149.88 | 154.39 | 171.98 | 175.93 | 170.20 | 171.23 |
| L区 | 男 | 130.14 | 148.73 | 151.69 | 147.09 | 170.67 | 176.00 | 197.75 | 202.68 | 219.91 | 222.85 | 233.82 | 231.39 |
|  | 女 | 121.74 | 137.71 | 141.67 | 150.15 | 158.08 | 151.89 | 158.11 | 157.26 | 171.53 | 175.40 | 171.76 | 173.29 |
| K区 | 男 | 132.96 | 147.25 | 148.54 | 150.88 | 170.48 | 173.64 | 192.61 | 195.60 | 213.28 | 209.05 | 212.66 | 214.92 |
|  | 女 | 129.84 | 136.91 | 141.33 | 147.13 | 159.92 | 153.96 | 151.73 | 148.32 | 157.90 | 156.47 | 148.06 | 163.20 |

（2）2022 年与 2021 年苏州市中小学生立定跳远的比较

与 2021 年相比，2022 年除初中学段学生外，其他各学段学生的立定跳远成绩都有所上升。小学学段男生的立定跳远成绩从（150.20±6.83）cm 上升为（150.89±6.29）cm，女生从（140.17±6.04）cm 上升至（142.36±5.14）cm；初中学段男生的立定跳远成绩从（193.99±6.73）cm 下降为（191.24±6.79）cm，女生从（159.12±5.55）cm 上升为（159.37±5.18）cm；高中学段男生的立定跳远成绩从（219.01±8.62）cm 上升为（220.43±6.39）cm，女生从（164.65±9.47）cm 上升为（167.84±5.72）cm。（表83）

立定跳远是衡量人体爆发力的指标，初中学段学生的立定跳远能力有待加强，其他各学段学生的立定跳远成绩稳步提升。

**表83　2022年与2021年苏州市中小学男生、女生立定跳远对比**

单位：cm

| 学段 | 男生 | | 女生 | | 总体 | |
|---|---|---|---|---|---|---|
| | 2021年 | 2022年 | 2021年 | 2022年 | 2021年 | 2022年 |
| 小学 | 150.20±6.83 | 150.89±6.29 | 140.17±6.04 | 142.36±5.14 | 145.19±8.11 | 146.63±7.10 |
| 初中 | 193.99±6.73 | 191.24±6.79 | 159.12±5.55 | 159.37±5.18 | 176.56±18.86 | 175.3±17.37 |
| 高中 | 219.01±8.62 | 220.43±6.39 | 164.65±9.47 | 167.84±5.72 | 191.83±29.25 | 194.14±27.61 |

与2021年相比，2022年小学学段D区、T区、K区、L区、E区男生的立定跳远均值降低，其余各区男生的立定跳远均值升高；P区、D区、T区、E区女生的立定跳远均值降低，其余各区女生的立定跳远均值升高。（表84）与2021年相比，2022年初中学段P区、C区、D区、G区、I区、E区男生的立定跳远均值降低，其余各区男生的立定跳远均值升高；P区、B区、G区、I区、K区、E区女生的立定跳远均值降低，其余各区女生的立定跳远均值升高。（表85）与2021年相比，2022年高中学段G区、I区、L区、E区男生的立定跳远均值降低，其余各区男生的立定跳远均值升高；D区、G区、I区女生的立定跳远均值降低，其余各区女生的立定跳远均值升高。（表86）

**表84　2022年与2021年苏州市各区小学学段学生立定跳远均值**

单位：cm

| 各区 | 男生 | | 女生 | |
|---|---|---|---|---|
| | 2021年 | 2022年 | 2021年 | 2022年 |
| P区 | 148.80 | 151.40 | 143.52 | 137.20 |
| B区 | 149.31 | 150.35 | 142.19 | 145.76 |
| C区 | 139.89 | 151.85 | 128.20 | 146.64 |
| D区 | 139.84 | 135.78 | 133.16 | 132.56 |
| G区 | 151.09 | 159.13 | 143.28 | 150.95 |
| I区 | 147.77 | 150.98 | 137.27 | 140.49 |
| T区 | 159.15 | 158.40 | 143.29 | 141.42 |
| K区 | 150.96 | 149.87 | 141.39 | 143.06 |
| L区 | 159.28 | 149.85 | 139.68 | 141.02 |
| E区 | 155.96 | 151.33 | 149.70 | 144.50 |

表85  2022年与2021年苏州市各区初中学段学生立定跳远均值

单位：cm

| 各区 | 男生 | | 女生 | |
| --- | --- | --- | --- | --- |
|  | 2021年 | 2022年 | 2021年 | 2022年 |
| P区 | 200.01 | 189.40 | 163.90 | 157.25 |
| B区 | 183.21 | 187.70 | 152.54 | 152.40 |
| C区 | 202.88 | 181.61 | 154.35 | 165.90 |
| D区 | 199.75 | 198.22 | 156.84 | 158.55 |
| G区 | 194.62 | 192.84 | 164.71 | 164.46 |
| I区 | 198.17 | 183.96 | 162.27 | 162.02 |
| T区 | 187.39 | 204.81 | 163.71 | 164.54 |
| K区 | 188.25 | 188.49 | 151.70 | 151.36 |
| L区 | 188.03 | 190.87 | 155.05 | 155.42 |
| E区 | 197.55 | 194.46 | 166.16 | 161.79 |

表86  2022年与2021年苏州市各区高中学段学生立定跳远均值

单位：cm

| 各区 | 男生 | | 女生 | |
| --- | --- | --- | --- | --- |
|  | 2021年 | 2022年 | 2021年 | 2022年 |
| P区 | 219.60 | 220.78 | 160.54 | 167.75 |
| B区 | 207.01 | 220.04 | 163.11 | 174.19 |
| C区 | 217.95 | 221.85 | 156.37 | 170.24 |
| D区 | 229.92 | 231.01 | 169.42 | 168.48 |
| G区 | 226.95 | 220.12 | 169.14 | 165.98 |
| I区 | 227.18 | 226.55 | 183.75 | 172.19 |
| T区 | 209.80 | 216.93 | 158.91 | 165.90 |
| K区 | 208.21 | 211.46 | 148.96 | 153.84 |
| L区 | 227.15 | 225.19 | 170.06 | 172.84 |
| E区 | 216.30 | 210.39 | 166.21 | 167.02 |

## （二）心肺耐力

### 1. 无氧耐力——50 m 跑

（1）中小学生无氧耐力——50 m 跑的基本情况

2022 年苏州市中小学各学段学生 50 m 跑用时，小学学段男生为（9.89±0.24）s，女生为（10.20±0.31）s；初中学段男生为（8.35±0.24）s，女生为（9.27±0.23）s；高中学段男生为（7.51±0.21）s，女生为（9.12±0.31）s。（表87）

表 87  2022 年苏州市中小学各学段学生 50 m 跑用时

单位：s

| 学段 | 男生 | 女生 | 总体 |
| --- | --- | --- | --- |
| 小学 | 9.89±0.24 | 10.20±0.31 | 10.04±0.31 |
| 初中 | 8.35±0.24 | 9.27±0.23 | 8.81±0.52 |
| 高中 | 7.51±0.21 | 9.12±0.31 | 8.31±0.87 |

从小学学段 50 m 跑数据可以看出，男生中 I 区学生 50 m 跑最快，为 9.62 s，D 区最慢，为 10.42 s；女生中 T 区学生 50 m 跑最快，为 9.79 s，P 区最慢，为 10.68 s。从初中学段 50 m 跑数据可以看出，男生中 T 区学生 50 m 跑最快，为 7.95 s，B 区最慢，为 8.69 s；女生中 C 区学生 50 m 跑最快，为 8.86 s，K 区最慢，为 9.61 s。从高中学段 50 m 跑数据可以看出，男生中 B 区学生 50 m 跑最快，为 7.28 s，E 区最慢，为 7.88 s；女生中 B 区学生 50 m 跑最快，为 8.59 s，K 区最慢，为 9.76 s。（表88）

表 88  2022 年苏州市各区各学段学生 50 m 跑均值

单位：s

| 各区 | 小学 | | 初中 | | 高中 | |
| --- | --- | --- | --- | --- | --- | --- |
| | 男生 | 女生 | 男生 | 女生 | 男生 | 女生 |
| P 区 | 9.90 | 10.68 | 8.06 | 9.11 | 7.49 | 9.13 |
| B 区 | 9.87 | 10.44 | 8.69 | 9.48 | 7.28 | 8.59 |
| C 区 | 9.89 | 10.13 | 8.52 | 8.86 | 7.36 | 9.01 |
| D 区 | 10.42 | 10.62 | 8.22 | 9.51 | 7.50 | 9.20 |
| G 区 | 9.65 | 9.91 | 8.47 | 9.29 | 7.42 | 9.15 |
| I 区 | 9.62 | 9.93 | 8.51 | 9.26 | 7.30 | 8.84 |
| T 区 | 9.85 | 9.79 | 7.95 | 9.03 | 7.63 | 8.94 |

续表

| 各区 | 小学 | | 初中 | | 高中 | |
|---|---|---|---|---|---|---|
| | 男生 | 女生 | 男生 | 女生 | 男生 | 女生 |
| K区 | 10.15 | 10.34 | 8.39 | 9.61 | 7.82 | 9.76 |
| L区 | 9.69 | 10.11 | 8.17 | 9.26 | 7.37 | 9.30 |
| E区 | 9.85 | 10.01 | 8.51 | 9.31 | 7.88 | 9.29 |

从各年龄段数据来看，随着年龄增长，学生的无氧耐力增强，50 m 跑成绩也提高了，男生从 7 岁时的 10.14~11.44 s 提高至 18 岁时的 7.01~8.33 s，女生从 7 岁时的 10.58~11.62 s 提高至 18 岁时的 8.23~9.58 s。（表89）

表89  2022 年苏州市各区各年龄段中小学生 50 m 跑均值

单位：s

| 各区 | 性别 | 7 | 8 | 9 | 10 | 11 | 12 | 13 | 14 | 15 | 16 | 17 | 18 |
|---|---|---|---|---|---|---|---|---|---|---|---|---|---|
| E区 | 男 | 10.61 | 10.46 | 9.88 | 9.23 | 9.12 | 8.97 | 8.33 | 8.19 | 7.87 | 7.89 | 7.83 | 8.04 |
| | 女 | 10.98 | 10.39 | 10.06 | 9.44 | 9.21 | 9.33 | 9.27 | 9.33 | 9.20 | 9.41 | 9.27 | 9.19 |
| P区 | 男 | 10.71 | 10.02 | 10.12 | 9.51 | 9.19 | 8.12 | 8.00 | 8.06 | 7.64 | 7.46 | 7.37 | 7.67 |
| | 女 | 11.15 | 10.56 | 10.25 | 9.77 | 11.71 | 8.76 | 9.20 | 9.39 | 9.21 | 9.08 | 9.14 | 9.15 |
| D区 | 男 | 11.44 | 10.95 | 10.35 | 9.85 | 9.60 | 8.37 | 8.22 | 8.08 | 7.53 | 7.52 | 7.47 | 7.28 |
| | 女 | 11.62 | 10.92 | 10.48 | 10.16 | 9.93 | 9.36 | 9.30 | 9.86 | 9.02 | 9.28 | 9.31 | 9.15 |
| C区 | 男 | 10.14 | 10.30 | 10.20 | 9.70 | 9.08 | 8.58 | 8.48 | 8.52 | 7.73 | 7.35 | 7.00 | 7.01 |
| | 女 | 10.58 | 10.37 | 10.87 | 9.83 | 9.62 | 8.97 | 9.15 | 8.46 | 9.44 | 9.10 | 8.48 | 8.23 |
| G区 | 男 | 10.20 | 9.91 | 9.57 | 9.57 | 8.87 | 9.38 | 8.33 | 7.71 | 7.54 | 7.37 | 7.40 | 7.44 |
| | 女 | 10.83 | 10.31 | 9.47 | 9.52 | 9.41 | 9.35 | 9.52 | 9.39 | 9.12 | 9.04 | 9.29 | 9.20 |
| I区 | 男 | 10.24 | 10.04 | 9.28 | 9.61 | 8.92 | 9.02 | 8.17 | 8.12 | 7.09 | 7.35 | 7.40 | 7.33 |
| | 女 | 10.63 | 10.24 | 9.70 | 9.64 | 9.46 | 9.29 | 9.27 | 9.11 | 8.45 | 8.89 | 8.98 | 8.96 |
| T区 | 男 | 10.64 | 9.41 | 9.25 | 8.63 | 11.34 | 8.58 | 7.67 | 7.56 | 7.61 | 7.65 | 7.64 | 7.41 |
| | 女 | 10.78 | 9.66 | 9.60 | 8.99 | 9.90 | 9.24 | 9.05 | 8.80 | 8.70 | 9.07 | 9.02 | 9.12 |
| B区 | 男 | 10.66 | 9.91 | 9.88 | 9.55 | 9.20 | 9.50 | 8.99 | 7.94 | 7.22 | 7.31 | 7.32 | 7.18 |
| | 女 | 11.04 | 10.51 | 11.39 | 9.74 | 9.57 | 9.56 | 9.97 | 9.10 | 8.26 | 8.77 | 8.75 | 8.25 |
| L区 | 男 | 10.68 | 9.56 | 9.54 | 9.90 | 8.80 | 8.70 | 7.93 | 7.72 | 7.48 | 7.32 | 7.32 | 7.19 |
| | 女 | 10.96 | 10.12 | 10.26 | 9.95 | 9.17 | 9.24 | 9.33 | 9.21 | 8.76 | 8.68 | 10.41 | 9.27 |
| K区 | 男 | 11.34 | 10.35 | 9.94 | 9.70 | 9.40 | 8.85 | 8.34 | 13.50 | 7.54 | 7.93 | 7.95 | 8.33 |
| | 女 | 10.99 | 10.84 | 10.33 | 10.05 | 9.50 | 9.54 | 9.69 | 9.60 | 9.23 | 9.74 | 10.22 | 9.58 |

（2）2022年与2021年苏州市中小学生无氧耐力——50 m跑的比较

与2021年相比，2022年小学学段男生的50 m跑成绩从（9.84±0.42）s下降为（9.89±0.24）s，女生从（10.25±0.34）s提高为（10.20±0.31）s；初中学段男生的50 m跑成绩从（8.20±0.27）s下降为（8.35±0.24）s，女生从（9.43±0.31）s提高为（9.27±0.23）s；高中学段男生的50 m跑成绩从（7.69±0.26）s提高为（7.51±0.21）s，女生从（9.31±0.36）s提高为（9.12±0.31）s。（表90）总体变化不大，有增有减，减幅小，增幅大。

表90 2022年与2021年苏州市中小学男、女生50 m跑对比

单位：s

| 学段 | 男生 | | 女生 | | 总体 | |
| --- | --- | --- | --- | --- | --- | --- |
| | 2021年 | 2022年 | 2021年 | 2022年 | 2021年 | 2022年 |
| 小学 | 9.84±0.42 | 9.89±0.24 | 10.25±0.34 | 10.20±0.31 | 10.05±0.43 | 10.04±0.31 |
| 初中 | 8.20±0.27 | 8.35±0.24 | 9.43±0.31 | 9.27±0.23 | 8.82±0.69 | 8.81±0.52 |
| 高中 | 7.69±0.26 | 7.51±0.21 | 9.31±0.36 | 9.12±0.31 | 8.50±0.89 | 8.31±0.87 |

与2021年相比，2022年小学学段P区、B区、D区、T区、K区、L区、E区男生的50 m跑能力降低，其余各区男生的50 m跑能力提高；P区、B区、D区、L区、E区女生的50 m跑能力降低，其余各区女生的50 m跑能力提高。（表91）与2021年相比，2022年初中学段P区、B区、C区、D区、I区、L区、E区男生的50 m跑能力降低，其余各区男生的50 m跑能力提高；P区、D区、I区、L区、E区女生的50 m跑能力降低，其余各区女生的50 m跑能力提高。（表92）与2021年相比，2022年高中学段D区、T区、L区、E区男生的50 m跑能力降低，其余各区男生的50 m跑能力提高；D区、G区、I区、L区、E区女生的50 m跑能力降低，其余各区女生的50 m跑能力提高。（表93）

表91 2022年与2021年苏州市各区小学学段学生50 m跑均值

单位：s

| 各区 | 男生 | | 女生 | |
| --- | --- | --- | --- | --- |
| | 2021年 | 2022年 | 2021年 | 2022年 |
| P区 | 9.86 | 9.90 | 10.19 | 10.68 |
| B区 | 9.66 | 9.87 | 10.12 | 10.44 |
| C区 | 10.54 | 9.89 | 10.90 | 10.13 |
| D区 | 10.33 | 10.42 | 10.61 | 10.62 |

续表

| 各区 | 男生 | | 女生 | |
| --- | --- | --- | --- | --- |
| | 2021 年 | 2022 年 | 2021 年 | 2022 年 |
| G 区 | 9.91 | 9.65 | 10.36 | 9.91 |
| I 区 | 9.75 | 9.62 | 10.09 | 9.93 |
| T 区 | 9.51 | 9.85 | 10.07 | 9.79 |
| K 区 | 10.03 | 10.15 | 10.51 | 10.34 |
| L 区 | 9.05 | 9.69 | 9.77 | 10.11 |
| E 区 | 9.75 | 9.85 | 9.90 | 10.01 |

表 92  2022 年与 2021 年苏州市各区初中学段学生 50 m 跑均值

单位：s

| 各区 | 男生 | | 女生 | |
| --- | --- | --- | --- | --- |
| | 2021 年 | 2022 年 | 2021 年 | 2022 年 |
| P 区 | 7.84 | 8.06 | 9.00 | 9.11 |
| B 区 | 8.62 | 8.69 | 9.72 | 9.48 |
| C 区 | 8.26 | 8.52 | 9.47 | 8.86 |
| D 区 | 8.10 | 8.22 | 9.45 | 9.51 |
| G 区 | 8.50 | 8.47 | 9.64 | 9.29 |
| I 区 | 7.90 | 8.51 | 9.05 | 9.26 |
| T 区 | 8.12 | 7.95 | 9.84 | 9.03 |
| K 区 | 8.52 | 8.39 | 9.77 | 9.61 |
| L 区 | 8.06 | 8.17 | 9.17 | 9.26 |
| E 区 | 8.11 | 8.51 | 9.21 | 9.31 |

表 93  2022 年与 2021 年苏州市各区高中学段学生 50 m 跑均值

单位：s

| 各区 | 男生 | | 女生 | |
| --- | --- | --- | --- | --- |
| | 2021 年 | 2022 年 | 2021 年 | 2022 年 |
| P 区 | 7.64 | 7.49 | 9.40 | 9.13 |
| B 区 | 8.11 | 7.28 | 9.48 | 8.59 |
| C 区 | 7.64 | 7.36 | 9.49 | 9.01 |
| D 区 | 7.40 | 7.50 | 9.17 | 9.20 |
| G 区 | 7.93 | 7.42 | 9.11 | 9.15 |
| I 区 | 7.58 | 7.30 | 8.64 | 8.84 |

续表

| 各区 | 男生 | | 女生 | |
|---|---|---|---|---|
| | 2021 年 | 2022 年 | 2021 年 | 2022 年 |
| T 区 | 7.62 | 7.63 | 9.78 | 8.94 |
| K 区 | 8.03 | 7.82 | 9.85 | 9.76 |
| L 区 | 7.35 | 7.37 | 9.11 | 9.30 |
| E 区 | 7.60 | 7.88 | 9.11 | 9.29 |

2. 有氧耐力——50 m×8 往返跑、1 000 m（男）、800 m（女）

（1）中小学生有氧耐力——50 m×8 往返跑、1 000 m（男）、800 m（女）的基本情况

2022 年苏州市中小学各学段学生成绩，小学学段男生 50 m×8 往返跑为（120.78±5.97）s，女生 50 m×8 往返跑为（124.70±5.00）s；初中学段男生 1 000 m 为（271.21±15.58）s，女生 800 m 为（250.13±10.94）s；高中学段男生 1 000 m 为（253.08±13.49）s，女生 800 m 为（247.47±16.92）s。（表 94）

表 94　2022 年苏州市中小学各学段学生有氧耐力

单位：s

| 学段 | 男生 | 女生 | 总体 |
|---|---|---|---|
| 小学 | 120.78±5.97 | 124.70±5.00 | 122.74±5.72 |
| 初中 | 271.21±15.58 | 250.13±10.94 | 260.67±16.99 |
| 高中 | 253.08±13.49 | 247.47±16.92 | 250.28±15.17 |

注：小学学段 50 m×8 往返跑，初中、高中学段 1 000 m（男）、800 m（女）。

从小学学段有氧耐力数据可以看出，男生中 T 区学生的有氧耐力素质最好，用时均值为 111.91 s，D 区最差，为 130.08 s；女生中 B 区最好，为 118.07 s，D 区最差，为 131.36 s。从初中学段有氧耐力数据可以看出，男生中 L 区学生的有氧耐力素质最好，用时均值为 244.59 s，I 区最差，为 291.70 s；女生中 L 区学生的有氧耐力素质最好，用时均值为 230.26 s，P 区最差，为 263.94 s。从高中学段有氧耐力数据可以看出，L 区学生的有氧耐力素质最好，男生用时均值为 240.36 s，女生为 219.00 s；T 区学生的有氧耐力素质最差，男生的用时均值为 275.22 s，女生为 269.84 s。（表 95）

表 95  2022 年苏州市各区各学段学生有氧耐力均值

单位：s

| 各区 | 小学 | | 初中 | | 高中 | |
|---|---|---|---|---|---|---|
| | 男生 | 女生 | 男生 | 女生 | 男生 | 女生 |
| P 区 | 123.67 | 126.65 | 280.22 | 263.94 | 263.19 | 261.92 |
| B 区 | 114.97 | 118.07 | 269.17 | 243.67 | 243.16 | 232.02 |
| C 区 | 120.35 | 127.10 | 290.59 | 249.51 | 243.27 | 235.99 |
| D 区 | 130.08 | 131.36 | 270.32 | 259.69 | 241.60 | 248.97 |
| G 区 | 125.04 | 130.27 | 270.12 | 242.05 | 254.04 | 254.16 |
| I 区 | 119.07 | 123.05 | 291.70 | 258.84 | 238.10 | 231.95 |
| T 区 | 111.91 | 118.50 | 258.84 | 244.12 | 275.22 | 269.84 |
| K 区 | 126.48 | 128.33 | 253.76 | 262.98 | 265.18 | 265.95 |
| L 区 | 113.32 | 118.29 | 244.59 | 230.26 | 240.36 | 219.00 |
| E 区 | 122.87 | 125.36 | 282.82 | 246.27 | 266.69 | 254.90 |

注：小学学段 50 m×8 往返跑，初中、高中学段 1 000 m（男）、800 m（女）。

从各年龄段数据来看，随着年龄增长，学生的有氧耐力素质增强，小学学段男生 50 m×8 往返跑成绩从 121.98～145.83 s 提高至 93.73～125.02 s，女生 50 m×8 往返跑成绩从 127.22～155.27 s 提高至 99.02～123.51 s；初中、高中学段男生 1 000 m 成绩从 243.64～332.60 s 提高至 227.93～288.61 s，女生 800 m 成绩从 230.82～263.77 s 提高至 221.39～287.39 s。（表 96）

表 96  2022 年苏州市各区各年龄段中小学生有氧耐力均值

单位：s

| 各区 | 性别 | 7 岁 | 8 岁 | 9 岁 | 10 岁 | 11 岁 | 12 岁 | 13 岁 | 14 岁 | 15 岁 | 16 岁 | 17 岁 | 18 岁 |
|---|---|---|---|---|---|---|---|---|---|---|---|---|---|
| E 区 | 男 | 132.16 | 132.16 | 123.76 | 115.60 | 111.67 | 286.39 | 297.85 | 263.61 | 252.67 | 269.15 | 266.50 | 285.25 |
| | 女 | 132.96 | 137.91 | 125.62 | 118.53 | 112.07 | 254.37 | 255.32 | 236.46 | 251.07 | 260.39 | 252.90 | 253.32 |
| P 区 | 男 | 131.76 | 121.98 | 133.57 | 119.92 | 111.30 | 274.29 | 278.56 | 281.83 | 267.35 | 252.78 | 255.23 | 288.61 |
| | 女 | 133.73 | 125.53 | 131.02 | 121.30 | 121.73 | 261.37 | 262.74 | 265.17 | 256.38 | 264.17 | 264.35 | 252.85 |
| D 区 | 男 | 134.92 | 132.62 | 131.60 | 126.58 | 125.02 | 276.18 | 270.27 | 281.38 | 222.46 | 256.86 | 244.43 | 243.10 |
| | 女 | 134.70 | 128.31 | 136.49 | 133.91 | 123.51 | 247.66 | 249.18 | 270.20 | 235.27 | 247.64 | 265.85 | 264.93 |
| C 区 | 男 | 123.33 | 123.22 | 127.13 | 116.00 | 111.89 | 332.60 | 302.55 | 236.89 | 251.73 | 250.07 | 228.16 | 227.93 |
| | 女 | 130.22 | 138.73 | 138.11 | 116.09 | 116.67 | 246.96 | 263.87 | 237.71 | 245.75 | 238.19 | 223.86 | 221.39 |

续表

| 各区 | 性别 | 7岁 | 8岁 | 9岁 | 10岁 | 11岁 | 12岁 | 13岁 | 14岁 | 15岁 | 16岁 | 17岁 | 18岁 |
|---|---|---|---|---|---|---|---|---|---|---|---|---|---|
| G区 | 男 | 145.83 | 134.42 | 122.08 | 113.96 | 104.57 | 284.11 | 279.85 | 258.44 | 244.38 | 253.31 | 258.73 | 271.29 |
|  | 女 | 155.27 | 142.96 | 129.45 | 114.61 | 108.40 | 230.82 | 229.30 | 228.95 | 247.67 | 246.09 | 263.31 | 247.25 |
| I区 | 男 | 121.98 | 124.00 | 117.69 | 120.34 | 111.38 | 310.14 | 279.64 | 228.30 | 225.57 | 235.30 | 246.10 | 252.50 |
|  | 女 | 127.22 | 125.80 | 127.24 | 118.74 | 116.36 | 263.00 | 260.03 | 261.90 | 225.56 | 232.74 | 235.32 | 227.13 |
| T区 | 男 | 127.98 | 110.20 | 119.73 | 107.89 | 93.73 | 271.83 | 276.60 | 241.86 | 265.00 | 279.35 | 280.36 | 279.83 |
|  | 女 | 133.27 | 121.40 | 127.07 | 111.73 | 99.02 | 263.77 | 262.04 | 224.31 | 262.39 | 271.85 | 275.85 | 269.60 |
| B区 | 男 | 132.12 | 123.75 | 123.38 | 82.41 | 109.33 | 289.50 | 286.45 | 261.49 | 226.27 | 239.80 | 257.02 | 256.29 |
|  | 女 | 134.20 | 130.12 | 129.14 | 86.91 | 114.04 | 261.65 | 256.54 | 237.28 | 227.07 | 233.20 | 233.86 | 234.83 |
| L区 | 男 | 122.40 | 116.62 | 114.36 | 112.16 | 101.47 | 243.64 | 246.89 | 245.26 | 233.42 | 243.70 | 243.97 | 241.39 |
|  | 女 | 129.29 | 121.16 | 121.22 | 111.80 | 107.10 | 235.10 | 219.32 | 220.50 | 215.50 | 217.50 | 223.64 | 223.94 |
| K区 | 男 | 135.86 | 128.73 | 125.06 | 123.71 | 118.73 | 271.38 | 272.30 | 247.64 | 241.62 | 280.28 | 270.94 | 267.93 |
|  | 女 | 132.08 | 132.60 | 129.82 | 129.17 | 118.34 | 261.83 | 260.16 | 247.23 | 242.90 | 262.33 | 288.40 | 287.39 |

注：小学学段50 m×8往返跑，初中、高中学校1 000 m（男）、800 m（女）。

(2) 2022年与2021年苏州市中小学生有氧耐力——50 m×8往返跑、1 000 m（男）、800 m（女）的比较

与2021年相比，2022年小学学段男生的有氧耐力成绩从（126.50±9.07）s提高为（120.78±5.97）s，女生从（129.59±8.32）s提高为（124.70±5.00）s；初中学段男生的有氧耐力成绩从（226.01±55.86）s下降为（271.21±15.58）s，女生从（202.76±18.23）s下降为（250.13±10.94）s；高中学段男生的有氧耐力成绩从（252.36±14.94）s下降为（253.08±13.49）s，女生从（248.12±11.36）s提高为（247.47±16.92）s。（表97）初中学段学生的有氧耐力成绩下降较多，高中学段男生的有氧耐力成绩略有下降，其他各学段学生的有氧耐力成绩稳步提升。

表97　2022年与2021年苏州市中小学男生、女生有氧耐力对比

单位：s

| 学段 | 男生 | | 女生 | | 总体 | |
|---|---|---|---|---|---|---|
|  | 2021年 | 2022年 | 2021年 | 2022年 | 2021年 | 2022年 |
| 小学 | 126.50±9.07 | 120.78±5.97 | 129.59±8.32 | 124.70±5.00 | 128.05±8.62 | 122.74±5.72 |
| 初中 | 226.01±55.86 | 271.21±15.58 | 202.76±18.23 | 250.13±10.94 | 214.39±42.16 | 260.67±16.99 |
| 高中 | 252.36±14.94 | 253.08±13.49 | 248.12±11.36 | 247.47±16.92 | 250.24±13.10 | 250.28±15.17 |

注：小学学段50 m×8往返跑，初中、高中学段1 000 m（男）、800 m（女）。

与2021年相比，2022年小学学段G区、K区、E区男生的有氧耐力成绩下降，其余各区男生的有氧耐力成绩提高；P区、G区、E区女生的有氧耐力成绩下降，其余各区女生的有氧耐力成绩提高。（表98）与2021年相比，2022年初中学段所有学生的有氧耐力成绩下降。（表99）与2021年相比，2022年高中学段P区、D区、G区、I区、T区、E区男生的有氧耐力成绩下降，其余各区男生的有氧耐力成绩提高，P区、D区、G区、T区、E区女生的有氧耐力成绩下降，其余各区女生的有氧耐力成绩提高。（表100）

表98　2022年与2021年苏州市各区小学学段学生有氧耐力均值对比

单位：s

| 各区 | 男生 | | 女生 | |
| --- | --- | --- | --- | --- |
| | 2021年 | 2022年 | 2021年 | 2022年 |
| P区 | 124.30 | 123.67 | 124.26 | 126.65 |
| B区 | 121.02 | 114.97 | 126.74 | 118.07 |
| C区 | 130.69 | 120.35 | 136.29 | 127.10 |
| D区 | 137.69 | 130.08 | 138.86 | 131.36 |
| G区 | 124.34 | 125.04 | 124.02 | 130.27 |
| I区 | 121.53 | 119.07 | 124.65 | 123.05 |
| T区 | 116.64 | 111.91 | 122.26 | 118.50 |
| K区 | 121.83 | 126.48 | 129.25 | 128.33 |
| L区 | 146.07 | 113.32 | 146.86 | 118.29 |
| E区 | 120.92 | 122.87 | 122.70 | 125.36 |

注：小学学段50 m×8往返跑，初中、高中学段1 000 m（男）、800 m（女）。

表99　2022年与2021年苏州市各区初中学段学生有氧耐力均值对比

单位：s

| 各区 | 男生 | | 女生 | |
| --- | --- | --- | --- | --- |
| | 2021年 | 2022年 | 2021年 | 2022年 |
| P区 | 207.68 | 280.22 | 194.42 | 263.94 |
| B区 | 227.47 | 269.17 | 200.50 | 243.67 |
| C区 | 202.10 | 290.59 | 201.74 | 249.51 |
| D区 | 182.75 | 270.32 | 205.73 | 259.69 |
| G区 | 209.50 | 270.12 | 198.65 | 242.05 |

续表

| 各区 | 男生 | | 女生 | |
|---|---|---|---|---|
| | 2021年 | 2022年 | 2021年 | 2022年 |
| I区 | 265.94 | 291.70 | 251.11 | 258.84 |
| T区 | 370.71 | 258.84 | 199.99 | 244.12 |
| K区 | 207.49 | 253.76 | 202.76 | 262.98 |
| L区 | 194.07 | 244.59 | 188.10 | 230.26 |
| E区 | 192.36 | 282.82 | 184.64 | 246.27 |

注：小学学段50 m×8往返跑，初中、高中学段1 000 m（男）、800 m（女）。

表100　2022年与2021年苏州市各区高中学段学生有氧耐力均值对比

单位：s

| 各区 | 男生 | | 女生 | |
|---|---|---|---|---|
| | 2021年 | 2022年 | 2021年 | 2022年 |
| P区 | 253.48 | 263.19 | 255.33 | 261.92 |
| B区 | 260.59 | 243.16 | 248.16 | 232.02 |
| C区 | 252.09 | 243.27 | 248.74 | 235.99 |
| D区 | 231.18 | 241.60 | 239.02 | 248.97 |
| G区 | 247.91 | 254.04 | 238.58 | 254.16 |
| I区 | 237.18 | 238.10 | 238.37 | 231.95 |
| T区 | 272.92 | 275.22 | 261.45 | 269.84 |
| K区 | 278.64 | 265.18 | 269.20 | 265.95 |
| L区 | 242.13 | 240.36 | 249.04 | 219.00 |
| E区 | 247.47 | 266.69 | 233.35 | 254.90 |

注：小学学段50 m×8往返跑，初中、高中学段1 000 m（男）、800 m（女）。

## （三）身体功能

### 1. 中小学生身体功能——坐位体前屈的基本情况

2022年苏州市中小学各学段学生坐位体前屈数据，小学学段男生为（8.22±1.65）cm，女生为（13.28±1.10）cm；初中学段男生为（7.59±2.05）cm，女生为（13.67±1.59）cm；高中学段男生为（10.88±1.99）cm，女生为（15.53±2.47）cm。（表101）

表 101　2022 年苏州市中小学各学段学生坐位体前屈

单位：cm

| 学段 | 男生 | 女生 | 总体 |
| --- | --- | --- | --- |
| 小学 | 8.22±1.65 | 13.28±1.10 | 10.75±2.93 |
| 初中 | 7.59±2.05 | 13.67±1.59 | 10.63±3.59 |
| 高中 | 10.88±1.99 | 15.53±2.47 | 13.21±3.23 |

从小学学段坐位体前屈数据可以看出，男生中 G 区学生的坐位体前屈均值最高，为 11.37 cm，E 区最低，为 6.22 cm，女生中 I 区学生的坐位体前屈均值最高，为 14.92 cm，L 区最低，为 11.99 cm。从初中学段坐位体前屈数据可以看出，T 区男生的坐位体前屈均值最高，为 10.57 cm，D 区女生的坐位体前屈均值最高，为 15.44 cm；G 区学生的坐位体前屈均值最低，男生为 4.26 cm，女生为 10.13 cm。从高中学段坐位体前屈数据可以看出，男生中 C 区学生的坐位体前屈均值最高，为 14.47 cm，L 区最低，为 7.50 cm；女生中 C 区学生的坐位体前屈均值最高，为 19.26 cm，T 区最低，为 11.41 cm。（表 102）

表 102　2022 年苏州市各区各学段学生坐位体前屈均值

单位：cm

| 各区 | 小学 | | 初中 | | 高中 | |
| --- | --- | --- | --- | --- | --- | --- |
| | 男生 | 女生 | 男生 | 女生 | 男生 | 女生 |
| P 区 | 7.81 | 13.76 | 6.44 | 13.59 | 11.58 | 16.05 |
| B 区 | 8.99 | 13.32 | 6.73 | 13.51 | 10.27 | 17.83 |
| C 区 | 6.82 | 12.39 | 8.92 | 14.30 | 14.47 | 19.26 |
| D 区 | 7.65 | 12.39 | 10.13 | 15.44 | 13.14 | 17.88 |
| G 区 | 11.37 | 14.44 | 4.26 | 10.13 | 9.34 | 12.51 |
| I 区 | 9.78 | 14.92 | 7.18 | 13.61 | 11.82 | 16.07 |
| T 区 | 9.48 | 12.03 | 10.57 | 15.16 | 10.96 | 11.41 |
| K 区 | 7.69 | 14.58 | 9.40 | 15.08 | 9.92 | 14.91 |
| L 区 | 6.44 | 11.99 | 6.05 | 13.82 | 7.50 | 15.59 |
| E 区 | 6.22 | 13.03 | 6.24 | 12.10 | 9.83 | 13.82 |

从各年龄段数据来看，女生的坐位体前屈成绩要优于同年龄的男生，绝大部分地区都是高中生的坐位体前屈成绩更优。（表 103）

表 103  2022 年苏州市各区各年龄段学生坐位体前屈均值

单位：cm

| 各区 | 性别 | 7岁 | 8岁 | 9岁 | 10岁 | 11岁 | 12岁 | 13岁 | 14岁 | 15岁 | 16岁 | 17岁 | 18岁 |
|---|---|---|---|---|---|---|---|---|---|---|---|---|---|
| E区 | 男 | 8.62 | 5.51 | 4.79 | 6.29 | 5.94 | 4.72 | 5.32 | 9.24 | 7.55 | 8.07 | 11.99 | 11.68 |
| E区 | 女 | 11.78 | 14.03 | 11.43 | 13.32 | 14.57 | 12.13 | 13.78 | 10.25 | 10.71 | 14.35 | 14.17 | 16.54 |
| P区 | 男 | 7.36 | 10.27 | 7.09 | 6.96 | 7.43 | 6.93 | 5.63 | 6.73 | 9.66 | 11.31 | 12.62 | 12.20 |
| P区 | 女 | 13.42 | 14.11 | 13.17 | 13.73 | 14.37 | 13.38 | 13.59 | 13.81 | 14.72 | 15.03 | 16.55 | 20.38 |
| D区 | 男 | 9.21 | 7.86 | 8.10 | 7.26 | 6.00 | 8.61 | 10.64 | 11.15 | 12.72 | 12.29 | 14.49 | 12.45 |
| D区 | 女 | 13.41 | 13.31 | 11.66 | 10.40 | 13.13 | 16.57 | 14.82 | 14.92 | 17.55 | 17.08 | 19.12 | 18.23 |
| C区 | 男 | 8.40 | 7.12 | 5.47 | 7.41 | 5.70 | 6.36 | 7.26 | 13.10 | 13.48 | 14.29 | 15.63 | 13.24 |
| C区 | 女 | 12.42 | 10.96 | 13.43 | 13.43 | 11.78 | 15.27 | 16.02 | 11.62 | 13.68 | 19.85 | 22.09 | 18.25 |
| G区 | 男 | 10.82 | 15.26 | 10.57 | 10.57 | 9.32 | 1.23 | 4.46 | 7.09 | 8.20 | 7.81 | 11.53 | 10.29 |
| G区 | 女 | 14.28 | 18.60 | 13.16 | 11.67 | 14.38 | 18.57 | 21.12 | 24.63 | 13.96 | 10.48 | 12.53 | 13.76 |
| I区 | 男 | 13.53 | 10.47 | 9.71 | 5.82 | 9.29 | 9.90 | 5.41 | 7.35 | 12.47 | 11.32 | 11.69 | 12.88 |
| I区 | 女 | 15.27 | 15.33 | 15.09 | 13.09 | 15.25 | 13.16 | 13.37 | 12.02 | 19.39 | 15.67 | 14.54 | 17.13 |
| T区 | 男 | 8.52 | 9.84 | 10.70 | 6.94 | 11.39 | 8.96 | 9.59 | 13.19 | 8.39 | 13.76 | 10.38 | 12.35 |
| T区 | 女 | 13.21 | 11.02 | 15.41 | 11.72 | 8.79 | 15.52 | 14.64 | 15.38 | 10.01 | 14.02 | 9.78 | 11.78 |
| B区 | 男 | 9.78 | 9.17 | 8.83 | 8.04 | 8.97 | 6.70 | 5.19 | 7.70 | 9.39 | 10.81 | 10.58 | 11.28 |
| B区 | 女 | 12.95 | 13.57 | 12.61 | 13.07 | 14.36 | 12.58 | 13.67 | 13.97 | 17.61 | 16.25 | 18.71 | 19.34 |
| L区 | 男 | 7.63 | 6.82 | 6.28 | 6.52 | 5.00 | 2.21 | 7.09 | 10.14 | 3.93 | 9.69 | 8.82 | 9.99 |
| L区 | 女 | 12.63 | 9.19 | 13.29 | 11.80 | 13.22 | 13.23 | 12.76 | 15.97 | 12.78 | 18.33 | 15.84 | 18.39 |
| K区 | 男 | 10.09 | 9.00 | 6.15 | 7.18 | 5.99 | 9.20 | 9.35 | 9.38 | 9.43 | 10.10 | 10.11 | 11.11 |
| K区 | 女 | 15.39 | 14.65 | 13.66 | 13.49 | 15.63 | 15.38 | 17.25 | 12.56 | 15.99 | 15.33 | 13.63 | 16.25 |

2. 2022 年与 2021 年中小学生身体功能的比较

与 2021 年相比，2022 年小学学段男生的坐位体前屈数值从（7.78±1.28）cm 上升为（8.22±1.65）cm，女生无明显变化；初中学段男生的坐位体前屈数值从（7.86±1.77）cm 下降为（7.59±2.05）cm，女生从（13.61±1.17）cm 上升为（13.67±1.59）cm；高中学段男生的坐位体前屈数值从（10.67±1.59）cm 上升为（10.88±1.99）cm，女生从（14.61±2.19）cm 上升为（15.53±2.47）cm。（表 104）坐位体前屈是衡量人体身体功能及柔韧性的指标，苏州市中小学各学段学生的坐位体前屈数值除小学学段女生无明显变化、初中学段男生有所下滑外，其他各学段都稳步提高，学段越高涨幅越大。

表104 2022年与2021年苏州中小学男、女生坐位体前屈对比

单位：cm

| 学段 | 男生 | | 女生 | | 总体 | |
|---|---|---|---|---|---|---|
| | 2021年 | 2022年 | 2021年 | 2022年 | 2021年 | 2022年 |
| 小学 | 7.78±1.28 | 8.22±1.65 | 13.28±1.31 | 13.28±1.10 | 10.53±3.09 | 10.75±2.93 |
| 初中 | 7.86±1.77 | 7.59±2.05 | 13.61±1.17 | 13.67±1.59 | 10.74±3.29 | 10.63±3.59 |
| 高中 | 10.67±1.59 | 10.88±1.99 | 14.61±2.19 | 15.53±2.47 | 12.64±2.75 | 13.21±3.23 |

与2021年相比，2022年小学学段P区、K区、E区男生的坐位体前屈均值下降，其余各区男生的坐位体前屈均值上升；G区、T区、K区、E区女生的坐位体前屈均值下降，其余各区女生的坐位体前屈均值上升。（表105）与2021年相比，2022年初中学段P区、G区、K区、E区男生、女生的坐位体前屈均值下降，其余各区男生、女生的坐位体前屈均值上升。（表106）与2021年相比，2022年高中学段G区、T区、K区、E区男生的坐位体前屈均值下降，其余各区男生的坐位体前屈均值上升；T区、E区女生的坐位体前屈均值下降，其余各区女生的坐位体前屈均值上升。（表107）

表105 2022年与2021年苏州各区小学学段学生坐位体前屈均值对比

单位：cm

| 各区 | 男生 | | 女生 | |
|---|---|---|---|---|
| | 2021年 | 2022年 | 2021年 | 2022年 |
| P区 | 8.17 | 7.81 | 13.72 | 13.76 |
| B区 | 6.16 | 8.99 | 12.38 | 13.32 |
| C区 | 6.75 | 6.82 | 11.39 | 12.39 |
| D区 | 6.73 | 7.65 | 12.15 | 12.39 |
| G区 | 9.73 | 11.37 | 15.06 | 14.44 |
| I区 | 9.35 | 9.78 | 14.13 | 14.92 |
| T区 | 8.52 | 9.48 | 13.09 | 12.03 |
| K区 | 8.49 | 7.69 | 14.71 | 14.58 |
| L区 | 6.24 | 6.44 | 11.77 | 11.99 |
| E区 | 7.68 | 6.22 | 14.43 | 13.03 |

表106  2022年与2021年苏州市各区初中学段学生坐位体前屈均值对比

单位：cm

| 各区 | 男生 | | 女生 | |
| --- | --- | --- | --- | --- |
| | 2021年 | 2022年 | 2021年 | 2022年 |
| P区 | 10.54 | 6.44 | 14.76 | 13.59 |
| B区 | 6.50 | 6.73 | 12.64 | 13.51 |
| C区 | 8.23 | 8.92 | 13.42 | 14.30 |
| D区 | 9.19 | 10.13 | 13.37 | 15.44 |
| G区 | 5.29 | 4.26 | 11.64 | 10.13 |
| I区 | 6.73 | 7.18 | 13.48 | 13.61 |
| T区 | 8.95 | 10.57 | 14.98 | 15.16 |
| K区 | 9.84 | 9.40 | 15.56 | 15.08 |
| L区 | 5.84 | 6.05 | 13.13 | 13.82 |
| E区 | 7.55 | 6.24 | 13.15 | 12.10 |

表107  2022年与2021年苏州市各区高中学段学生坐位体前屈均值对比

单位：cm

| 各区 | 男生 | | 女生 | |
| --- | --- | --- | --- | --- |
| | 2021年 | 2022年 | 2021年 | 2022年 |
| P区 | 10.54 | 11.58 | 15.82 | 16.05 |
| B区 | 9.70 | 10.27 | 16.55 | 17.83 |
| C区 | 10.58 | 14.47 | 14.26 | 19.26 |
| D区 | 12.73 | 13.14 | 16.51 | 17.88 |
| G区 | 10.29 | 9.34 | 10.77 | 12.51 |
| I区 | 11.29 | 11.82 | 14.36 | 16.07 |
| T区 | 13.07 | 10.96 | 17.31 | 11.41 |
| K区 | 10.08 | 9.92 | 13.81 | 14.91 |
| L区 | 7.38 | 7.50 | 11.31 | 15.59 |
| E区 | 11.03 | 9.83 | 15.42 | 13.82 |

## 五、总结与分析

### (一) 健康指标

2022年苏州市中小学生肥胖率,男生为13.46%,女生为7.31%,男生的肥胖率较女生高,总体肥胖率为10.40%。与2021年相比,2022年苏州市中小学生肥胖率有所下降,总体从10.42%下降为10.40%,男生和女生的肥胖率都略有下降,男生从13.97%下降为13.46%,女生从7.46%下降为7.31%。根据教育部发布的统计数据,2017—2022年各学段学生的肥胖比例整体呈逐年上升趋势,其中2020年我国中小学生的肥胖率超过了10%。在2022年苏州市监测统计的各区中,有5个区的肥胖率在10%以上,分别为B区、E区、K区、G区、P区。各区的肥胖率差异较大,I区、D区、L区较低,B区、E区、K区较高,其中男生是I区、D区、L区较低,B区、E区、G区较高,女生是D区、L区、T区较低,K区、B区、E区较高。

与2021年相比,2022年苏州市中小学生近视率有较大幅度的下降,总体从66.50%下降为57.87%,其中男生从64.59%下降为56.20%,女生从68.37%下降为59.57%。据央视报道,2020年教育部对9个省(自治区、直辖市)中小学生在新冠病毒感染疫情防控期间的视力变化情况的调研结果显示,在半年多的时间里,被调查学生的近视率从59.2%上升至70.6%,近九成高中生视力不良。2021年北京市发布学生体质与健康报告,近视率为68%。虽然苏州市的学生近视率整体有所下降,但在2022年苏州市监测统计的各区中,有些区的近视率还是偏高,且随着学段的提高,近视率也不断升高。各区的中小学生近视率,L区、I区、B区较低,C区、E区、K区较高,其中男生中L区、I区、B区较低,E区、C区、K区较高,女生中L区、I区、P区较低,C区、D区、E区较高。

### (二) 身体形态

2021年至2022年,苏州市中小学生的身体形态指标除身高指标变化不大及个别学段外,均逐年增长,总体呈上升趋势,表明学生身体发育良好。但各身体形态指标在各区及不同性别中也呈现出一定的差异。

在身高指标方面,小学学段男生中E区、L区、B区相对较高,D区、I区、C区相对较低，女生中C区、E区、B区相对较高，D区、K区、I区相对较低；初中学段男生中L区、T区、G区相对较高，C区、P区、K区相对较低，女生中G区、L区、T区相对较高，D区、K区、P区相对较低；高中学段男生中L区、G区、T区相对较高，D区、P区、K区相对较低，女生中T区、L区、G区相对较高，D区、K区、B区相对较低。

在体重指标方面，小学学段男生中B区、E区、T区相对较高，I区、P区、L区相对较低，女生中C区、E区、B区相对较高，D区、I区、K区相对较低；初中学段男生中L区、T区、E区相对较高，P区、C区、K区相对较低，女生中K区、B区、E区相对较高，D区、P区、C区相对较低；高中学段男生中L区、E区、P区相对较高，I区、D区、T区相对较低，女生中K区、L区、P区相对较高，I区、T区、C区相对较低。

在胸围指标方面，小学学段男生中E区、B区、L区相对较高，D区、K区、I区相对较低，女生中C区、E区、L区相对较高，I区、K区、T区相对较低；初中学段男生中P区、C区、L区相对较高，T区、K区、B区相对较低，女生中K区、E区、C区相对较高，T区、D区、P区相对较低；高中学段男生中E区、L区、P区相对较高，B区、D区、K区相对较低，女生中I区、G区、L区相对较高，E区、T区、B区相对较低。

### （三）身体机能

身体机能反映了学生的健康状态和活动能力，监测指标包括肺活量体重指数、血压、脉搏三个方面。苏州市中小学生的身体机能状态良好，随着年龄增长，肺活量不断提高，血压、脉搏也在标准范围之内。

在肺活量体重指数方面，小学学段男生中K区、D区、T区相对较高，G区、I区、L区相对较低，女生中K区、T区、D区相对较高，G区、L区、I区相对较低；初中学段男生中D区、K区、B区相对较高，L区、G区、C区相对较低，女生中D区、B区、K区相对较高，G区、L区、E区相对较低；高中学段男生中D区、B区、C区相对较高，G区、T区、E区相对较低，女生中B区、D区、C区相对较高，G区、I区、L区相对较低。

苏州市中小学生的血压指标在标准范围之内，但随着学段的提高，学生的血压指标呈上升趋势，可能与学业压力大、锻炼身体时间减少有关。

苏州市中小学生的脉搏指标在标准范围之内，但随着学段的提高，学生的脉搏指标呈下降趋势。随着生长发育，学生的身体机能增强，心脏的每搏输出量增加，每分钟脉搏次数下降。

## (四) 身体素质

### 1. 力量素质

在上身力量——斜身引体（男）、引体向上（男）、仰卧起坐（女）方面，除了初中女生外，各学段学生的上身力量均稳步增强。小学学段男生中T区、G区、L区相对较优，D区、P区、B区相对较弱，女生中T区、C区、P区相对较优，D区、K区、E区相对较弱；初中学段男生中B区、T区、C区相对较优，E区、K区、P区相对较弱，女生中L区、P区、I区相对较优，B区、D区、G区相对较弱；高中学段男生中I区、D区、B区相对较优，E区、P区、T区相对较弱，女生中L区、C区、B区相对较优，K区、E区、T区相对较弱。

在上肢力量——握力方面，与上身力量指标一样，除初中女生外，各学段学生的握力均稳步提升。小学学段男生中D区、K区、G区相对较优，L区、I区、C区相对较弱，女生中T区、D区、K区相对较优，L区、G区、E区相对较弱；初中学段男生中D区、B区、I区相对较优，C区、G区、E区相对较弱，女生中D区、B区、K区相对较优，L区、G区、C区相对较弱；高中学段男生中D区、B区、K区相对较优，E区、L区、P区相对较弱，女生中D区、B区、G区相对较优，E区、L区、T区相对较弱。

在腰腹核心力量——俯卧背起方面，除小学学段和高中学段男生外，其他各学段学生的腰腹核心力量总体亦稳步增强。小学学段男生中B区、L区、G区相对较优，D区、I区、E区相对较弱，女生中B区、L区、G区相对较优，C区、D区、I区相对较弱；初中学段男生中C区、L区、I区相对较优，B区、D区、K区相对较弱，女生中C区、L区、G区相对较优，T区、B区、D区相对较弱；高中学段男生中I区、T区、G区相对较优，B区、K区、D区相对较弱，女生中I区、T区、G区相对较优，D区、B区、E区相对较弱。

在下肢爆发力——立定跳远方面，除初中学段学生外，其他各学段学生的立定跳远成绩都有所提高。小学学段男生中G区、T区、C区相对较优，D区、L区、K区相对较弱，女生中G区、C区、B区相对较优，D区、P区、I区相对较弱；初中学段男生中T区、D区、E区相对较优，C区、B区、I区相对较弱，女生中C区、T区、G区相对较优，K区、B区、L区相对较弱；高中学段男生中D区、I区、L区相对较优，E区、K区、T区相对较弱，女生中B区、L区、I区相对较优，K区、T区、G区相对较弱。

2. 心肺耐力

在无氧耐力——50 m跑方面，2021年至2022年，学生的指标总体变化不大，有增有减，减幅小，增幅大。小学学段男生中I区、G区、L区相对较优，D区、K区、P区相对较弱，女生中T区、G区、I区相对较优，P区、D区、B区相对较弱；初中学段男生中T区、P区、L区相对较优，B区、C区、I区相对较弱，女生中C区、T区、P区相对较优，K区、D区、B区相对较弱；高中学段男生中B区、G区、C区相对较优，E区、K区、T区相对较弱，女生中B区、I区、T区相对较优，K区、L区、E区相对较弱。

在有氧耐力——50 m×8往返跑、1 000 m（男）、800 m（女）方面，初中学段学生的有氧耐力指标下降较多，高中学段男生的有氧耐力指标略有下降，其他各学段学生的有氧耐力稳步提升。小学学段男生中T区、L区、B区相对较优，D区、K区、G区相对较弱，女生中B区、L区、T区相对较优，D区、G区、K区相对较弱；初中学段男生中L区、K区、T区相对较优，C区、E区、I区相对较弱，女生中L区、G区、B区相对较优，P区、K区、D区相对较弱；高中学段男生中I区、L区、D区相对较优，T区、E区、K区相对较弱，女生中L区、I区、B区相对较优，T区、K区、P区相对较弱。

3. 身体功能

坐位体前屈是衡量人体身体功能及柔韧性的指标，除小学学段女生无明显变化、初中学段男生有所下滑外，其他各学段学生的坐位体前屈指标都稳步增长，学段越高涨幅越大。小学学段男生中G区、I区、T区相对较优，E区、L区、C区相对较弱，女生中I区、K区、G区相对较优，L区、T区、D区相对较弱；初中学段男生中T区、D区、K区相对较优，G区、L区、E区相对较弱，女生中D区、T区、K区相对较优，G区、E区、B区相对较弱；高中学段男生中C区、D区、I区相对较优，L区、G区、E区相对较弱，女生中C区、D区、B区相对较优，T区、G区、E区相对较弱。

总的来看，2022年苏州市中小学生体质健康水平有很大提升，77.08%的体质监测指标有所提升或符合正常标准，只有少部分体质监测指标略有降低，主要集中于中学学段，尤其是初中学段。

# 六、主要问题分析与运动干预建议

## （一）主要问题分析

第一，与2021年相比，2022年苏州市中小学生的肥胖率有所下降，总体从10.42%下降为10.40%。男生和女生的肥胖率都略微下降，同一学段男生的肥胖率要远高于女生。P区、B区、G区、K区和E区学生的肥胖率在10%以上，小学、初中学段学生的肥胖率较高，高中学段学生的肥胖率显著降低。肥胖问题还应受到重视，学生须合理饮食、增强活动。

第二，与2021年相比，2022年苏州市中小学生的近视率有较大幅度的下降，总体从66.50%下降为57.87%，但高中学段学生的近视率普遍在80%以上，甚至高达95%，这应受到重视。随着年龄增长，因过度用眼和不科学用眼，学生的视力水平逐渐下降，2022年学校教学逐渐恢复正常，网课数量减少，学生的视力有所恢复，但家长还须对学生使用电子产品进行有效监管。

第三，与2021年相比，2022年小学学段学生的身体形态指标——身高、体重、胸围指标均有所下降；初中学段学生的身高指标也有所下降。这可能与体育锻炼相对减少有关。此外，饮食的营养均衡性与身体发育亦息息相关，也应受到重视。

第四，在身体素质指标方面，小学学段学生的腰腹核心力量有所减弱，一是因为小学学段学生处于生长发育初期，力量素质未发育完全；二是因为锻炼方面存在不足。初中学段学生的上肢力量、下肢力量、有氧耐力，高中学段学生的腰腹核心力量、有氧耐力均有减弱。中学学段是学生生长发育和身体素质提升的关键阶段，我们应重视学生心肺耐力的提升。

第五，在身体功能及柔韧性指标方面，初中学段学生的指标有所下降。柔韧性是指人体关节活动幅度，以及关节韧带、肌腱、肌肉、皮肤和其他组织的弹性和伸展能力，即关节和关节系统的活动范围，是人体活动能力的重要评价指标，也应受到重视。

第六，随着学段的提高，学生的血压指标呈上升趋势，可能与学业压力大、久坐、体育锻炼减少有关，学生应劳逸结合、重视情绪疏导、增加体育活动量。

## （二）运动干预建议

### 1. 综合建议

第一，针对学生营养失衡和体育锻炼不足问题，苏州市中小学应加强科学饮食指导，进行相关知识普及宣教，推进营养与运动综合干预计划实施。此外，应不断提高师资水平、完善课程设置，利用好大课间体育活动和体育课，积极开展体育锻炼，增强学生的体质，促进其身体发育。

第二，针对课程多、学业重、锻炼时间减少等问题，苏州市中小学可采用线上、线下相结合模式，使学生进行居家锻炼，并设置一定要求，与家庭合作做好监督。家长应严格控制孩子的电子产品使用时间，使孩子做到"有度"的劳逸结合。

第三，针对视力不良问题，苏州市中小学应高度重视，加大用眼卫生的宣传，监督眼保健操的执行质量，提高教学效率，尽可能为学生"减负"；同时，保证学生室外活动时间，控制学生的"屏幕时间"。此外，应加强改进与完善学校教学条件中不利于视力保护之处，如教室灯光问题，把保护学生视力与学校相关管理制度相结合，使学生的近视率得到有效控制。

第四，苏州市中小学应帮助学生树立科学锻炼理念和终身体育观念，并加强科学锻炼，使身体力量素质、心肺耐力素质、身体功能素质等得到全面提升。此外，应设置体育技能选修课程，提升学生的运动技能，培养学生的运动兴趣，使其树立终身体育观念。

### 2. 中小学生体力活动指南

世界卫生组织在关于身体活动有益健康的全球建议中提出，中小学生每天要保证进行 60 min 的中等强度到高强度的体力活动，以及每周至少进行 3 次强壮肌肉的体力活动及强壮骨骼的体力活动，并指出 60 min 只是健康获益的基本推荐量，运动 60 min 以上可获得更多的健康效益。可根据心率确定运动强度，如最大强度（心率 185 次/min 或 190 次/min 以上）、次最大强度（心率 170~185 次/min 或 190 次/min）、大强度（心率 150~169 次/min）、中等强度（心率 129~149 次/min）。也可根据主观感受评定运动强度，如中等强度（显著增加呼吸次数、排汗量和心率）、较高强度（急剧增加呼吸次数、排汗量和心率）。

### 3. 中小学生体质提升运动处方

一个完整、科学的运动处方必须遵循 FITT 原则，即 F（Frequency，频率）、I（Intensity，强度）、T（Time，时间）、T（Type，类型）。

（1）有氧运动

① 运动频率：每天。

② 运动强度：中等强度到较大强度，每周至少 3 天包括较大强度运动。

③ 运动时间：每天至少 60 min。

④ 运动方式：有趣的、与发育相适应的有氧体力活动，如跑步、健步走、游泳、跳舞和骑自行车。

（2）肌力训练

肌力训练包括肌肉力量训练、肌肉耐力训练及肌肉爆发力训练。抗阻训练为肌力训练最常见的一种方式，不同的训练次数可发展不同的能力。一般来说，3~5 次可以较好地发展学生的肌肉爆发力，8~12 次可以较好地发展学生的肌肉力量，15 次以上可以较好地发展学生的肌肉耐力。对于中小学生来说，可采用肌肉力量及肌肉耐力的训练。在设计中小学生抗阻训练项目时，应考虑到热身和放松、运动顺序、训练强度和运动量、训练的休息间隔、重复速度、训练频率、运动项目变化等 7 个方面。抗阻训练指南如下：

① 提供合格的指导和监督。

② 确保运动环境安全，没有危险因素。

③ 开始每个训练之前，进行 5~10 min 的动态热身。

④ 从相对轻松的负荷开始，专注于正确的练习技巧。

⑤ 进行上肢和下肢力量训练，每次 1~3 组，每组 6~15 次。

⑥ 进行增强腹部和下背部区域的肌肉力量锻炼。

⑦ 关注肌肉的对称发展及关节周围的肌肉平衡。

⑧ 进行各种各样的上肢和下肢的爆发力训练，每次 1~3 组，每组 3~6 次。

⑨ 根据需要、目标和能力，合理地改进训练计划。

⑩ 随着力量的增强，逐渐增加阻力（增加 5%~10%）。

⑪ 用强度较低的体操动作或静态拉伸进行放松。

⑫ 在每个训练环节中了解运动处方对象的需求。

⑬ 每周进行 2~3 次抗阻力练习。

⑭ 使用个性化的锻炼日志来检测进程。

⑮ 通过系统地改变训练计划来保持运动项目的新鲜性和挑战性。

⑯ 用营养餐、适当的水分及充足的睡眠来优化表现和进行恢复。

⑰ 教练和家长的支持与鼓励有助于保持训练兴趣。

（3）灵敏性训练

短跑的起跑、球场上的灵活快速反应等都属于灵敏性训练。灵敏性训练一般在耐力练习前面进行效果较好。各种游戏、各类起跑、疾跑、听信号变向跑、急起急停、三点横跨、各种跑的专门练习和辅助练习，以及全面的身体训练都能促进灵敏素质的发展。

（4）柔韧性训练

柔韧性的增强有助于减少运动损伤发生的可能性。年龄越小，越容易通过训练增强柔韧性。柔韧性训练有压腿、踢腿、摆腿、压踝、提踝、挺髋、送髋、转髋、转腰、弯腰、转肩压肩、压腕、点头摆头等方面，训练时可根据不同的训练目的有选择地加以运用。

（5）运动负荷大小的判断

可通过测量心率和观察学生运动后的主观感觉来判断运动负荷的大小。适合小学生的运动负荷为平均心率110~120次/min，初中生的心率应在130次/min左右。可通过每天测量心率来检查运动负荷是否合适。具体方法是每天早晨醒来后，安静地躺在床上，测量心率。如果心率比前一天高出12次/min，说明运动负荷过大，需要适当降低运动强度；如果心率变化不大，说明负荷正常，可以维持同样的运动强度；如果心率逐渐降低，说明仍然具有一定的潜力，可以适当增加负荷，但负荷的增加要循序渐进。心率测量与运动心率范围计算方式如下：

① 最大心率＝220－年龄（次/min）。若年龄为15岁，则最大心率＝220－15＝205（次/min）。

② 运动心率范围：

若最大心率为205次/min，则最大心率×0.50≈103（次/min）（下限值）；最大心率×0.90≈185（次/min）（上限值）。

运动心率可分为三级：心率<120次/min为1级（负荷过小）；120次/min≤心率≤200次/min为2级（负荷适宜）；心率>200次/min为3级（负荷过大）。

也可用心率公式进行计算：靶心率＝（220－年龄－安静心率）×（60%~80%）+安静心率。

如果运动后第二天出现了下列现象中的1~2项，也表明运动负荷过大：

① 感觉肢体软弱无力，精神不振。

② 不想参加原本非常喜爱的运动项目。

③ 头痛、胸痛、头晕。

④ 失眠。

⑤ 食欲减退,容易口渴。

⑥ 运动时排汗量异常增加,而且出现夜间出汗现象。

(6) 制定中小学生运动处方的注意事项

① 可以安全地实施有指导和监督的抗阻训练。一般成年人耐力训练的指导方针也适用于中小学生。每个动作应重复 8~15 次,只有达到中度疲劳,且保质保量地完成预定的重复次数时,才可以增加阻力或负荷。

② 中小学生体温调节系统发育不成熟,应在适当的温度和湿度环境下运动。

③ 超重或身体不灵活的学生可能不能保证每天运动 60 min,因此需要通过增加体力活动的频率和时间来达到目标。

④ 对于患有疾病或有生理缺陷的学生,如容易气喘、患有糖尿病等,应根据其身体状态、症状及功能能力制定运动处方。

⑤ 应促使中小学生努力减少静坐少动(如看电视、上网、玩网络游戏等),多做有益于健康和增强体质的活动(如散步、骑自行车等)。

(本文由苏州市教育局体育卫生与艺术教育处提供,撰稿人:姚立、于之琰、黄素、徐雪涛)

# 2022年苏州市义务教育学业质量监测公告

为深入贯彻落实中共中央、国务院《关于深化教育教学改革全面提高义务教育质量的意见》《深化新时代教育评价改革总体方案》和苏州市教育局《关于加强教育质量监测工作的意见》等文件的相关要求，受苏州市教育局和苏州市人民政府教育督导室委托，苏州市教育质量监测中心于2022年9月组织实施了全市第八次义务教育学业质量监测，旨在深入了解苏州市各初中学校办学质量，充分把握各初中学校学生学业水平，建立体现素质教育要求、以学生发展为核心、科学多元的义务教育质量评估监测体系，引导学校全面实施素质教育，规范办学行为，减轻学生学业负担，促进苏州市义务教育质量的全面提升。

## 一、监测对象与内容

### （一）监测对象

本次监测对象为苏州市辖10个市（区）2021—2022学年度所有初中学生和主要学科初中教师，共计参测学校302所，学生328 997名。

学科测试共剔除2 080份无效试卷，有效参测人数共计326 917人，有效参测比例为99.4%。其中，初一年级120 429人参测，剔除106份无效试卷，有效参测比例约为99.91%；初二年级109 310人参测，剔除1 179份无效试卷，有效参测比例约为98.92%；初三年级99 258人参测，剔除795份无效试卷，有效参测比例约为99.20%。

学生相关因素问卷调查共剔除5 945份无效问卷，有效参测人数共计323 094人，有效参测比例为98.2%。

通过对初一年级学生倒追至小学的方式，共追踪到苏州市2022届小学六年级毕业生115 145名，涉及小学共517所。小学教师未参测。

在参测教师方面，全市各区域排除了新教师、上学年外出交流不在本校的教师，所有初中学校的语文、数学、英语、物理、生物、地理、体育、音乐、美术、劳技学科教师全员参测，共剔除 1 019 份无效问卷，有效参测人数共计 22 708 人，有效参测比例为 95.7%。

参测对象基本信息如表 1 所示。

表 1  2022 年参测对象基本信息①

| 区域 | 参测学校数/所 | 年级 | 实测学生数/人 | 有效参测数/人 | 有效参测比例 | 参测教师数/人 |
|---|---|---|---|---|---|---|
| 大市 | 294 | 初一 | 120 429 | 120 323 | 99.91% | 22 708 |
|  | 294 | 初二 | 109 310 | 108 131 | 98.92% |  |
|  | 283 | 初三 | 99 258 | 98 463 | 99.20% |  |
| 张家港市 | 35 | 初一 | 13 973 | 13 962 | 99.92% | 2 493 |
|  | 35 | 初二 | 12 842 | 12 703 | 98.92% |  |
|  | 34 | 初三 | 12 083 | 12 024 | 99.51% |  |
| 常熟市 | 42 | 初一 | 12 522 | 12 509 | 99.90% | 2 597 |
|  | 41 | 初二 | 11 431 | 11 310 | 98.94% |  |
|  | 40 | 初三 | 10 172 | 10 077 | 99.07% |  |
| 太仓市 | 17 | 初一 | 7 440 | 7 434 | 99.92% | 1 393 |
|  | 17 | 初二 | 6 724 | 6 649 | 98.88% |  |
|  | 16 | 初三 | 6 038 | 5 983 | 99.09% |  |
| 昆山市 | 43 | 初一 | 22 080 | 22 063 | 99.92% | 3 205 |
|  | 41 | 初二 | 19 430 | 19 269 | 99.17% |  |
|  | 38 | 初三 | 17 584 | 17 422 | 99.08% |  |
| 吴江区 | 43 | 初一 | 14 071 | 14 052 | 99.86% | 2 912 |
|  | 42 | 初二 | 12 954 | 12 754 | 98.46% |  |
|  | 40 | 初三 | 11 689 | 11 586 | 99.12% |  |
| 吴中区 | 26 | 初一 | 11 066 | 11 055 | 99.90% | 2 242 |
|  | 31 | 初二 | 10 790 | 10 563 | 97.90% |  |
|  | 30 | 初三 | 9 637 | 9 491 | 98.49% |  |
| 相城区 | 19 | 初一 | 7 190 | 7 183 | 99.90% | 1 484 |
|  | 19 | 初二 | 6 720 | 6 665 | 99.18% |  |
|  | 19 | 初三 | 5 906 | 5 878 | 99.53% |  |

---

① 2022 年参测学校是 302 所，其中 10 个市（区）的参测初中学校是 297 所，5 所代管学校也参加本次监测。表 1 只呈现 10 个市（区）的参测对象的基本信息，不包含代管学校。

续表

| 区域 | 参测学校数/所 | 年级 | 实测学生数/人 | 有效参测数/人 | 有效参测比例 | 参测教师数/人 |
|---|---|---|---|---|---|---|
| 工业园区 | 25 | 初一 | 12 520 | 12 514 | 99.95% | 2 403 |
| | 24 | 初二 | 10 703 | 10 616 | 99.19% | |
| | 24 | 初三 | 9 773 | 9 706 | 99.31% | |
| 高新区 | 18 | 初一 | 9 432 | 9 422 | 99.89% | 1 693 |
| | 18 | 初二 | 8 074 | 8 012 | 99.23% | |
| | 16 | 初三 | 7 363 | 7 309 | 99.27% | |
| 市直属 | 21 | 初一 | 9 412 | 9 406 | 99.94% | 2 098 |
| | 21 | 初二 | 8 935 | 8 891 | 99.51% | |
| | 21 | 初三 | 8 385 | 8 361 | 99.71% | |

## （二）监测内容

本次监测包括学科测试和问卷调查两部分。学科测试内容为义务教育阶段学生语文、数学、英语、科学四科的学业质量。问卷调查包括学生问卷和教师问卷。学生问卷重点关注学生的成长背景、一般学习行为、身心健康、学习品质、学业负担和学业支持等相关影响因素。教师问卷主要调查教师的个人信息、管理工作、教学工作、职业状态和学校满意度等情况（图1）。

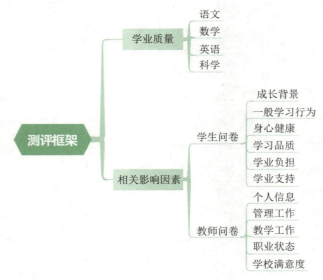

图 1　测评框架

## 二、学业表现状况

本次监测采用量尺分来呈现学生的总体学业水平。量尺分是根据学生的作答情况，采用项目反应理论模型，在得到学生能力分数后再转换成的测验标准分数。量尺分具有不受测试题目差异和题目难度影响的特点，从而使得同一年度中及不同年度间完成不同测试卷的学生分数具有可比性。本次监测将各年度各学科量尺分调整为苏州大市量尺分得分为 500 分，标准差为 100 分的呈现形式。

监测结果显示，区域间学业质量的均衡性仍显不足，苏州市 10 个区域之间的学业成绩发展仍存在一定差异，在四门学科上得分最高的区域与得分最低的区域之间均存在差值，尤其是科学学科学生学业表现的区域间差异较大，最大差异达到了 86 分。（表 2）

表 2　2022 年苏州市各区域学生各科学业成绩比较

单位：量尺分

| 区域 | 语文 | | | 数学 | | | 英语 | | | 科学 | |
| --- | --- | --- | --- | --- | --- | --- | --- | --- | --- | --- | --- |
| | 初一 | 初二 | 初三 | 初一 | 初二 | 初三 | 初一 | 初二 | 初三 | 初一 | 初三 |
| D | 488 | 484 | 480 | 500 | 483 | 479 | 490 | 489 | 479 | 488 | 471 |
| G | 484 | 489 | 488 | 486 | 486 | 487 | 481 | 479 | 485 | 494 | 499 |
| P | 497 | 500 | 494 | 504 | 499 | 489 | 483 | 494 | 491 | 487 | 488 |
| E | 483 | 488 | 492 | 484 | 489 | 486 | 471 | 478 | 486 | 503 | 497 |
| L | 525 | 531 | 535 | 522 | 534 | 540 | 541 | 541 | 546 | 524 | 546 |
| T | 490 | 497 | 499 | 479 | 487 | 492 | 481 | 488 | 490 | 478 | 488 |
| M | 523 | 517 | 523 | 515 | 517 | 519 | 524 | 520 | 526 | 530 | 528 |
| I | 493 | 482 | 485 | 481 | 469 | 472 | 472 | 467 | 465 | 476 | 460 |
| C | 498 | 500 | 495 | 500 | 508 | 508 | 512 | 514 | 506 | 501 | 501 |
| K | 525 | 517 | 515 | 532 | 523 | 526 | 544 | 529 | 524 | 514 | 514 |
| 最大值 | 525 | 531 | 535 | 532 | 534 | 540 | 544 | 541 | 546 | 530 | 546 |
| 最小值 | 483 | 482 | 480 | 479 | 469 | 472 | 471 | 467 | 465 | 476 | 460 |
| 差值 | 42 | 49 | 55 | 53 | 65 | 68 | 73 | 74 | 81 | 54 | 86 |

# 三、学生学业发展相关因素状况

## （一）心理健康

**1. 学生的心理健康状况整体较好，主观幸福感较强，考试焦虑程度较轻**

主观幸福感是指学生对自身生活满意程度的认知评价。量表以 0~6 分赋分，中间值为 3 分。分数越高，表示主观幸福感越强。

考试焦虑是指在一定的应试情境激发下，受个体认知评价能力、人格倾向与其他身心因素制约，以担忧为基本特征，以防御或逃避为行为方式，通过不同程度的情绪性反应表现出来的一种心理状态。量表以 1~4 分赋分，中间值为 2.5 分。分数越高，表示考试焦虑程度越轻。

监测数据显示，学生的心理健康状况整体较好。2022 年苏州全市小学、初中学生的主观幸福感得分和考试焦虑得分均超过量表中间值（图 2），表明学生的主观幸福感整体较强，考试焦虑程度整体较轻。

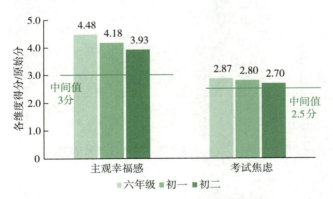

**图 2　学生的主观幸福感和考试焦虑得分**

**2. 主观幸福感强、考试焦虑程度轻的学生的学业表现、学习品质更好**

将 2022 年苏州市小学六年级、初一和初二年级学生的主观幸福感和考试焦虑得分由低到高排序后，划分为四个水平（人数各占 25%），得分最低的 25% 为水平 I，得分最高的 25% 为水平 IV。

监测数据显示，主观幸福感和考试焦虑得分在水平 IV 的学生的学业成绩最好，分别比在水平 I 的学生高 50 分和 57 分（图 3）。这说明主观幸福感强、考试焦虑程度轻的学生的学业成绩更好。

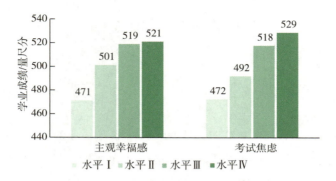

图 3　心理健康状况不同水平学生在学业成绩上的得分差异

此外,主观幸福感和考试焦虑得分在水平Ⅳ的学生的学习品质各维度得分最高(图 4、图 5)。以学习兴趣为例,主观幸福感和考试焦虑水平Ⅳ学生的学习兴趣得分比水平Ⅰ学生分别高 2.52 分和 1.6 分。这说明主观幸福感强、考试焦虑程度轻的学生的学习品质更好。

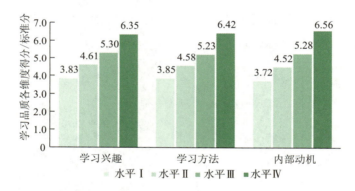

图 4　主观幸福感不同水平学生在学习品质各维度上的得分差异

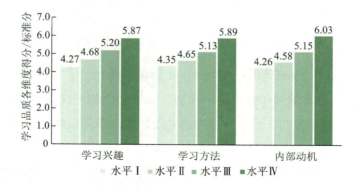

图 5　考试焦虑不同水平学生在学习品质各维度上的得分差异

### 3. 人际关系好的学生的主观幸福感更强、考试焦虑程度更轻

将 2022 年苏州市小学六年级、初一和初二年级学生的师生关系、同伴关系和亲子关系得分由低到高排序后，划分为四个水平（人数各占 25%），得分最低的 25% 为水平 Ⅰ，得分最高的 25% 为水平 Ⅳ。

监测数据显示，人际关系得分在水平 Ⅳ 的学生的主观幸福感和考试焦虑得分最高（图 6、图 7）。以主观幸福感为例，师生关系、同伴关系和亲子关系水平 Ⅳ 的学生的主观幸福感得分比水平 Ⅰ 学生分别高 2.89 分、3.02 分和 2.89 分。这说明人际关系好的学生的主观幸福感更强、考试焦虑程度更轻。

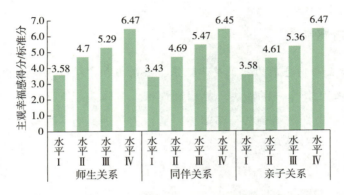

图 6　人际关系不同水平学生在主观幸福感上的得分差异

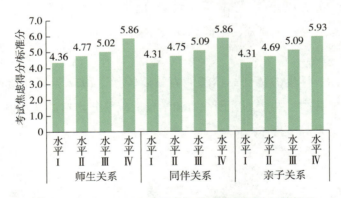

图 7　人际关系不同水平学生在考试焦虑上的得分差异

### 4. 参加体育锻炼多的学生的主观幸福感更强、考试焦虑程度更轻

监测数据显示，在校期间每天（5 天）都参加体育锻炼在 60 min 及以上的学生在主观幸福感和考试焦虑上得分最高，一天都不参加（0 天）的学生在两个维度上的得分最低（图 8）。可见在校期间参加体育锻炼在 60 min 及以上的天数越多的学生，其主观幸福感更强、考试焦虑程度更轻。

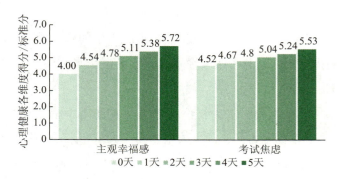

**图 8　不同运动天数学生在主观幸福感和考试焦虑上的得分差异**

### (二) 社会与情感能力

**1. 学生的社会与情感能力状况整体较强，共情力和学校适应得分相对更高**

社会与情感能力指个人的能力、品格和性情，具体表现为个体持续、稳定的思维、感受和行为定式，包括情绪调节、坚毅力、共情力、创造力、学校适应等维度。其中，情绪调节是指个体对情绪发生、体验与表达施加影响的过程。坚毅力是指个体为达到预定的目标而自觉克服困难、努力的一种意志品质。共情力是指对他人情绪或情感的理解，指向对他人的同情、关怀、怜惜之类的情感。创造力是指个体产生新奇独特的、有社会价值的产品的能力或特性。学校适应是指学生在学校与同学交往互动及融入学校环境的情况。量表以 1~4 分赋分，中间值为 2.5 分。分数越高，表示社会与情感能力越强。

监测数据显示，学生的社会与情感能力整体较强。2022 年苏州全市小学、初中学生的情绪调节、坚毅力、共情力、创造力和学校适应得分均超过量表中间值，共情力和学校适应得分相对更高（图 9）。

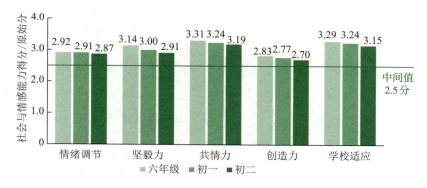

**图 9　学生的社会与情感能力各维度得分**

## 2. 社会与情感能力强的学生的学业表现、学习品质更好

将 2022 年苏州市小学六年级、初一年级和初二年级学生的社会与情感能力得分由低到高排序后，划分为四个水平（人数各占 25%），得分最低的 25% 为水平 I，得分最高的 25% 为水平 IV。

监测数据显示，社会与情感能力得分在水平 IV 的学生的学业成绩最好，比在水平 I 的学生高 63 分（图 10）。这说明社会与情感能力强的学生的学业表现更好。社会与情感能力得分在水平 IV 的学生在学习品质各维度上的得分也最高，水平 I 学生的得分最低（图 11）。这说明社会与情感能力强的学生的学习品质更好，表现为学习兴趣更浓、内外部学习动机更强。

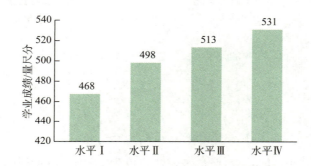

图 10　社会与情感能力不同水平学生在学业成绩上的得分差异

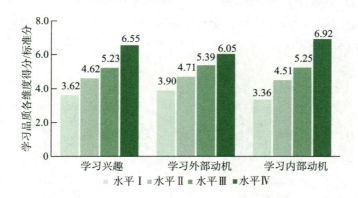

图 11　社会与情感能力不同水平学生在学习品质各维度上的得分差异

## 3. 社会与情感能力强的学生的人际关系更好

将 2022 年苏州市小学六年级、初一和初二年级学生的社会与情感能力得分由低到高排序后，划分为四个水平（人数各占 25%），得分最低的 25% 为水平 I，得分最高的 25% 为水平 IV。

监测数据显示，社会与情感能力得分在水平 IV 的学生的人际关系各维度得分最高。

以师生关系为例，社会与情感能力得分在水平Ⅳ的学生比在水平Ⅰ的学生高3.45分（图12）。这说明社会与情感能力强的学生的人际关系更好，表现为师生关系、同伴关系、亲子关系更好。

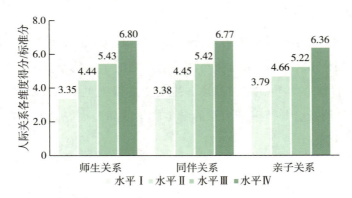

图12 社会与情感能力不同水平学生在人际关系各维度上的得分差异

### （三）作业实施

**1. 校内作业时间超过国家标准的比例较前两年明显降低**

从2020—2022年的近三年数据来看，苏州市小学六年级和初中两个年级学生的校内作业时间超时比例较前两年均明显降低。2022年苏州市小学六年级学生的校内作业时间超出1 h的比例为67.4%，初一和初二年级学生的校内作业时间超出1.5 h的比例分别为58.1%和76.8%。（图13）

图13 苏州市小学六年级、初一和初二年级学生的2020—2022年校内作业时间超时比例

**2. 校内作业时间与学业成绩呈倒U形关系**

监测结果显示，2022年苏州市小学六年级、初一和初二年级学生的平均每天校内作业时间均较长。其中，小学六年级学生周一至周五平均每天校内作业时间为0.5~0.99 h，学生的学业成绩为512分；当校内作业时间为1 h及以上时，学生的学业成绩

反而下降。初一年级学生周一至周五平均每天校内作业时间为 2~2.49 h，学生的学业成绩为 510 分。初二年级学生周一至周五平均每天校内作业时间为 2.5~2.99 h，学生的学业成绩为 513 分。（图 14）可见并不是学生的校内作业时间越长，学生的学业成绩越好。

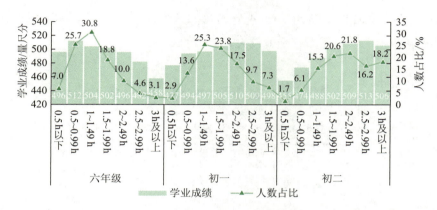

图 14　2022 年苏州小学六年级、初一和初二年级学生的校内作业时间与学业成绩（周一至周五）

3. 教师作业实施质量高，学生的学业成绩和学业成绩增值更高

将各学校的教师作业实施质量得分由高到低排序，并划分为四个水平（人数各占 25%），前 25% 为水平 Ⅳ，后 25% 为水平 Ⅰ。

教师作业实施质量得分处于水平 Ⅳ 的学校的学生四科平均学业成绩为 528 分，四科平均学业成绩的增值为 5.0 分，教师作业实施质量得分处于水平 Ⅰ 的学校的学生四科平均学业成绩为 461 分，四科平均学业成绩的增值为 -3.7 分。（图 15）这说明教师作业实施质量高的学生的学业成绩更好、学业成绩增值更高。

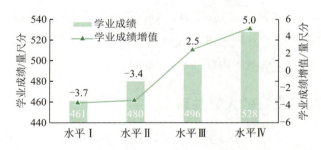

图 15　教师作业实施质量不同水平学校的学业成绩与学业成绩增值情况

4. 作业时间投入少的学生的心理健康状况、社会与情感能力、学习品质和人际关系均越好

将作业时间投入得分由低到高排序，并划分为四个水平（人数各占 25%），得分最

低的 25% 为水平 I，得分最高的 25% 为水平 IV，得分越高表示作业时间投入越少。

监测结果显示，作业时间投入得分处于水平 I 的学生在心理健康、社会与情感能力、学习品质和人际关系维度上的得分均低于水平 IV 的学生。以心理健康为例，作业时间投入得分处于水平 I 的学生在主观幸福感、考试焦虑和学习压力感受上的得分分别比处于水平 IV 的学生低 0.46 分、0.44 分和 0.71 分。（图 16）这说明学生的作业时间投入过多后，学生的学习压力感受就较大。

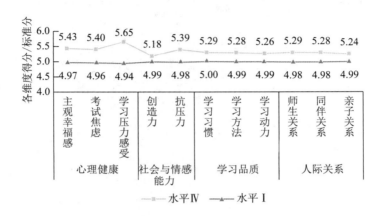

图 16　作业时间投入不同水平学生在学生相关因素各维度上的得分差异

# 三、对策与建议

学业质量监测的意义在于让苏州教育回归本真，遵循学生成长规律，依照教育发展规律，走"科学提质"之路。监测数据的深度挖掘可以帮助各级政府、教育部门和社会各界树立全面、科学的教育观，进而改进教育行为，共同推动区域教育质量的提升。以下几点是基于本次监测结果所得到的启示和建议。

## （一）帮助学生构建良好的人际关系

从监测数据来看，人际关系好的学生的主观幸福感更强、考试焦虑程度更轻。依据生态系统观的心理韧性模型，青少年在发展过程中具有安全、爱、归属等心理需要，这些需要的满足依赖于学校、家长、社会和同伴群体中的保护性因素及资源（包括亲密关系、高期望、积极参与），如果外部资源满足了其心理需要，则他们发展出心理韧性特质，这些特质会保护青少年免受危险因素的影响，从而获得良好发展。根据此模型的观点,良好的人际支持能够满足青少年的建立关系、发展能力等基本需要,从而提高他们的心理健康发展水平。因此,家长和教师应该给予学生充分的尊重、理解和支持,并帮助其构建和谐的人际关系网络。作为家长,除了履行养育责任外,还应成为孩子最信任的陪伴者与支持者。家长应当认识到,孩子是在成长发展中的个体,难免犯错,因此在养育过程中要给予他们足够的耐心和关爱。作为教师,应主动与学生建立良好的师生关系,提高自己对学生的亲子关系的敏感度,引导学生与其家长保持良好沟通,同时也要促使学生与同伴友爱互助、共同成长。

## (二) 确保学生有足够的体育锻炼时间

从监测数据来看,参加体育锻炼越多的学生的主观幸福感越强、考试焦虑程度越轻。体育锻炼不仅可以强身健体,而且可以深刻地塑造一个人的意志品质和生活态度,进而促进学生心理的健康发展。在心理学领域,体育锻炼已经被广泛认可为一种缓解压力、减轻抑郁、保持心理健康的手段。因此,作为学校,应保证学生每天校内一小时体育锻炼时间,保证体育课开齐、开足、开好,营造良好的体育运动氛围;作为家长,要做好榜样示范、加强亲子锻炼。家长是孩子最重要的学习榜样,要想让孩子养成体育锻炼的习惯,家长要承担起带领角色,平时多运动。同时,家长应多带孩子开展亲子锻炼,比如,可以利用晚饭前二三十分钟时间,引导孩子进行一些趣味性强的运动项目,或者周末陪孩子爬山、骑车、划船等。这不仅能增强孩子的体能,还能促进亲子之间的情感交流。

## (三) 系统推进学生的社会与情感能力培养

从监测数据来看,社会与情感能力越强的学生的学业表现、学习品质和人际关系越好。儿童与青少年时期是孩子社会与情感能力形成的"关键期",若能抓住这一时期,对孩子进行恰当有效的教育干预,可以促使孩子的社会与情感能力得到良好发展,提升他们的生活幸福感与成就动机,为他们的终生发展奠定良好基础。因此,应当系统推进对社会与情感能力的培养,促进学生获得良好的心理发展。首先,教育部门要构建长效科学的培养机制,将社会与情感能力培养纳入我国教育政策话语体系,以政策为引领,做好顶层设计,系统推进实施。其次,以学校为主阵地,大力推进社会与情感能力培养课程建设,并通过开展各种课内外活动激发学生的兴趣和主动性。最后,在学校中,教师是学生的领路人,社会与情感能力较强的教师往往具有健康的精神状态且能实施有效的教学,因此要面向教师开展社会与情感能力的专题培训与专业训练,塑造教师的积极思维，提升教师的幸福感，让教师的情感与学生的情感形成共振频道、共同发展。

## （四）着力缓解学生过重的作业负担

2021年7月，中共中央办公厅、国务院办公厅印发《关于进一步减轻义务教育阶段学生作业负担和校外培训负担的意见》，明确提出要有效减轻义务教育阶段学生过重的作业负担。监测数据显示，与作业时间投入多的学生相比，作业时间投入少的学生在主观幸福感、考试焦虑、学习压力感受、创造力、抗压力、学习习惯、学习方法、学习动力、师生关系、同伴关系和亲子关系维度的得分均较高，尤其是学习压力感受得分相差最大。因此，对于家长而言，要认识到过重的作业负担不仅对孩子的学业发展作用不大，而且可能影响孩子的身心健康，要避免额外增加孩子的作业负担，尽可能保证孩子有充足的睡眠和规律的作息，同时要帮助孩子提高学习效率。对于学校而言，一是要全力推进"双减"政策落地落实，严控书面作业总量，不断提升作业质量，同时要提高教学效率，特别是学生课堂学习效率；二是要加强对家长和学生的引导，形成家校教育的合力，切实减轻违背教育教学规律、有损学生身心健康的过重作业负担。

（本文由苏州市教育质量监测中心提供，撰稿人：王开东、宋一丹）

# 调查报告

# 县校互推：新入职小学语文教师融创式研修的实践研究
## ——太仓市新入职小学语文教师培养调查报告

## 一、太仓市新入职小学语文教师情况

近年来，太仓市新入职小学语文教师队伍不断壮大。新入职小学语文教师指的是在地区内小学从事语文教学工作三年及三年以内的教师。截至2021年9月，太仓市新入职小学语文教师有231人，占太仓全市小学语文教师总人数的20%，其人数相当于5个教学班。他们分布在区域9个片区的33所公办小学，其中分布人数最多的太仓市经贸小学的新入职语文教师达20人，而地区内新入职语文教师人数超过10人的学校有9所，占公办学校的27.2%。新入职语文教师的岗位适应情况，直接成为影响全市小学语文教学的重要因素。

太仓市长期重视新入职教师的培养，贯彻落实《太仓市新教师职初培养与考核工作实施方案（试行）》（太教人〔2018〕7号）文件精神，完善"县管校聘"的人事管理机制，全面、快速地提升新入职教师的综合素质，做好过程性考核和阶段性考核，制定《太仓市中小学（含职教）新教师年度考核评价量表》，从职业感悟与师德修养、课堂经历与教学实践、班级工作与德育体验、教学研究与专业发展、其他考核项目、奖励加分等方面全方位予以培养和考量。但由于面广量大，新入职教师人数多（每年总数有1 000多名），学科广，很难做到针对每门学科予以专业、贴切、有效、整合的指导。

## 二、新入职小学语文教师的需求与遇到的问题

有专家将教师的发展过程分为新手、进步的新手、胜任、能手和专家五个阶段。新手是教师获取教学所需知识和技能的阶段。新入职小学语文教师的需求是什么？他们在岗位适应过程中遇到的困难是什么？本研究对区域内10所学校进行随机调查，对收集

到的问题进行分类,发现他们关注的"关键"词语是"教材解读""教学组织""朗读指导""阅读指导""习作指导""作业设计""学习质量""教学技能""论文撰写"(图1)。对于上述内容,教师关注程度不一,他们比较关注学生的学习质量和他们日常的课堂教学组织,同时在相对较难的习作指导方面觉得有困难。有的新入职语文教师这样描述她的课堂"困境":"课堂中有部分学生注意力不集中,且有的情况严重,一节课连十分钟都无法集中;还有的学生看似端正坐好,实则神游太虚,被提醒之后仍是如此,我进行多次提醒但又怕会影响课堂,所以我想学习有效的、能较长时间吸引学生注意力的方法。"有的新入职语文教师非常羡慕有经验教师的教学自信:"如何评课?评判标准是什么?新教师听别的教师的课往往记了一堆却不知道哪里好、哪里不好,而老教师可能看起来漫不经心,却将所有内容都听进去并打好了分。"可见新入职语文教师都期望能够较快胜任自身岗位工作。

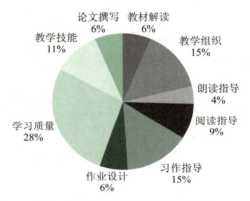

**图 1　新入职小学语文教师的需求**

而我们进入新入职小学语文教师的课堂去观察、分析,会发现他们的主要问题,一以贯之,就是缺乏学科教学知识。学科教学知识即关于如何将自己所指导的学科内容以学生易理解的方式加工、转化为学生的知识的知识,是一种通过对教育教学经验进行反思和提炼而形成的知识。学科教学知识匮乏的教师,在语文教学中呈现出两个方面的难点:一是从教材内容转化为精到的教学内容;二是从教学内容转化为高效的学习进程。对于新入职语文教师而言,直接用问题描述这两个难点就是"我知道课文在讲什么,但不知道应该教些什么""我知道应该教哪些主要内容,但不知道怎么一步一步地教"。

## 三、新入职教师培养中存在的问题

### （一）学校培养"各自为战"，差异悬殊

不同学校的培养力度与水准存在差异：培养力度大的学校能够有序规划新教师培养方案，培育课程体系化，培训方式专业化，而部分乡镇学校的相关部门本身疲于应对各类教育教学事务，对新入职教师的培养放任不作为，导致个别教师初上讲台时完全处于"懵懂"状态，在教材解读、教学设计、任务执行、作业管理等方面都存在明显问题。

### （二）两类教师"泾渭分明"，缺乏联系

两类教师是指新入职教师和骨干教师。这两类教师由于处于不同的年龄阶段和发展层面，很难建立"对话"。就新入职教师而言，他们缺乏的是学科实践性知识，而骨干教师深谙课堂教学之道。一方面新教师"嗷嗷待哺"，另一方面骨干教师需要经验传承，两者间只有建立联系，才可以最大限度地发挥本区域专家的作用。

### （三）条线培养"分而治之"，创新不够

在对新入职教师的培养方面，研训部门以科研为先导，以教研为中心，以培训为主线，以信息技术为支撑，四位一体，各有侧重。而以培训部门为主，其优点是便于通识培训、统一管理，缺点是贴合实际的学科培训与操作指导不够，以解决教学中存在的问题为目标的创新性专题项目研究不够，很难做到以项目促创造，以创造促成长。

## 四、新入职小学语文教师的培养建议

如何在全面深化新时代教师队伍建设改革的背景下，突破县域新教师培养的现实瓶颈，创新区域互动研究机制，提高新入职小学语文教师的专业化程度，形成"全部合格+部分拔尖"的新入职教师团队结构？面对区域内小学语文教师数量激增、培训资源相对紧缺的问题，太仓市进行"融创式研修"的实践研究，建立"县域—学校—学员"相辅相成、立体多维的小学语文教师培训体系。所谓"融创式研修"，是指多层次、多

形式、多主体融合创新的区域研修机制。"融"主要是做到主导与主体的融通，教师发展中心和学校各司其职、互相推动，前者融合资源、研发课程，后者进行教学管理、贴身指导；还要做到教科研训一体化的机制融通，立足新入职语文教师的发展，以科研为先导，以教研为中心，以培训为主线，以信息技术为支撑。在"创"方面，一是课程创新，在区域层面创新新入职语文教师"融创式研修"区域课程，开发以学校创新项目式引领为主的校本研修课程；二是机制创新，在区域和学校之间架构更为立体多维、更体现学科专业特质的培训体系。主要措施如下。

## （一）建立新入职小学语文教师培养的县域和学校互推的培养体系（包含区域共同体、专家库、学校"青蓝团队"），探索教科研训一体化理念下的培养机制

太仓市教师发展中心建立区域共同体，由教师发展中心分管领导、学科教研员、8~10所片区规模型学校语文学科教导组成，由教师发展中心牵头建立"专家库"，专家由区域内市级以上学科带头人担任（含特级教师、苏州市名教师、姑苏教育青年拔尖人才），他们承担课程教学与小团队带领工作，进行阶段性听课、论文写作、项目研究指导。学校内部组成"青蓝团队"，侧重于日常的教学指导，基于学校文化的培养进行创新。

## （二）开发与实施新入职小学语文教师培养的"融创式研修"区域课程和校本研修课程

"融创式研修"课程主要分为基础性课程和创新性课程。基础性课程分为课堂教学管理课程和学科素养提升课程。课堂教学管理课程从常态教学出发，包括学科课程标准研读、观课与评课、教学设计、测试卷设计、考试质量分析与应对、校内公开教学汇报等学习内容。学科素养提升课程主要侧重于语文学科素养，如阅读鉴赏课（古典诗文鉴赏、现当代文学阅读与欣赏、统编版教材文本解读等），再如书写表达课（书法、演讲与辩论、超文本读写等）。

创新性课程包括专题项目研究课程和教学成果提炼课程。专题项目研究课程，是在自己感兴趣的语文教学领域选择项目进行研究，如课外阅读方法指导、写作教学方法指导、语文学习方法指导、语文教育家校互动指导等。区域层面也可以采用"以赛促学""以赛促研"的培训策略，如组织全市新入职教师"下水文"比赛，促使其关注"下水文写作"这一专题。教学成果提炼课程主要包括论文写作、课题方案与报告写作、信息

技术平台宣传等内容。

## （三）进行新入职小学语文教师"融创式研修"考核评价研究

结合太仓市教师发展中心培训部制定的《太仓市中小学（含职教）新教师年度考核评价量表》，明确学科细化指标，做到更为精准、有效，做好过程性考核和阶段性考核。学校考核基于校训进行实际考核，进一步从判断式评价转为发展性评价，以评促学，以评促教。

## （四）进行新入职小学语文教师"融创式研修"个案研究

在新入职小学语文教师群体中选择教学实践能力强和适应岗位较为困难的两类教师，通过课堂观察、访谈、问卷调查、跟踪指导等方式进行个案研究，分析入职后出现差异性的根源，寻找针对性措施。

"融创式研修"是培养者、新入职教师共同进行创新、发展的过程。通过课程学习，新入职教师创新教学理念和行为，创造性地传承培养者的教学经验。用通俗的话说，这样新入职教师可以在最好的时间段成为期望中最好的教师，接过地区语文教育的接力棒。

（本文由太仓市教师发展中心提供，撰稿人：杨春柳）

# 苏州市中小学生全球胜任力评估与调研报告

## 一、概述

  在当前全球化的时代背景下，全球胜任力成了教育和个人发展的关键目标。全球胜任力指的是个人在全球范围内有效运作的能力，包括理解跨文化差异、参与全球性问题解决，以及在不同国家和文化环境中进行沟通与协作的技能。这种能力不仅对于个人职业成功至关重要，而且对于促进持续的全球和平与发展具有深远的影响。随着经济、文化、科技、环境和政治等领域的相互影响日益加深，全球胜任力成为当代学生必备的素质。它涉及多个方面，包括但不限于跨文化交流能力、国际合作精神、对全球问题的意识和解决问题的能力。为了适应这种趋势，教育系统必须致力于培养学生的全球视角，使他们能够自信地参与到地区、国家以至全球层面的事务中，并为其提供创造性的解决方案。此外，全球胜任力还强调了在多元团队内有效沟通的重要性及对不同文化的尊重，这两者是实现职业成功的基石。科技进步使全球交流变得更加便捷，因此能够灵活适应多变的环境，并将个人的才能和知识应用于新的挑战，已成为雇主们越来越看重的能力。为了应对这一需求，年轻人需要准备好，具备了解全球复杂动态的能力，对不同文化背景的人持开放态度，并能在多元化团队中建立信任和尊重他人。

  为全面了解苏州市中小学生全球胜任力的现状与期待，并丰富各级各类学校的办学内涵，推进多元化办学模式，加大国际理解教育推广力度，提升学生的多元文化理解能力，加快推进高层次国际化人才培养，苏州市在 29 所中小学校中，对学生、家长、教师进行全方位的抽样调研，并在数据汇总的基础上，总结启示。本次调研主要从本土文化意识、跨文化意识、世界文化与国际议题三个维度考查苏州市中小学生的全球胜任力情况。

## 二、2022 年苏州市中小学生全球胜任力调研报告内容

本次调研对象涵盖苏州 29 所中小学，包含面向学生、教师、家长的三种问卷。本次调研总共回收学生问卷 6 709 份，教师问卷 729 份，家长问卷 6 689 份，其中有效问卷为学生问卷 6 558 份、教师问卷 717 份、家长问卷 6 587 份。

### （一）调研对象的基本信息

本次调研包含从初一至高三共 6 个年级的学生样本，有效样本总计 6 558 人，其中初一的学生人数（1 579 人）略多于其他年级，初三（824 人）和高三（519 人）的参与人数较少，其余年级的参与人数分布比较均衡。另外，学生的性别比例分布平均，分别是男生（3 208 人）和女生（3 350 人）。详见表 1。

表 1　调研学生数量统计汇总表

单位：人

| 性别 | 年级 | | | | | | |
| --- | --- | --- | --- | --- | --- | --- | --- |
| | 初一 | 初二 | 初三 | 高一 | 高二 | 高三 | 总计 |
| 男 | 794 | 515 | 402 | 612 | 616 | 269 | 3 208 |
| 女 | 785 | 516 | 422 | 768 | 609 | 250 | 3 350 |
| 总计 | 1 579 | 1 031 | 824 | 1 380 | 1 225 | 519 | 6 558 |

本次调研中的教师样本分布在初一至高三 6 个年级，其中初中阶段教师参与人数的占比为 61%，具体为初一 20%、初二 22%、初三 19%。高中阶段教师参与人数的占比为 39%，分别为高一 14%、高二 13%、高三 12%。详见图 1。

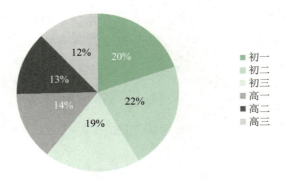

图 1　教师任教学段与人数占比（年级）

从任教学科来看,语文、数学和英语或其他外语学科的教师为主要参与者,占比分别为20%、21%和26%,尤其是外语学科类教师的占比最高,剩余的历史、物理等学科教师的占比总计为33%。详见图2。

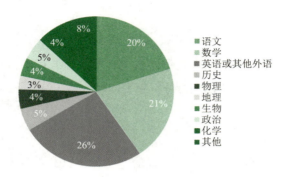

**图2 教师任教学科与人数占比**

在本次调研中,女性家长的占比很高,为参与总人数的67%,而男性家长的占比为33%。详见图3。

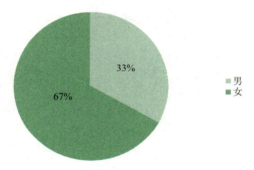

**图3 家长性别与人数占比**

从家长的学历看,本次调研将家长的学历划分为6类,即高中以下、职高或高中、大学专科、大学本科、硕士和博士及以上,其中拥有大学本科教育背景的家长比例最高,为29%,超过大学专科(22.5%)、职高或高中(19.4%)和高中以下(25.2%)学历的家长。而拥有硕士及以上学历的家长较少,拥有博士及以上学历的家长仅占0.4%。详见图4。

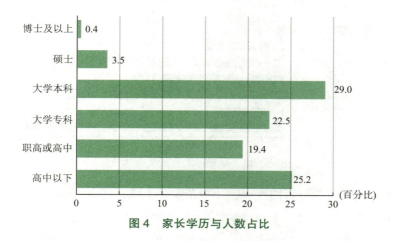

图4　家长学历与人数占比

从学生直系亲属的留学经历来看，在本调研中，直系亲属拥有留学背景的学生仅占16%，其他84%的学生的直系亲属都没有留学经历。详见图5。

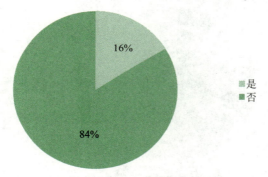

图5　直系亲属的留学经历与人数占比

从职业类型来看，本调研将学生家长的职业分为7类：自由职业、国资企业就业、民营企业就业、外资企业就业、自营企业或个体经商、公务员或事业单位职工和社会团体或公益组织职工。**数据显示**，职业为自由职业的家长占比（25.3%）略高于在民营企业就业的家长（23.6%）和自营企业或个体经商的家长（19.4%）。在外资企业（13.1%）**就业**和为公务员或事业单位职工（10.5%）的家长占比较接近，而在国资企业（6.9%）和社会团体或公益组织（1.2%）工作的家长占比则比较小。详见图6。

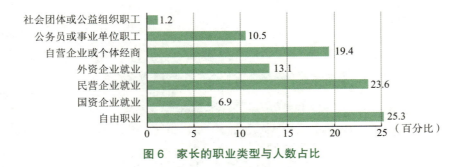

图 6　家长的职业类型与人数占比

本次调研中的家长参与者的孩子也分布在 6 个年级。其中，初中阶段参与人数的占比为 69%，具体为初一 36%、初二 19%、初三 14%；高中阶段参与人数的占比为 31%，分别为高一 13%、高二 9%、高三 9%。在这两个阶段中，较积极的参与者为初一和高一新生年级的家长。详见图 7。

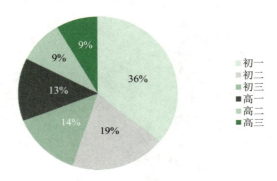

图 7　家长参与者的孩子所在的年级与人数占比

## （二）学生的学习现状数据统计及研究分析

从作业完成时间看，大部分学生平均每天花 2~3 h（含 3 h）做作业，具体占比为 31.9%，而将近 50% 的学生花在做作业上的时间在 1~2 h（含 2 h）或 3~4 h（含 4 h），占比分别为 24.3% 和 25.5%。少数学生会花超过 4 h 的时间做作业，花 4~5 h（含 5 h）的学生占比为 9.8%，花 5 h 以上的学生占比为 8.5%。详见图 8。

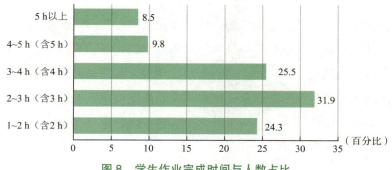

图 8　学生作业完成时间与人数占比

在父母支持理解程度上,很多学生认为父母能够"大多数理解支持"(43%)他们,认为父母能够"完全理解支持"的占比仅为 24%,认为父母能够"有时候理解支持"的占比为 26%。5% 的学生认为父母对他们"要求指责多于理解支持",较少学生(2%)认为父母"完全不理解支持"他们。详见图 9。

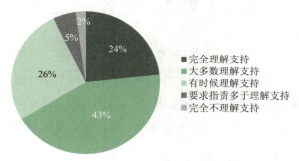

图 9　父母的支持理解程度与学生人数占比

从学生对学校喜爱程度的调查情况来看,大部分学生对学校的喜爱程度较高,34.1% 的学生"非常喜欢"自己现在的学校,认为老师和同学都很友善,在学校的学习生活让其有归属感,但也有 12.8% 的学生不太喜欢("完全不喜欢"和"大部分不喜欢")学校的氛围。详见图 10。

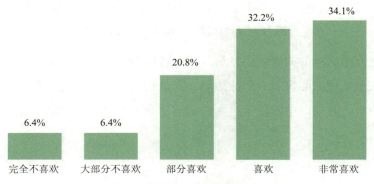

图 10　学生对学校的喜爱程度与人数占比

本调研将全球胜任力活动主题分为合作、文化认同、国际议题、交流、语言表达和解决问题六个部分，以下为学校举办各种活动的频率的调查结果。

合作方面活动的调查结果显示，初一和初二年级开展活动的频率基本为每月一次或每学期约两次，而初三年级为每学期一次或两次。高中阶段开展活动的频率大部分为每学期一次，但高一年级的活动会多于另外两个高中年级。详见图11。

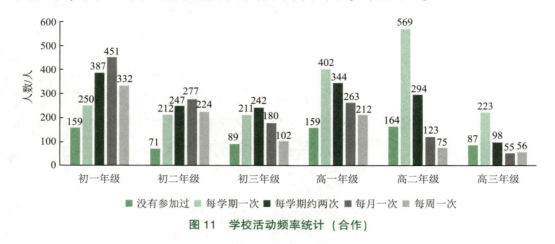

图11　学校活动频率统计（合作）

文化认同方面活动的调查结果显示，初一、高二、高三年级学生大部分未参加过文化认同方面的活动，初二、初三、高一年级学生表示学校基本每学期开展一次文化认同方面的活动。详见图12。

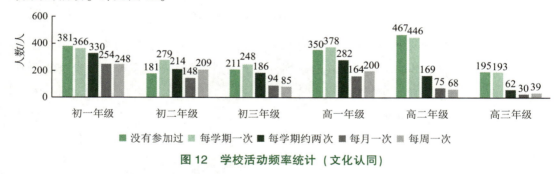

图12　学校活动频率统计（文化认同）

国际议题方面活动的调查结果显示，无论是初中还是高中阶段的学生，大部分都表示从未在学校参加过国际议题方面的活动。其余初中年级学生表示相关活动在每学期开展一次或约两次，其余高中阶段学生则表示活动开展集中在每学期一次。详见图13。

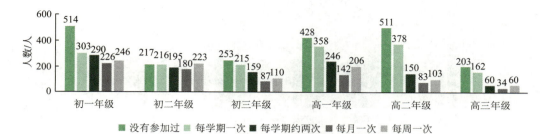

**图 13　学校活动频率统计（国际议题）**

交流方面活动的调查结果显示，绝大部分的初中、高中学生都表示从未在学校参加过交流方面的活动。初一、初二年级的学生参与交流方面的活动的频率明显高于初三年级。而在高中，高一年级的学生参加交流方面的活动的频率远高于高二和高三年级。详见图14。

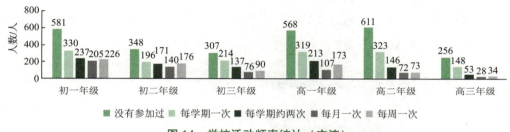

**图 14　学校活动频率统计（交流）**

学校在语言表达方面开展活动的频率远超过以上四个主题，大部分高中生都表示每学期有一次这样的活动，而在初中，初一、初二年级学生表示每学期有一次或约两次这样的活动，初三年级学生大部分参加过一次。详见图15。

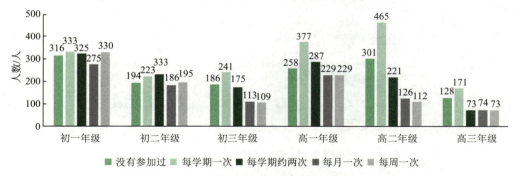

**图 15　学校活动频率统计（语言表达）**

最后，从解决问题方面的活动来看，初一年级大部分学生表示没有参加过，而初二、初三年级学生都表示每学期有一次解决问题方面的学校活动。在高中，高一和高三年级大部分学生表示没有参加过这样的活动，高二年级每学期参加一次解决问题方面活动的学生人数略多于未参加过的学生。详见图16。

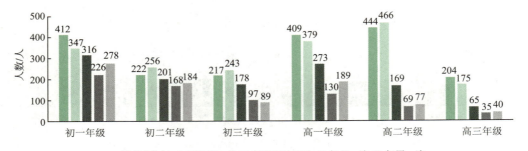

图 16 学校活动频率统计（解决问题）

本调研将全球胜任力活动类型分为家庭活动、社区共学、线上课程、周末兴趣班、暑期活动、班级日常、体育活动、常规学科和延时服务九种。从学生填写的数据来看，绝大部分学生表示非常喜欢且总是参加以上不同类型的活动。但是在线上课程、周末兴趣班和延时服务这三个类型的活动方面，学生非常喜欢且总是参加的占比较少，尤其是线上课程，仅占38.4%。详见图17。

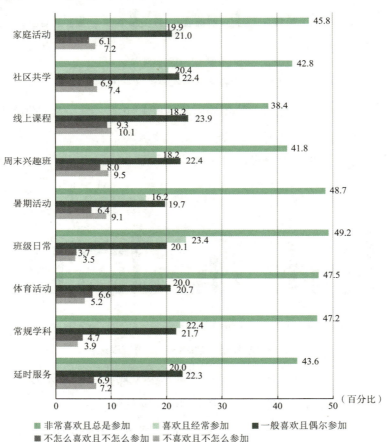

图 17 活动类型与学生喜爱程度占比

在本调研中,对学生全球胜任力相关能力的调查从合作、文化认同、国际议题、社会责任、交流、语言表达和解决问题七个角度进行。将近一半的学生认为这七项能力都非常重要,尤其是认为解决问题能力非常重要的占55.8%,而认为国际议题能力非常重要的学生占比相对较低,为48.1%。详见图18。

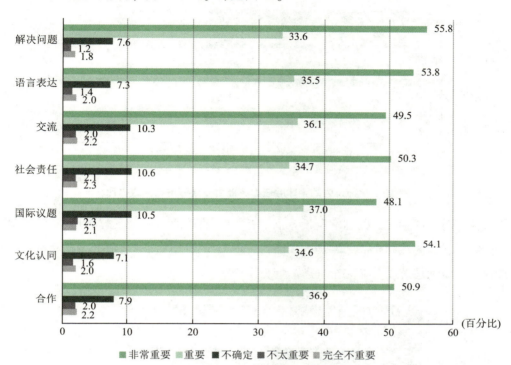

图18 学生认为的全球胜任力各能力重要程度与人数占比

从教师测评的数据来看,72.7%的教师认为合作能力非常重要,而认为文化认同(65.0%)、解决问题(66.1%)、语言表达(64.2%)能力非常重要的人数占比较为接近。认为交流和国际议题能力非常重要的教师占比相对较低,分别为49.2%和49.9%。详见图19。

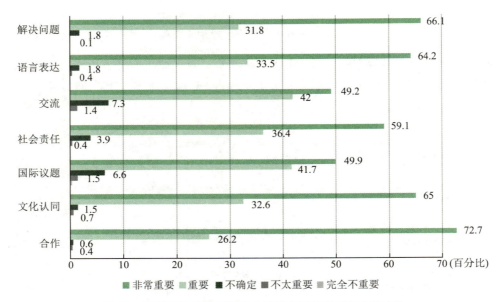

图 19　教师认为的全球胜任力各能力重要程度与人数占比

从教师对全球胜任力的理解程度来看，近一半的教师都完全理解合作、文化认同、社会责任、语言表达和解决问题这五项能力，而对于文化认同和交流能力这两项，大部分教师只能做到理解而并非完全理解。详见图 20。

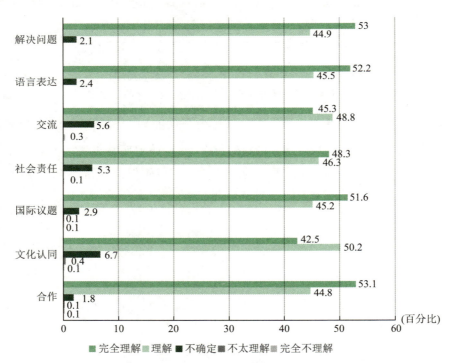

图 20　教师对全球胜任力的理解程度与人数占比

从教师任教学科的角度看,超过一半的教师认为自己所教科目与合作、文化认同、语言表达和解决问题这四项全球胜任力能力相关。而对于国际议题、社会责任和交流能力,认为其与自己所教科目不太相关的教师人数占比较其他能力偏多。详见图21。

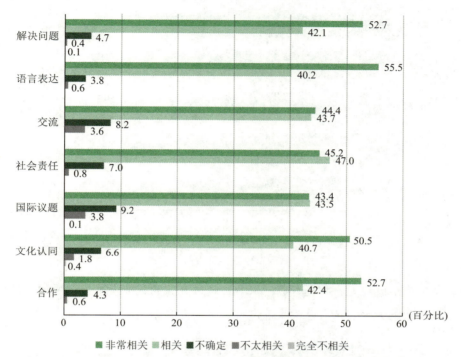

图21 教师认为的全球胜任力与自己所教科目的相关性与人数占比

从教师自评全球胜任力教学能力的角度看,绝大部分教师认为自己完全能胜任全球胜任力教学工作,没有教师认为自己完全不胜任全球胜任力教学工作。但是,在国际议题(4.6%)和交流(5.4%)两项能力上,有很少一部分教师认为自己不太胜任这两方面的教学。详见图22。

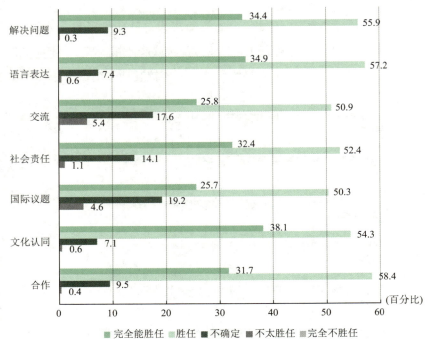

图22　教师自评教学能力与人数占比

从教师的全球胜任力自我提升意愿来看，超过九成的教师表示自己愿意提升相关能力，仅有极少数的教师表示自己不太确定是否需要提升相关能力。详见图23。

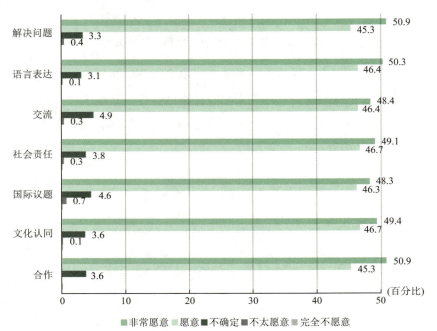

图23　教师的全球胜任力自我提升意愿与人数占比

从学校的全球胜任力课程资源来看，大多数学校提供丰富的内部、外部课程资源，但在丰富程度上，认为包括内部（24.8）和外部（19.9%）学校活动非常丰富的人数占比较多，较少人认为学校提供的课程资源非常少甚至缺乏。详见图24。

值得关注的是，学校提供的内部和外部课程资源情况类似，但认为学校内部课程资源"丰富"和"非常丰富"的人数多于外部资源，而在认为学校课程资源"较少"的人中，有更多人认为外部资源多于内部资源。

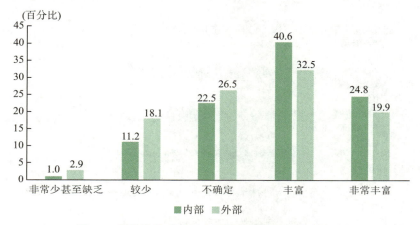

图24 学校的全球胜任力课程资源情况与人数占比

从家长对孩子留学的支持程度来看，大多数家长对于孩子出国留学保持中立的态度，占到60.5%；而有18.2%的家长反对孩子出国留学；有21.2%的家长支持孩子留学，其中更多的是希望孩子出国读研究生，占12.1%；很少有家长希望孩子在高中转国际方向或直接出国，仅占1.4%。详见图25。

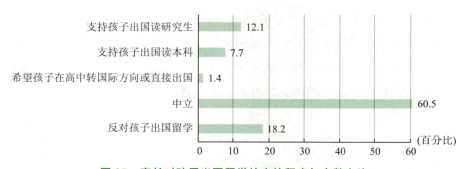

图25 家长对孩子出国留学的支持程度与人数占比

从家长认为的全球胜任力各能力的重要程度来看，90%以上的家长认为合作、文化认同、国际议题、社会责任、交流、语言表达和解决问题这七项能力"非常重要"和"重要"。在合作和解决问题能力方面，认为其"非常重要"的家长人数占到60%以上。

在文化认同和语言表达能力方面，认为其"非常重要"的家长人数占到50%以上。而在国际议题、社会责任、交流能力方面，认为其"重要"和"非常重要"的家长人数均占到40%以上。详见图26。

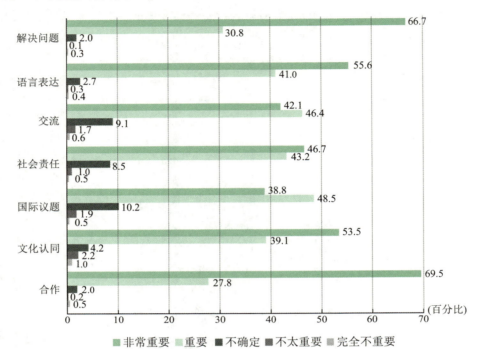

图26　家长认为的全球胜任力各能力的重要程度与人数占比

从家长反馈的学生在过去一年内参加全球胜任力各能力相关活动的频率结果来看，学生参加活动的频率不是特别高。没有参加过交流方面的活动的人数占到了55.7%，没有参加过国际议题、语言表达和解决问题方面的活动的人数均占到30%左右。而学生参加合作、文化认同、社会责任方面的活动相对较频繁。反馈中每学期参加约两次合作方面的活动的人数占33.9%，每学期参加一次文化认同方面的活动的人数占31.5%，每学期参加一次社会责任方面的活动的人数占31.7%。详见图27。

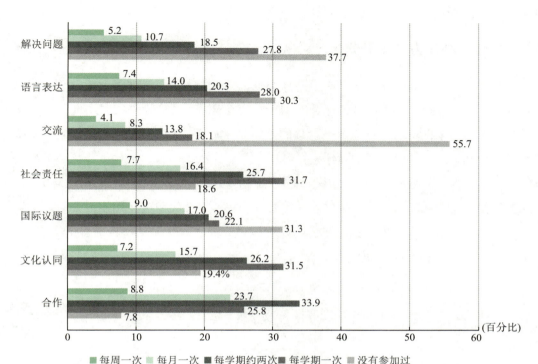

图 27　家长反馈的一年内学生参加全球胜任力各能力活动的频率及人数占比

从家长希望学生参加的活动类型来看，非常希望学生参加家庭活动的家长人数占比较大，有 56.4%；家长其次非常希望学生参加的活动类型为社区共学，人数占 43.8%；而线上活动是家长不太希望学生参加的，有 9.1% 的家长不希望学生参加线上活动；与此同时，非常希望学生参加线上活动的家长人数占比最少，为 30%；选择周末兴趣班和寒暑假营的家长人数占比相对均衡。详见图 28。

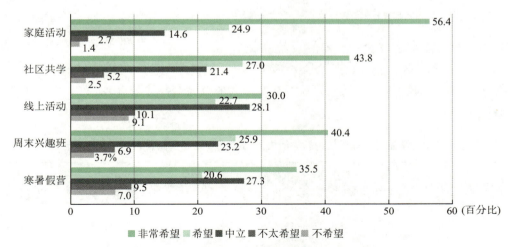

图 28　家长希望学生参加的活动类型与人数占比

## (三) 全球胜任力与差异分析

为了更了解全球胜任力水平在不同分类下的情况与差异,本调查运用了独立样本 $t$ 检验进行数据分析,样本经过正态分布检验,符合正态。$t$ 检验是用 $t$ 分布理论来推论差异发生的概率,从而比较两个平均数的差异是否显著。在 0~0.05 的范围内,$p$ 值越小,差异越显著,两组数据的具体差异可从 $t$ 值大小看出。

从学生性别的分析结果看,男生和女生的全球胜任力水平差异显著($p=0.001$)。从更细分的角度看,男生、女生的差异主要体现在本土文化和跨文化能力方面,女生的文化能力相关水平要高于男生。在全球议题能力方面,男生、女生没有显著差异($p=0.270$),水平是相当的。详见表2。

表2　学生的全球胜任力相关能力数据分析(男女差异)

| 全球胜任力相关能力 | 性别 | $N$ | 平均值±标准差 | $t$ 值 | $p$ 值 |
| --- | --- | --- | --- | --- | --- |
| 本土文化 | 男 | 3 208 | 14.74±4.31 | 125.99 | 0.001 |
|  | 女 | 3 350 | 15.57±3.61 |  | 0.001 |
| 跨文化 | 男 | 3 208 | 44.36±9.85 | 124.58 | 0.001 |
|  | 女 | 3 350 | 47.41±8.03 |  | 0.001 |
| 全球议题 | 男 | 3 208 | 26.94±6.31 | 95.6 | 0.270 |
|  | 女 | 3 350 | 26.78±5.35 |  | 0.270 |
| 总分 | 男 | 3 208 | 86.04±17.97 | 128.75 | 0.001 |
|  | 女 | 3 350 | 89.75±14.54 |  | 0.001 |

从直系亲属是否有留学经历的分析结果看,直系亲属有留学经历与无留学经历之间出现了显著差异。在本土文化($p=0.001$)、跨文化($p=0.001$)、全球议题($p=0.001$)方面均出现了显著差异。直系亲属有留学经历的学生的全球胜任力各个能力水平都高于直系亲属无留学经历的,尤其在全球议题方面差异显著(均值 22.59>21.53)。详见表3。

表3　学生的全球胜任力相关能力数据分析(直系亲属是否有留学经历)

| 全球胜任力相关能力 | 直系亲属是否有留学经历 | $N$ | 平均值±标准差 | $t$ 值 | $p$ 值 |
| --- | --- | --- | --- | --- | --- |
| 本土文化 | 是 | 1 054 | 13.82±3.52 | 2.809 | 0.001 |
|  | 否 | 5 532 | 13.36±3.43 |  |  |

续表

| 全球胜任力相关能力 | 直系亲属是否有留学经历 | N | 平均值±标准差 | $t$ 值 | $p$ 值 |
|---|---|---|---|---|---|
| 跨文化 | 是 | 1 054 | 40.03±7.95 | 1.497 | 0.001 |
| | 否 | 5 532 | 39.05±7.69 | | |
| 全球议题 | 是 | 1 054 | 22.59±4.62 | 0.848 | 0.001 |
| | 否 | 5 532 | 21.53±4.67 | | |
| 总分 | 是 | 1 054 | 76.44±13.23 | 0.068 | 0.001 |
| | 否 | 5 532 | 73.94±13.23 | | |

## （四）全球胜任力与相关性分析

为了深入探究全球胜任力有关因素的影响，本调查利用皮尔逊相关系数进行数据分析，样本经过正态分布检验，符合正态。

学生完成作业时间与全球胜任力的相关性分析结果显示，学生完成作业时间与全球胜任力呈现显著负相关（$p=0.001$）。这说明学生需要完成作业的时间越长，其全球胜任力水平越低。详见表4。

表4　学生完成作业时间与全球胜任力的相关性分析

| 关联项 | 相关性 | 本土文化 | 跨文化 | 全球议题 | 全球胜任力总分 |
|---|---|---|---|---|---|
| 学生完成作业时间 | 皮尔逊相关性 | −0.150** | −0.150** | −0.150** | −0.123** |
| | $p$ 值 | 0.01 | 0.01 | 0.01 | 0.01 |
| | 个案数/人 | 6 558 | 6 558 | 6 558 | 6 558 |

注：**在0.01级别（双尾），差异显著。

父母支持理解程度与全球胜任力的相关性分析结果显示，父母支持理解程度与全球胜任力呈现显著正相关（$p=0.001$）。这说明家长对学生的支持理解程度越高，学生的全球胜任力水平越高。详见表5。

表5　父母支持理解程度与全球胜任力的相关性分析

| 关联项 | 相关性 | 本土文化 | 跨文化 | 全球议题 | 全球胜任力总分 |
|---|---|---|---|---|---|
| 父母支持理解程度 | 皮尔逊相关性 | 0.275** | 0.252** | 0.233** | 0.289** |
| | $p$ 值 | 0.001 | 0.001 | 0.001 | 0.001 |
| | 个案数/人 | 6 558 | 6 558 | 6 558 | 6 558 |

注：**在0.01级别（双尾），差异显著。

学生喜爱学校氛围程度与全球胜任力的相关性分析结果显示，学生喜爱学校氛围程度与全球胜任力呈现显著正相关（$p=0.001$）。这说明学校氛围越融洽，学生越喜爱学校氛围，他们的全球胜任力水平就越高。详见表6。

**表6　学生喜爱学校氛围程度与全球胜任力的相关性分析**

| 关联项 | 相关性 | 本土文化 | 跨文化 | 全球议题 | 全球胜任力总分 |
|---|---|---|---|---|---|
| 学生喜爱学校氛围程度 | 皮尔逊相关性 | 0.363** | 0.340** | 0.213** | 0.352** |
| | $p$ 值 | 0.001 | 0.001 | 0.001 | 0.001 |
| | 个案数/人 | 6 558 | 6 558 | 6 558 | 6 558 |

注：**在0.01级别（双尾），差异显著。

教师认为自己所教学科与全球胜任力的相关程度和全球胜任力的相关性分析结果显示，教师认为自己所教学科与全球胜任力相关程度和全球胜任力呈现显著正相关（$p=0.001$）。这说明教师越认为自己所教学科与全球胜任力有关联，学生的全球胜任力水平越高。详见表7。

**表7　教师认为自己所教学科与全球胜任力的相关程度和全球胜任力相关性分析**

| 关联项 | 相关性 | 本土文化 | 跨文化 | 全球议题 | 全球胜任力总分 |
|---|---|---|---|---|---|
| 教师认为自己所教学科与全球胜任力的相关程度 | 皮尔逊相关性 | 0.279** | 0.441** | 0.438** | 0.471** |
| | $p$ 值 | 0 | 0 | 0 | 0 |
| | 个案数/人 | 717 | 717 | 717 | 717 |

注：**在0.01级别（双尾），差异显著。

教师教学能力自评与全球胜任力的相关性分析结果显示，教师的教授能力与全球胜任力呈现显著正相关（$p=0.001$）。这说明教师越认为自己的教授能力与全球胜任力有关联，学生的全球胜任力水平越高。详见表8。

**表8　教师教学能力自评与全球胜任力的相关性分析**

| 关联项 | 相关性 | 本土文化 | 跨文化 | 全球议题 | 全球胜任力总分 |
|---|---|---|---|---|---|
| 教师教学能力自评 | 皮尔逊相关性 | 0.395** | 0.535** | 0.471** | 0.565** |
| | 显著性（双尾） | 0 | 0 | 0 | 0 |
| | 个案数/人 | 717 | 717 | 717 | 717 |

注：**在0.01级别（双尾），差异显著。

教师的全球胜任力自我提升意愿与全球胜任力的相关性分析结果显示，教师的自我提升意愿与全球胜任力呈现显著正相关（$p=0.001$）。这说明教师的相关能力自我提升意愿越强，学生的全球胜任力水平越高。详见表9。

表9 教师的自我提升意愿与全球胜任力的相关性分析

| 关联项 | 相关性 | 本土文化 | 跨文化 | 全球议题 | 全球胜任力总分 |
|---|---|---|---|---|---|
| 教师的自我提升意愿 | 皮尔逊相关性 | 0.275** | 0.506** | 0.441** | 0.505** |
| | $p$ 值 | 0 | 0 | 0 | 0 |
| | 个案数/人 | 717 | 717 | 717 | 717 |

注：** 在 0.01 级别（双尾），差异显著。

全球胜任力的家长相关影响因素分析结果显示，家长的教育背景、职业类型、对孩子出国留学的态度均和全球胜任力呈现显著正相关，相关系数为正，家长的学历越高，学生的全球胜任力水平越高。家长的职业类型从自由职业、国资企业就业、民营企业就业、外资企业就业、自营企业或个体经商、公务员或事业单位职工，到社会团体或公益组织职员，全球胜任力水平依次递增。详见表10。

表10 全球胜任力的家长相关影响因素分析

| 相关性 | 本土文化 | 跨文化 | 全球议题 | 全球胜任力 |
|---|---|---|---|---|
| 个案数/人 | 6 586 | 6 586 | 6 586 | 6 586 |
| 教育背景 | 0.255** | 0.272** | 0.311** | 0.334** |
| $p$ 值 | 0.001 | 0.001 | 0.001 | 0.001 |
| 职业类型 | 0.105** | 0.121** | 0.117** | 0.139** |
| $p$ 值 | 0.001 | 0.001 | 0.001 | 0.001 |
| 是否支持孩子出国留学 | 0.128** | 0.207** | 0.164** | 0.212** |
| $p$ 值 | 0.001 | 0.001 | 0.001 | 0.001 |

注：** 在 0.01 级别（双尾），差异显著。

## 三、结论与建议

### （一）增强学生的相关意识，进行综合深度培养

从目前苏州市中小学生的全球胜任力现状来看，水平不均衡。从性别角度看，男生

和女生的水平出现了显著差异，主要体现在本土文化和跨文化能力方面，女生的水平高于男生。与此同时，学生完成作业时间与全球胜任力形成显著负相关，这说明学生需要完成作业的时间越长，其全球胜任力水平越低。这也许是因为当作业繁重时，学生没有充足的时间和精力参加全球胜任力活动，导致全球胜任力水平下降。另外，初三和高三的学生参加全球胜任力活动的频率分别低于初一和高一，有可能是因为学业与全球胜任力的培养出现了精力和时间的冲突。然而，这并不能说明二者是不能共同发展的，将全球胜任力培养充分融入校内的活动与教学，是可以深度发展和改进的方向。与此同时，90%以上的学生认为全球胜任力对于他们来说非常重要。同时，细分的七项能力数据显示，没有参加过交流能力方面活动的学生人数占到了55.7%，没有参加过问题解决、语言表达和国际议题能力方面活动的学生人数均占到30%左右。而学生参加合作、社会责任、文化认同能力方面的活动相对较频繁。这说明学校、家长、社会等多方提供的活动机会与平台还有待丰富。尤其是针对交流、语言表达、国际议题和解决问题能力方面，还需多种多样的活动形式、内容方面的支持。要培养学生的全球胜任力意识，深入并多维度地加强相关能力培养。

### （二）学校提供成长土壤，教师教学相长

从学校和教师的调研结果来看，大多数学生非常喜欢自己现在的学校，认为老师和同学都很友善，在学校的学习生活让其有归属感，毕业之后可能会非常怀念学校的学生人数占比超过60%。大部分学生对学校的喜爱程度较高。对学校部分喜爱的学生占比达到20.8%，也有超过10%的学生表示不太喜爱学校的氛围。这说明学校和教师已经做出了多方面的努力并得到了学生的较充分认可。此外，学校氛围与学生的全球胜任力有显著正相关性，学生目前在全球胜任力方面的提高成果离不开学校提供的支持。与此同时，可以继续努力的方向还有很多。例如，调研结果发现，教师认为自己所教学科与全球胜任力的相关程度，教师的教学能力自评、自我提升意愿都与学生的全球胜任力显著相关，因此把全球胜任力从各个层面多角度地融入学科教学中，让教师充分发挥自身的教学和学科专业优势，是可以进一步探索的方向。

### （三）家长支持理解，促进家校合作

从家长的调研结果看，学生认为父母能够"大多数理解支持"他们（43%），认为"完全理解支持"的占比仅为24%，认为"有时候理解支持"的占比为26%。5%的学生认为父母对他们的要求指责多于理解支持，较少学生（2%）认为父母"完全不理解

支持"他们。而家长的支持理解程度与学生的全球胜任力水平呈现显著正相关,这说明家长越支持理解,学生的全球胜任力水平越高。因此,家长应该充分给予学生信任和理解,给他们成长空间。当然,这与家长自身的学历背景和职业类型也有关联。但这不意味着家长无法从自身更加支持孩子,学校和教育相关部门应积极对家长进行疏导,消除家长在培养学生的全球胜任力方面的顾虑和困难。与此同时,家长比较期待的全球胜任力活动类型为家庭活动与社区共学,学校和教育部门也可以通过开展更多此类活动,或给予相关支持服务来加强家校合作,增强家长与学生的全球胜任力意识,形成更加完善的学习能力生态系统。

(本文由苏州市教育局国际合作与交流处提供,撰稿人:王静芝、法竟、柯恩慈)

# 家长参与：处境不利学生实现学业抗逆的关键密钥[①]
## ——基于苏州市 50 826 个初中生家庭教育调查与学业质量监测数据的关联分析

家庭是影响学生学习成绩的主要因素，对家长参与的研究是打开家庭因素影响子女教育获得"黑箱"的关键钥匙。早在 20 世纪 60 年代，美国学者詹姆斯·科尔曼（James S. Coleman）就在报告中提出，家庭背景是影响学生发展和教育获得的重要因素，学生的家庭背景与学业成就有很强的正相关性，即家庭社会经济背景越好的学生越能取得较好的学业成绩。[②] 然而，在教育实践中，仍有一部分处境不利学生可以克服较低的家庭社会经济背景带来的不利影响而取得优异成绩，成为"抗逆学生"（Resilient Students）。

已有研究表明，不仅家庭社会经济地位会对子女的学习和发展产生重要影响，家长参与和支持行为作为一种特殊的文化资本，也会影响子女的认知能力和学业发展，有助于缩小家庭资本、学业基础导致的学生间发展不平衡。[③] 但既有研究主要从入学机会、办学资源、教学质量、学校氛围等学校层面，以及自我教育期望、学习策略方法等学生个体层面分析对处境不利学生的补偿作用，针对家长参与如何影响处境不利学生学业发展尚缺少基于实证数据的研究支撑。

对此，本文基于 2021 年苏州市初中生家庭教育问卷调查数据和学业质量监测数据的关联分析，从家长参与视角出发，分析家长参与是否能助力处境不利学生实现学业抗逆，以及家长参与的哪些维度可以显著影响抗逆学生的学习成绩，并从学校管理角度提出建议，以期为提升处境不利学生的学业表现、努力办好公平而有质量的教育提供实证参考。

---

[①] 本文系江苏省教育科学"十三五"规划 2020 年度重点自筹课题"基于监测大数据的区域教育质量提升路径研究"（课题编号：E-b/2020/16）的研究成果。

[②] Coleman J S. Equality of educational opportunity. Report prepared for the US Office of Education[R]. Washington, DC: US Government Printing Office, 1966: 26.

[③] 李波. 父母参与对子女发展的影响：基于学业成绩和非认知能力的视角[J]. 教育与经济, 2018, 34(3): 54-64.

# 一、研究设计：基于 50 826 个初中生家庭教育调查与学业质量监测数据的关联分析

### 1. 数据来源

自 2015 年起，苏州市每年都启动实施义务教育学业质量监测项目，采用"学校全覆盖、学生全参与、学科等比例抽测、相关因素全测"的组织方式，对全市初中三个年级学生的学业成绩及相关因素进行连续追踪监测，构建了以学生学业发展为核心的具有结构意义的质量指标，累积了全覆盖、多维度、追踪式的学业质量监测大数据。2021 年 10 月，苏州市组织开展了义务教育阶段学生家庭教育专项调查，全市三年级、六年级、八年级共 138 728 名学生家长参与问卷调查，样本兼顾了不同区域和学校类型、规模和质量等因素，调查内容主要包括"家长教育认知""家庭教育资源""家庭教育方式""家庭教育管理""家校合作共育"等指标。

本研究将上述家庭教育专项调查中八年级学生家长的问卷调查数据与 2021 年 9 月义务教育学业质量监测项目的八年级学生的数据进行匹配关联，共有 50 826 名家长的问卷调查数据可以与其孩子的学业质量监测数据匹配关联。通过对这两个关联的数据库进行分析，可以了解家庭教育因素对学生学业质量的影响状况和作用机制。

### 2. 变量说明

本研究中核心解释变量是"家长参与"。参考科尔曼的社会资本（Social Capital）和社会闭合（Social Closure）理论[①]，我们将"家长参与"界定成"为了孩子的学习，家长与孩子及参与孩子教育的组织和相关人员之间的互动"。根据吴艺方等人研制的家长教育卷入行为模型，家长参与量表共设计家庭监管、学业辅导、亲子交流、共同活动和家校沟通五个维度[②]，共计 18 道题目。量表按照李克特 5 点计分法，由"从不"到"总是"进行 1~5 分赋分。所有维度均进行同趋化处理，分数越高，表示家长在该维度上的行为频率越高。经检验，该量表具有较高的内部一致性和结构效度。

本研究中的被解释变量是二分变量"是否为抗逆学生"，参照国际学生评估项目

---

① Coleman J S. Social capital in the creation of human capital[J]. American Journal of Sociology, 1988(94)(Supplement): 95–120.
② 吴艺方, 韩秀华, 韦唯, 等. 小学生父母教育卷入行为理论模型的建构与验证[J]. 北京师范大学学报（社会科学版）, 2013(1): 61–69.

（PISA）的抗逆学生的选取标准进行样本选取，将家庭社会经济地位指标得分处于后1/4的学生定义为"处境不利学生"，其余学生为"非处境不利学生"。在"处境不利学生"中，学业成绩处于苏州市前1/4的学生被定义为学业"抗逆学生"，其余学生被定义为学业"非抗逆学生"。

控制变量包括学生个体及学校特征两个方面，前者包括学生性别、是否流动、是否为独生子女、是否住宿、是否参加课外补习、学习品质等，后者包括学校的办学类型、教学支持和课程资源等，均通过学生监测问卷获取。

### 3. 研究方法

本研究用卡方检验比较抗逆学生构成群体比率的差异性，使用独立样本 $t$ 检验分析不同群体学生间家长参与的特征差异，采用 Logistic 回归分析探讨家长参与因素对处境不利学生实现学业抗逆比率的影响，同时在模型中加入性别和家长参与的交互项，以探讨家长参与对不同性别学生实现学业抗逆的作用差异。

## 二、研究结论：家长参与内容对处境不利学生实现学业抗逆产生影响

### 1. 在家长参与各维度，处境不利学生家长的得分均低于非处境不利学生家长

本研究以"是否处境不利"为分组变量，对家长参与各维度得分进行 $t$ 检验（表1）。结果显示：处境不利学生家长在家长参与各维度得分均低于非处境不利学生家长，尤其在学习辅导、亲子沟通、共同活动三个维度的表现最为显著（$t$ 值分别为 -11.720、-21.455、-9.322，$p$ 值均小于 0.001）。可见家长的家庭社会经济地位越高，对子女的教育参与程度越高；而处境不利学生家长受自身的经济收入、文化素养等因素限制，在孩子的学习和生活中参与程度较低。

表1 家长参与各维度得分的群体差异分析

| 维度 | 全样本均值 | 分样本均值 | | | | | |
|---|---|---|---|---|---|---|---|
| | | 是否处境不利 | | | 是否抗逆 | | |
| | | 处境不利均值 | 非处境不利均值 | $t$ | 抗逆均值 | 非抗逆均值 | $t$ |
| 家庭监管 | 2.789 | 2.785 | 2.789 | -0.355 | 2.682 | 2.807 | -4.389*** |
| 学习辅导 | 3.237 | 3.106 | 3.278 | -11.720*** | 3.116 | 3.105 | 0.323 |

续表

| 维度 | 全样本均值 | 分样本均值 | | | | | |
|---|---|---|---|---|---|---|---|
| | | 是否处境不利 | | | 是否抗逆 | | |
| | | 处境不利均值 | 非处境不利均值 | t | 抗逆均值 | 非抗逆均值 | t |
| 亲子沟通 | 3.727 | 3.515 | 3.795 | −21.455*** | 3.832 | 3.469 | 8.560*** |
| 共同活动 | 2.869 | 2.776 | 2.902 | −9.322*** | 2.870 | 2.756 | 3.521*** |
| 家校沟通 | 3.352 | 3.351 | 3.367 | −1.468 | 3.471 | 3.345 | 4.937*** |

注：*表示$p<0.05$，**表示$p<0.01$，***表示$p<0.001$。

2. 在亲子沟通、共同活动和家校沟通维度，抗逆学生家长的得分均显著高于非抗逆学生家长

本研究以"是否抗逆"为分组变量，对家长参与各维度得分进行$t$检验（表1）。结果显示：抗逆学生家长在亲子沟通、共同活动和家校沟通维度的得分均显著高于非抗逆学生家长（$t$值分别为8.560、3.521、4.937，$p$值均小于0.001），而在家庭监管维度得分显著低于非抗逆学生家长（$t=-4.389$，$p<0.001$），在学习辅导维度的得分与非抗逆学生家长不存在显著差异。由此可知，抗逆学生家长更注重与孩子的沟通和互动，更多地参与家校沟通，较少对孩子的学习、生活及交往等进行监督和控制。这表明抗逆学生家长虽然无法提供足够的经济、文化资源，但会通过非物质性内容，如投入更多时间、精力进行情感陪伴来补偿子女。

3. 男生、流动学生、走读生及学习品质差和学校教学支持度低的学生更可能面临家庭处境不利带来的学业失败风险

本研究将学生个体和学校层面的控制变量纳入二元Logistic回归模型1，通过分析可知，在学生个体层面，不同性别、是否流动、是否寄宿均对处境不利学生能否实现学业抗逆有显著影响。具体来说，处境不利男生成为抗逆学生的发生比率是女生的78.8%，流动学生成为抗逆学生的发生比率是非流动学生的89.4%，住宿生成为抗逆学生的发生比率是走读生的1.178倍。此外，学生的学习品质每提高1个单位，他们成为抗逆学生的可能性就增加26.2%，而是否参加课外补习对于处境不利学生成为抗逆学生的概率影响不显著。在学校层面，教学支持每提高1个单位，处境不利学生成为抗逆学生的可能性就增加19.6%。（表2）

表2　家长参与对学生实现学业抗逆的 Logistic 回归分析结果

| 变量 | | 模型1 | | 模型2 | |
|---|---|---|---|---|---|
| | | $B$ | Exp($B$) | $B$ | Exp($B$) |
| 控制变量 | | | | | |
| 男生（以女生为参照） | | -0.239***<br>(0.085) | 0.788 | -0.198**<br>(0.086) | 0.821 |
| 流动学生（以非流动学生为参照） | | -0.112*<br>(0.087) | 0.894 | -0.127**<br>(0.088) | 0.885 |
| 独生子女（以非独生子女为参照） | | 0.030<br>(0.110) | 1.030 | 0.064<br>(0.111) | 1.066 |
| 住宿生（以走读生为参照） | | 0.294**<br>(0.139) | 1.178 | 0.393**<br>(0.140) | 1.201 |
| 参加补习学生（以未参加补习学生为参照） | | -0.043<br>(0.213) | 0.958 | -0.072<br>(0.231) | 0.931 |
| 民办学校（以公办学校为参照） | | 0.153<br>(0.128) | 1.115 | 0.156<br>(0.129) | 1.119 |
| 学习品质 | | 0.233***<br>(0.087) | 1.262 | 0.225***<br>(0.043) | 1.253 |
| 学校教学支持 | | 0.199***<br>(0.070) | 1.196 | 0.195***<br>(0.069) | 1.197 |
| 学校课程资源 | | 0.031<br>(0.035) | 1.069 | 0.036<br>(0.033) | 1.065 |
| 家长参与 | | | | | |
| 家庭监管 | | | | -0.155**<br>(0.041) | 0.856 |
| 学业辅导 | | | | -0.043<br>(0.043) | 0.958 |
| 亲子交流 | | | | 0.256***<br>(0.047) | 1.392 |
| 共同活动 | | | | 0.130**<br>(0.041) | 1.139 |
| 家校沟通 | | | | 0.088*<br>(0.044) | 1.097 |
| 常数项 | | -2.599***<br>(0.235) | 0.074 | -2.721***<br>(0.257) | 0.066 |

续表

| 变量 | 模型1 | | 模型2 | |
|---|---|---|---|---|
| | $B$ | Exp($B$) | $B$ | Exp($B$) |
| 家庭监管×性别 | | | −0.220*** (0.058) | 0.803 |
| 亲子交流×性别 | | | 0.228*** (0.041) | 1.256 |

注：表中括号内数字为标准误；*表示$p<0.05$，**表示$p<0.01$，***表示$p<0.001$。

原因分析如下：

首先，男生、女生的生理和性格特征存在一定的差异，如男生多表现出好动、易受干扰、缺乏耐心等特点，而女生相对沉稳，具有较强的学习动机和自制力，因此更有可能实现学业抗逆。其次，流动学生的父母迫于生活压力经常忙于工作，在孩子教育上投入的时间和精力较少，而且流动学生由于学习环境不稳定，比本地学生面临更多的学校适应性问题，从而影响学业表现。再次，对于留守儿童和家庭经济困难学生，寄宿生活能提供相对优质的学习空间、更丰富的活动资源和更多的师生相处时间，其生活起居、学习娱乐都受到规律化管理，可以弥补他们由于家庭处境不利带来的资源缺失和不利影响，从而能在学业方面获得积极发展。最后，已有研究证明，学生的学习策略、学习动力等学习品质和教师的课堂教学支持作为学生学习的内外动力源，对实现学生学业抗逆有正向预测作用；而课外补习由于时间挤占效应、师资水平低等因素，并不能助力处境不利学生在学业竞争中取得优势。①

**4. 亲子交流、共同活动和家校沟通对处境不利学生实现学业抗逆具有显著正向预测作用，家庭监管和学业辅导并不能帮处境不利学生实现学业抗逆**

基于二元Logistic回归模型2，在控制学生个体和学校变量的情况下，家长在亲子交流、共同活动、家校沟通方面每提高1个单位，处境不利学生成为抗逆学生的比率分别增加39.2%、13.9%、9.7%（表2）。可见这三个维度的家长参与对处境不利学生实现学业抗逆具有显著正向预测作用。究其原因，家长对孩子的关心、陪伴等情感支持有利于营造民主和谐的家庭氛围，增进亲子关系，缓解孩子的心理压力和焦虑，从而有效弥补家庭社会经济上的劣势，对学生学业发展产生积极影响。而家校沟通有助于家长全面了解孩子的在校表现，进而科学合理地参与孩子的学习和生活，有效提升孩子的学业

---

① 胡咏梅，张平平. 课外补习能助力家庭处境不利学生冲破社会再生产的"藩篱"吗？[J]. 教育科学研究，2021（1）：5-15.

表现。

　　研究还发现，家庭监管每提高一个单位，处境不利学生成为抗逆学生的比率就降低至原来的 85.6%，说明家长对子女的监督和管理严格程度对孩子的学业成绩可能会产生消极影响；而学业辅导对处境不利学生成为抗逆学生的概率影响不显著（表2）。究其原因，初中阶段学生的独立自主意识开始增强，家长对孩子的监督管束行为越多，越容易拉大亲子距离，导致孩子的教育获得越少。在处境不利学生家长的学业辅导方面，可推测原因有二：一方面，家长自身文化素养较低，且受到知识遗忘、知识更新等限制，对孩子的学业指导有心无力；另一方面，家长帮忙检查作业、指导孩子功课等参与行为如果处理不当，容易让孩子产生一定的依赖或抵触心理，反而不利于其学业发展。

　　*5. 家庭监管越多，男生越不容易实现学业抗逆；亲子交流越多，男生比女生越有可能实现学业抗逆*

　　本研究将性别与自变量交互项放入模型中探究哪些因素具有性别差异，结果发现：家庭监管、亲子交流与性别具有交互效应，即家庭监管每提高1个单位，男生成为抗逆学生的概率将会是女生的 80.3%，说明家庭监管越多，男生越不容易实现学业抗逆；而亲子交流每提高1个单位，男生成为抗逆学生的概率将会是女生的 1.256 倍，说明亲子交流越多，男生比女生越有可能实现学业抗逆。

## 三、对策建议：系统构建家庭教育支持和服务体系，为家长有效参与持续赋能

　　上述结论揭示了家长的有效参与在帮助处境不利学生实现学业抗逆方面的重要作用，而学校作为协同育人的主导方，应针对处境不利学生家庭的特点和困难，充分发挥资源优势，主动完善家校合作机制，为家长的有效参与持续赋能。

　　*1. 依托家庭教育指导提升处境不利学生家长的教育胜任力*

　　本研究表明，家庭社会资本尤其是亲子交流等情感支持对处境不利初中生的学业成绩积极影响最大，而家长对孩子的监督、管束行为及学业辅导并不能帮助处境不利学生提升学业成绩。同时，不同的参与内容对于男生、女生也有着不同影响。为此，学校应有针对性地组织开展家庭教育培训和学习活动，为家长提供专业指导和建议，引导家长通过科学有效的参与和教养来突破家庭资本的束缚，帮助孩子实现学业抗逆。例如，北京市朝阳区垂杨柳中心小学针对学生成长关键期、家长普遍性育儿困惑及亲子关系改善

等问题，开发家教指导系列课程、微课程及亲子活动系列课程，不断提升家长的胜任力、协作力、学习力。①

2. 依托常态化沟通给予处境不利学生家庭特别关怀

本研究表明，良好的家校沟通有助于处境不利学生实现学业抗逆。为此，学校既要灵活运用信息化平台实现家校之间的信息传达、学情数据共享、家校精准协作，也应充分重视书信、家访、家长会等传统方式在家校沟通中不可取代的价值，提升家校合作的实效性。例如，浙江省杭州市公益中学的潘志平校长自2002年起坚持每个月给家长写一封亲笔信，根据自己的教育感悟和教子经验，提醒家长在不同时间点关注孩子的不同需求。学校还针对家长回信中反映出的普遍困惑，组织专家、校长、学生、家长四方会谈，共同聚焦问题的解决。② 在家校沟通过程中，学校须注重营造民主、平等、和谐的校园氛围，尤其关注较低收入和边缘化家庭的家长参与，为无力参与的家长提供解决办法和实际有效的帮助，通过激发家长参与的力量来弥补家庭资源环境方面的不足。

3. 依托教学改进为处境不利学生提供更多精准帮扶

本研究表明，学习品质差和教学支持度低的学生更有可能面临家庭处境不利带来的学业失败风险。对此，学校一方面要开展有针对性的诊断性评估，全面了解处境不利学生的基础水平、潜能发展、兴趣爱好等信息，并根据他们的不同水平和实际需求制订个性化教学方案，实施分层次的教学指导，提供适切的教育资源，以激发他们的学习兴趣、内在动机和自我效能感；另一方面要通过积极的师生互动和家校合作，关心处境不利学生的情感需求，给予他们理解、尊重和鼓励，营造支持性的学习环境。例如，江苏省苏州市觅渡中学基于本校学生家庭社会经济地位较低、英语学习水平较低和学习品质较差的问题，构建起基于学科核心素养的过程性评价体系，为学生建立"英语学习成长档案袋"，并鼓励学生积极参加校内外的英语活动及比赛等，让学生的学习和成长看得见，既有效促进了学生英语水平和学习品质的提升，也赢得了家长更多的支持和信任。③

（本文由苏州市教育质量监测中心提供，撰稿人：陆云、罗强）

---

① 钟亚利. 以共情促共育：有效提升家长教育力 [J]. 中小学管理，2020（10）：42-44.
② 潘志平. 去做孩子，去做孩子们喜欢的学校 [J]. 中小学管理，2016（6）：36-39.
③ 曹晓兰. 关注过程·看见学习·见证成长：核心素养视域下构建初中英语过程性评价体系的实践研究 [EB/OL].（2022-01-17）[2023-02-19]. https://www.sohu.com/a/517218209_121124336.

# 苏州市中小学教师跨学科教学素养调查及优化提升路径研究

自 21 世纪开始，人类迈进了日趋整合化的现代社会，同时科技、经济和社会等问题逐渐变得多元。过去高度分化的学科界限逐渐模糊，不同学科领域呈现出相互交叉、渗透乃至融合的态势。为加快科技创新和经济发展，在高素质人才竞争中占据有利位置，各国充分认识到人才培养应该由传统单学科培养模式向新型跨学科培养模式转变，并出台了一系列教育改革政策。人才培养的关键在教育，教师是人才培养的引擎，教师的跨学科教学素养是保障未来教育质量的关键。因此，有必要构建教师跨学科教学素养评价框架并开发评价工具，调研当前苏州市中小学教师的跨学科教学素养现状，为教师跨学科教学素养的发展提供依据。

## 一、教师跨学科教学素养评价框架构建

### （一）基于文献资料形成基础指标

教学素养及跨学科教学素养的相关研究论文，是构建评价框架的重要资料。笔者通过梳理发现，对教学素养结构的研究较少。为使基础指标的形成更加客观准确，笔者对国内外的教学素养结构有关研究结果一并进行了整理。研究者多按照所包含的要素对教学素养和教师素养进行分类，表 1 总结了部分研究者的观点。

表 1 国内外的教学素养、教师素养指标划分情况

| 划分方式 | 提出者 | 划分内容 |
| --- | --- | --- |
| 二分法 | 崔振成 | 教学意识、教学技能 |
| | 张国礼、边玉芳、董奇 | 教学理念、教学技能 |
| 三分法 | 马宁、余胜泉 | 情意与规范、知识素养、能力素养 |
| | 夏卧武 | 深入扎实的专业知识和较宽的知识面、灵活多变的教学方法和因材施教的能力、课堂教学的组织管理能力 |

续表

| 划分方式 | 提出者 | 划分内容 |
| --- | --- | --- |
| 三分法 | 谢凡、陈锁明 | 知识素养、情感素养、能力素养 |
| | 刘丽强、谢泽源 | 教育知识、教育情怀、反思学习能力 |
| | 叶澜 | 专业理念、知识结构、能力结构 |
| | 王运贵、刘辰艳、刘家熙 | 通识素养、专业素养、时代素养 |
| | 王光明、张楠、李健等 | 道德修养、教育精神、文化修养 |
| | Molenaar W M, Zanting A, Van Beukelen P, etal. | 教育能力构成维度、教师组织水平维度、教学领域维度 |
| | Long C S, Ibrahim Z, Kowang T O | 专业态度、专业知识、专业技能 |
| | Cooper J M, Jones H L, Weber W A | 知识素养、表现素养、产出素养 |
| 四分法 | 刘海兰 | 教学理念、教学情感、教学意志、教学行为 |
| | 陈柏华、徐冰鸥 | 专业态度、专业意识、专业知识、专业能力 |
| | 朱立明、马振、冯用军 | 知识素养、能力素养、情感素养、信念素养 |
| | 蒋蓉、李金国 | 专业情意、专业知识、专业能力、文化素质 |
| | 李云霞 | 职业道德、教育理念、文化知识、专业能力 |
| | 熊思鹏、何齐宗 | 知识素养、教学能力、职业品格、人格特质 |
| | 王潇晨、张善超 | 知识素养、能力素养、伦理素养、实践智慧 |
| | Smith K S, Simpson R D | 学术能力、计划管理能力、人际交流交往能力、评估及反馈能力 |
| | Milber D R, Belkin G S, Gray J L | 课程规划能力、课程导入能力、批判能力、探究能力 |
| | Vogt F, Rogalla M | 学科知识能力、教学诊断能力、教学能力、班级管理能力 |
| 五分法 | 林崇德、申继亮、辛涛 | 教学观念、职业理想、知识水平、教学监控能力、教学行为与策略 |
| | 李猛、王后雄 | 职业道德素养、学科专业素养、教育教学素养、信息诊断素养、学习反思素养 |
| | 詹秀娣、郝勇 | 教学实践素养、教育理论素养、学科教学素养、专业意识素养、技术整合素养 |
| | 黄露、刘建银 | 强烈的职业动机、先进的教育理念、独特的个人魅力、灵活的教学行为、高效的学生管理 |
| | Koster B, Dengerink J | 知识、技能、态度、价值观、个人特征 |

续表

| 划分方式 | 提出者 | 划分内容 |
| --- | --- | --- |
| 六分法 | 赵春娟 | 现代教育理念、创新意识和能力、现代信息素养、课程意识和课程能力、教育研究的意识和能力、反思能力 |
| | 李涛、谢燕 | 专业素养、信念素养、心理素养、信息素养、发展素养、创新素养 |
| | 范国睿 | 教育理念、专业道德、知识素养、能力素养、心理素养、实践智慧 |
| | Kim B H, Kim J | 学科知识、课前教学设计、课中教学行为、了解学生、评价反馈、创设合适教学环境 |
| | 郑金洲、吕洪波 | 信息素养、创新素养、跨学科素养、媒体素养、社会参与和贡献素养、自我管理素养 |

此外，国内的硕博论文大多围绕教师跨学科教学素养的意蕴内涵、要素结构展开研究，并在此基础上建立测评指标体系。表2总结了部分研究者对教师跨学科（教学）素养结构的划分。

表2 教师跨学科（教学）素养结构的划分

| 提出者 | 研究对象 | 划分内容 |
| --- | --- | --- |
| 宋歌、管珏琪 | STEM教师跨学科素养 | 跨学科意向、跨学科认知、跨学科应用、技术应用能力 |
| 朱利利 | 中小学教师跨学科素养 | 知识、能力、信念、动机、特质 |
| 刘娇 | STEM教师素养 | 基础性素养、专业性素养、发展性素养 |
| 甘晓雯 | 中学物理教师跨学科素养 | 知识、能力、态度 |
| 刘俊琼 | 小学全科教师跨学科素养 | 知识整合能力、问题解决能力、学习指导能力、组织设计能力、评价改进能力 |
| 彭洪莉 | 教师跨学科教学素养 | 知识、能力、情意 |
| 孙荣 | 小学科学教师跨学科教学素养 | 情意、理念、知识、能力 |

由表1和表2可知，对教学素养和跨学科（教学）素养的结构划分多样，但大部分提及了知识和能力维度，另有多数学者将意志、态度、品格等教师情感维度的表现纳入素养结构。因此，本研究从教师专业发展内涵的一般界定出发，通过梳理国内外关于教学素养及跨学科（教学）素养的框架，得到跨学科（教学）素养的三个一级指标，即跨学科教学理念、跨学科教学知识和跨学科教学能力。

## (二) 基于研究理论细化重要指标

### 1. PCK 理论

PCK（Pedagogical Content Knowledge），译为"学科教学知识"，由舒尔曼（Shulman）于 1986 年提出。PCK 是教师所独具的特质，能够对学科内容进行有效表征，是区分教师层次水平的一种知识[1]，为本研究把握学科教学知识的内容和结构提供了理论依据。

莫林-德什密尔（Morine-Dershimer）和肯特（Kent）提出的模型显示，PCK 包括教学法知识、学习者和学习的知识、特定语境的知识、学科内容知识、课程知识、与评价程序相关的教育目的和目标的知识。[2] 马格努松（Magnusson）等学者认为科学教师 PCK 包括科学教学取向、科学课程知识、学生如何理解科学的知识、科学评价知识、教学策略知识。[3] 罗尔尼克（Rollnick）等人在实证研究中发现，PCK 融合了学科主题知识、学生知识、一般教学知识和情境知识。[4] 进入 21 世纪，PCK 逐步进入国内研究者的研究视野，李斌辉指出，PCK 融合了学科内容知识、课程知识、教学法知识、学生知识、情景知识和其他相关知识。[5] 蔡铁权和陈丽华在研究中发现科学课程知识、学习者知识、教学法知识、科学素养评价知识构成了科学教师的 PCK。[6] 郑志辉认为 PCK 应包括学科知识、教学策略知识、关于学生的知识、课程知识。[7]

PCK 理论在实践中持续丰富，因没有相同的原则或理论加持，尚未形成一致的要素。但不难发现，几乎所有人都赞同舒尔曼最初的观点，即 PCK 包括学生如何学习某学科的知识及教师如何教授该学科的知识，其重中之重便是打通教学策略和学生学习知

---

[1] Shulman L S. Those who understand: Knowledge growth in teaching[J]. Educational Researcher, 1986, 15(2): 4-14.

[2] 解书，马云鹏，李秀玲. 国外学科教学知识内涵研究的分析与思考 [J]. 外国教育研究，2013, 40 (6): 59-68.

[3] Magnusson S, Krajcik J, Borko H. Nature, sources, and development of pedagogical content knowledge for science teaching[M] // Gess-Newsome J, Lederman N G. Examining pedagogical content knowledge. Dordrecht: Springer, 1999: 95-132.

[4] Rollnick M, Bennett J, Rhemtula M, et al. The place of subject matter knowledge in pedagogical content knowledge: A case study of South African teachers teaching the amount of substance and chemical equilibrium[J]. International Journal of Science Education, 2008, 30(10): 1365-1387.

[5] 李斌辉. 中小学教师 PCK 发展策略 [J]. 教育发展研究，2011, 31 (6): 47-52.

[6] 蔡铁权，陈丽华. 科学教师学科教学知识的结构 [J]. 全球教育展望，2010, 39 (10): 91-96.

[7] 郑志辉. 教师专业发展阶段的 PCK 考察与教师 PCK 发展 [J]. 华南师范大学学报（社会科学版），2019 (3): 65-70.

识的方法之间的联系。①② 结合学界观点,立足跨学科教学实际需要,本研究认为教师的跨学科教学知识包括内容知识、教学法知识及关于教学对象的知识。

2. 教师专业发展理论

有效的教师专业发展可以促进教师对教学和学习的理解,用以支持和促进学生的学习成长③,因此教师专业发展的内容要素是本研究关注的重点。根据古斯基(Guskey)的观点,教师专业发展旨在通过项目或活动提高教师的知识、技能和态度水平。④ 埃文斯(Evans)将教师专业发展看作教师在思想、态度、智力和认识论方面的提高。⑤ 德西蒙尼(Desimone)认为经历有效的教师专业发展能够增加教师的知识和技能,甚至改变他们的态度和信念,最后达到促进学生学习的效果。⑥ 霍克斯特拉(Hoekstra)和柯瑟根(Korthagen)在研究中指出,教师的教育教学行为根植于个人认同感和使命感,所以认知、情感和动机是影响教师专业发展的关键因素。⑦ 综观国内研究,白益民认为教师专业发展是教师将个性化的理论与情感、知识、观念、价值、应用场景相融合的过程。⑧ 刘洁提出教师专业发展由五个部分组成,除最常提及的知识、能力素养外,还包括态度信念、从业动机与态度、专业发展需要与意识。⑨ 朱旭东在研究中围绕教师精神、知识、能力构建了教师专业发展框架。⑩ 李栋从人工智能时代背景出发,强调教师专业发展特质应转变为智慧、方法和德性。⑪ 根据国内外已有研究,大部分学者认为教师专业发展包括了教师的知识、技能和品格,其中品格包括了教师的态度、意识、认识等要素,体现了教师发展的主动提升。

---

① 翟俊卿,王习,廖梁. 教师学科教学知识(PCK)的新视界:与范德瑞尔教授的对话[J]. 教师教育研究,2015,27(4):6-10,15.
② 鲍银霞,汤志娜. 学科教学知识的概念批判与发展[J]. 教育科学,2014,30(6):39-44.
③ Postholm M B. Teachers' professional development: A theoretical review[J]. Educational Research, 2012, 54(4): 405-429.
④ Guskey T R. Evaluating professional development[M]. Thousand Oaks, CA: Corwin, 2000.
⑤ Evans L. What is teacher development?[J]. Oxford Review of Education, 2002, 28(1): 123-137.
⑥ Desimone L M. Improving impact studies of teachers' professional development: Toward better conceptualizations and measures[J]. Educational Researcher, 2009, 38(3): 181-199.
⑦ Hoekstra A, Korthagen F. Teacher learning in a context of educational change: Informal learning versus systematically supported learning[J]. Journal of Teacher Education, 2011, 62(1): 76-92.
⑧ 白益民. 教师的自我更新:背景、机制与建议[J]. 华东师范大学学报(教育科学版),2002(4):28-38.
⑨ 刘洁. 试析影响教师专业发展的基本因素[J]. 东北师大学报(哲学社会科学版),2004(6):15-22.
⑩ 朱旭东. 论教师专业发展的理论模型建构[J]. 教育研究,2014(6):81-90.
⑪ 李栋. 人工智能时代教师专业发展特质的新定位[J]. 中国教育学刊,2018(9):87-95.

3. 项目式学习理论

项目式学习（Project-Based Learning，简称 PBL）是一种以学生为中心的教学方法，旨在通过积极探索现实世界的问题和挑战，培养学生的沟通、协作、批判性思维、解决实际问题等技能。①② 厘清实施项目式教学的一般步骤有助于教师为教学做好准备。布鲁门费德（Blumenfeld）等人认为，学生需要经历设计和开展调查，收集、分析和解释信息和数据，得出结论并报告结果这一系列 PBL 过程。③ 彼得·金德菲尔德（Peter Kindfield）创建的科学项目开发模板中将 PBL 分为启蒙、反思、计划、行动、展示五个环节。④ 由拉默（Larmer）等人提出的黄金 PBL 标准模型包括设计和计划项目、匹配内容标准、建立合作探究文化、管理活动、为学生学习提供脚手架、评估学生学习、参与并指导。⑤ 强枫和张文兰提出的基于课程重构的 PBL 指标体系，包括项目建设、驱动问题、项目实施、项目管理、项目评价。⑥ 贺慧等人认为 PBL 应基于具有难度的真实问题，以小组学习的形式经历项目提出、分析、设计、执行及评价一系列过程。⑦ 齐卫和王文青指出 PBL 实施过程包括项目选择、制订方案和计划、探究实践、交流分享和反馈评价五个步骤。⑧ 综上，本研究认为教师开展跨学科教学应包括设计、实施、评价三个主要环节。教学实施要被置于 PBL 的核心地位，即引导学生提出问题、设计方案、搜集证据、分析论证、总结展示。在此过程中，教师运用多元教学方法，并根据活动进行恰当的组织调控。教学设计是教学实施的前提，教学评价则是对教学的价值判断、信息反馈及矫正提升。

## （三）基于政策文件提炼衍生指标

教育政策文件是教育改革和纵深发展的宏观性指导，一些国家在有关教师素养的纲

---

① Peterson B W. Uncovering the progressive past: The origins of PBL[EB/OL].(2012-04-11)[2024-01-27]. https://hthunboxed.org/uncovering-the-progressive-past-the-origins-of-pbl/.
② Ravitz J, Hixson N, English M, et al. Using project-based learning to teach 21st century skills: Findings from a statewide initiative[C]//American Educational Research Association conference, Vancouver, Canada. 2012: 16.
③ Blumenfeld P, Fishman B J, Krajcik J, et al. Creating usable innovations in systemic reform: Scaling up technology-embedded project-based science in urban schools[J]. Educational Psychologist, 2000, 35(3): 149-164.
④ 转引自 Toolin R E. Striking a balance between innovation and standards: A study of teachers implementing project-based approaches to teaching science[J]. Journal of Science Education and Technology, 2004, 13(2): 179-187.
⑤ Larmer J. Gold standard PBL: Project-based teaching practices[EB/OL].(2015-04-21)[2022-06-14].https://cetl.ppu.edu/sites/default/files/publications/Gold%20Standard%20PBL-Teaching%20practice.pdf. 2015.
⑥ 强枫，张文兰. 基于课程重构的项目式学习评价指标体系探究[J]. 现代教育技术，2018，28（11）：47-53.
⑦ 贺慧，张燕，林敏. 项目式学习：培育核心素养的重要途径[J]. 基础教育课程，2019（6）：7-10.
⑧ 齐卫，王文青. 项目式教学过程与效果评价[J]. 河北师范大学学报（教育科学版），2020，22（6）：119-121.

领性文件中，提出了对于教师跨学科教学素养的明确要求，为本研究评价框架和具体内容的制定指明了方向。因此，本研究选取了欧盟、美国和中国的有关政策文件并提取了跨学科教学素养要素，表3展示了这些政策文件的对比情况，其中各要素的出现频率非教师跨学科教学素养指标选取依据，且排序不分先后。

表3 欧盟、美国和中国的有关政策文件中教师跨学科教学素养要素对比

| | 欧盟 | | | 美国 | | | | 中国 | |
|---|---|---|---|---|---|---|---|---|---|
| | 《教师素养和资格的欧洲共同标准》（2005） | 《支持教师素养发展以获得更好的学习效果》（2013） | 《终身学习的核心素养：欧洲参考框架》（2018） | 《优秀教师专业教学标准》（2016） | 《核心教学标准示范和教师学习进阶1.0》（2013） | 《教师候选人标准》（2008） | 《科学教师培养标准》（2020） | 《中小学综合实践活动课程指导纲要》（2017） | 《STEM教师能力等级标准（试行）》（2018） |
| 多学科内容知识 | ✓ | ✓ | ✓ | ✓ | ✓ | ✓ | ✓ | ✓ | ✓ |
| 教学方法知识 | ✓ | ✓ | ✓ | ✓ | ✓ | ✓ | ✓ | ✓ | ✓ |
| 关于学生的知识 | ✓ | ✓ | ✓ | ✓ | ✓ | ✓ | ✓ | ✓ | ✓ |
| 指导学生开展探究 | ✓ | ✓ | ✓ | ✓ | ✓ | ✓ | ✓ | ✓ | ✓ |
| 运用跨学科教学方法 | ✓ | ✓ | ✓ | ✓ | ✓ | ✓ | ✓ | ✓ | ✓ |
| 教学组织和调节 | ✓ | ✓ | ✓ | ✓ | ✓ | ✓ | ✓ | ✓ | ✓ |
| 教学设计 | ✓ | ✓ | | ✓ | ✓ | ✓ | ✓ | ✓ | ✓ |
| 多元评价 | ✓ | ✓ | ✓ | ✓ | ✓ | ✓ | ✓ | ✓ | ✓ |
| 教学反思和改进 | ✓ | ✓ | | ✓ | ✓ | ✓ | ✓ | ✓ | ✓ |
| 跨学科合作 | ✓ | ✓ | | ✓ | ✓ | ✓ | ✓ | ✓ | ✓ |
| 资源开发和整合 | | ✓ | | ✓ | ✓ | | | | ✓ |
| 跨学科教学态度和价值观 | | ✓ | ✓ | | ✓ | | | | ✓ |
| 提出跨学科问题 | | | | | ✓ | ✓ | | ✓ | ✓ |

整理后发现，所有政策文件均提及知识维度，即内容知识、教学方法知识及关于教学对象的知识，且与上文根据PCK理论提炼得到的跨学科教学知识指标吻合。欧盟、美国和中国均关注教师指导学生开展探究的能力、运用跨学科教学方法的能力、教学组织和调节的能力，这三项能力要素均在教学实践过程中得以体现，因此可以将其归纳为跨学科教学实践能力维度。另外，教学设计属于教学准备阶段的教学行为，多元评价是

对教学价值进行判断的过程，教学反思和改进属于教学结束后的优化过程，上述三项要素有较大的区别，因此可被认作单独的二级指标。

跨学科合作是各国有关政策文件中提及较多的要素之一，但本研究未将该要素作为教师跨学科教学素养指标。其主要原因有三：第一，在部分国家的政策文件中被提及的合作，并非服务于跨学科教学。比如，欧盟的《终身学习的核心素养：欧洲参考框架》中提及的合作侧重于在团队中沟通交流，表达不同的观点，或在恰当的时候寻求支持，有效管理自己的职业生涯和社会互动。欧盟的《教师素养和资格的欧洲共同标准》中指出教师与同事合作是为了提高自己的学习和教学水平，即侧重于个人的职业发展。美国国家教师教育委员会的《教师候选人标准》指出，教师与同事合作是为学校的改善和更新做出贡献。第二，部分学者在探究教师教学素养时未将合作素养纳入其中，且一些研究认为合作素养与教学素养是两个并列的要素，如王光明等人将由教育教学能力、学习创新能力和沟通合作能力构成的能力集合称作教师核心能力[1]。王潇晨和张善超将教师核心素养中的能力素养分为教学研究与管理技能、合作交流与发展的能力[2]，前者即为本研究一级指标中的教学能力。第三，多数研究将教师合作视为教师专业发展的重要途径之一。常秀芹和李艳艳指出教师专业合作可以提升专业知识、专业技能和专业自我，有助于教师的心理健康[3]。饶从满和张贵新认为教师合作能够对教师的发展意愿、教师的反思能力、学校的组织学习起到促进作用[4]。由此可见，教师合作可以促进教师各方面能力的提升，且贯穿教育教学过程及教师生涯发展过程，不可简单地将其归为教学能力的一部分。

教学素养是教师在实施教学时具备的能力，而资源开发和整合能力仅作为提高教育教学质量的主要途径，不存在于教学过程中，因此对该要素不予考虑。跨学科教学态度和价值观反映了教师对跨学科教学的看法与观念，可将其归为本研究得出的一级指标，即跨学科教学理念。以"问题"为中心是跨学科教学的特点之一，所以在探讨教师跨学科教学素养时应充分考虑跨学科问题[5]，即要求教师既能基于真实情境设计跨学科问题，也能在教学实施过程中引导学生提出跨学科问题[6]。

---

[1] 王光明，张永健，吴立宝. 教师核心能力的内涵、构成要素及其培养[J]. 教育科学，2018，34（4）：47-54.
[2] 王潇晨，张善超. 教师核心素养的框架、内涵与特征[J]. 教学与管理，2020（3）：8-11.
[3] 常秀芹，李艳艳. 教师合作的内涵、特征与意义[J]. 中国成人教育，2008（3）：96-97.
[4] 饶从满，张贵新. 教师合作：教师发展的一个重要路径[J]. 教师教育研究，2007，19（1）：12-16.
[5] 田娟，孙振东. 跨学科教学的误区及理性回归[J]. 中国教育学刊，2019（4）：63-67.
[6] 李克东，李颖. STEM教育跨学科学习活动5EX设计模型[J]. 电化教育研究，2019（4）：5-13.

## （四）教师跨学科教学素养评价框架

基于文献综述、理论分析、政策提炼，本研究初步厘清教学素养的内涵及其构成，形成教师跨学科教学素养评价框架（表4），包含3个一级指标、10个二级指标。

表4 教师跨学科教学素养评价框架

| 一级指标 | 二级指标 | 具体描述 |
| --- | --- | --- |
| 跨学科教学理念 | 跨学科教学态度 | 对跨学科教学有积极评价 |
|  | 跨学科教学意识 | 具有自觉开展跨学科教学的主观能动性 |
|  | 跨学科教学认识 | 为开展跨学科教学所应达到的价值认知水平，包括认识跨学科教学（本质、特征、规律等）、认识跨学科教师（素养、能力等） |
| 跨学科教学知识 | 跨学科内容知识 | 掌握本学科知识体系，对其他学科知识有一定了解，知道不同学科知识之间的联系 |
|  | 跨学科教学法知识 | 掌握融合两个及以上学科知识和思想方法的教学方法与组织形式（主题、任务、项目、问题等） |
|  | 跨学科教学对象知识 | 学生的认知水平、知识储备、实际需求等方面的知识 |
| 跨学科教学能力 | 跨学科教学设计 | 根据课程标准、教材和学生学情，设计跨学科教学目标、问题、情境、内容、方法、活动 |
|  | 跨学科教学实施 | 能引导学生提出跨学科问题，能引导学生进行跨学科实践探究，能对跨学科教学环节进行恰当的组织调控，运用丰富的教学方法和技术手段实施跨学科教学 |
|  | 跨学科教学评价与反馈 | 按照一定的标准，运用多形式评价方法或技术手段进行跨学科教学评价 |
|  | 跨学科教学反思与提升 | 对跨学科教学设计、教学活动和过程、教学成效进行反思与改进 |

## 二、教师跨学科教学素养评价工具开发

调查问卷的编制主要依据上面构建的教师跨学科教学素养评价框架，从"跨学科教学理念""跨学科教学知识""跨学科教学能力"三个维度出发编制了《教师跨学科教学素养调查问卷（试测）》。在预测试阶段，本研究通过"问卷星"平台发放线上调查问卷，回收问卷147份，其中有效问卷为109份，问卷有效率为74.15%。教师跨学科

教学素养评价工具是本研究的重点，因此研究团队对该评价工具的信效度进行了检验，以确定其科学性及合理性。

## （一）调查问卷信效度检验

由于本问卷处于预测试阶段，其设计还不够成熟，因此在分析策略方面，本研究仅采取了常用的心理计量学指标进行分析，即使用SPSS 25.0版本对预测试问卷进行了信效度检验。

1. 信度检验与结果分析

所谓信度，指的是测试工具所测得结果的稳定性和一致性，工具的信度越大，其测量标准误越小。信度分析用于研究定量数据的回答可靠性。在态度量表法中常用的检验信度的方法为克隆巴赫（Cronbach）所创的α系数。如果此值大于0.8，说明信度高；如果此值在0.7~0.8范围内，说明信度可以接受；如果此值在0.6~0.7范围内，说明信度勉强可以接受，须修改；如果此值小于0.6，说明信度不理想，须重新编制或修订。

通过计算可知，"跨学科教学理念"部分测试题的α系数为0.796，说明信度可以接受；"跨学科教学知识"部分测试题的α系数为0.852，"跨学科教学能力"部分测试题的α系数为0.957，以上三个部分测试题的α系数均大于0.8，说明研究数据的信度很高。综上所述，量表中各指标的α系数均高于0.8，整体量表的α系数高于0.9，说明测量工具信度高，可用于进一步测量与分析。

2. 效度检验与结果分析

效度分析用于分析研究项是否合理、有意义。效度分析采用探索性主成分因素分析方法进行研究，通过KMO检验、巴特利特球形度检验、共同度、方差解释率、因子载荷量等指标进行综合分析，以验证数据的效度。KMO值用于判断是否有效度，共同度值用于排除不合理研究项，方差解释率用于说明信息提取水平，因子载荷量用于衡量因子（维度）和题项对应关系。利用SPSS 25.0软件对问卷进行效度检验，KMO值为0.883，高于0.8，说明效度高；巴特利特球形度检验值较高，且伴随概率（$p$值）为0.000，说明适合做因子分析。

在本研究中，教师跨学科教学素养包括一级指标3个，因此在选取公因子时，在"抽取"对话框中指定要提取的公因子数目为"3"，以达到研究目的。表5所示的输出结果显示，转轴后累积方差解释率为50.478%，大于50%，这意味着研究项的信息量可以被有效地提取出来。

表 5　试测数据主成分分析

| 成分 | 总方差解释 | | | | | | | | |
|---|---|---|---|---|---|---|---|---|---|
| | 初始特征值 | | | 提取载荷平方和 | | | 旋转载荷平方和 | | |
| | 总计 | 方差百分比 | 累计/% | 总计 | 方差百分比 | 累计/% | 总计 | 方差百分比 | 累计/% |
| 1 | 15.814 | 38.571 | 38.571 | 15.814 | 38.571 | 38.571 | 11.486 | 28.014 | 28.014 |
| 2 | 2.508 | 6.117 | 44.688 | 2.508 | 6.117 | 44.688 | 5.526 | 13.479 | 41.492 |
| 3 | 2.378 | 5.799 | 50.487 | 2.378 | 5.799 | 50.487 | 3.688 | 8.994 | 50.487 |
| 4 | 1.940 | 4.732 | 55.219 | | | | | | |
| 5 | 1.684 | 4.107 | 59.326 | | | | | | |
| 6 | 1.331 | 3.246 | 62.572 | | | | | | |
| 7 | 1.263 | 3.079 | 65.651 | | | | | | |
| 8 | 1.203 | 2.935 | 68.586 | | | | | | |
| 9 | 1.091 | 2.662 | 71.248 | | | | | | |

因子载荷系数绝对值大于 0.4 即说明选项和因子有对应关系，大于 0.3 也可以接受，因此在进行因子分析时设置显示绝对值大于 0.3 的系数，能够更加直观判断不符合要求的题项。分析结果如表 6 所示。

表 6　试测数据旋转后的成分矩阵

| 旋转后的成分矩阵 | | | | | | | |
|---|---|---|---|---|---|---|---|
| 题号 | 因子1 | 因子2 | 因子3 | 题号 | 因子1 | 因子2 | 因子3 |
| 21 | 0.756 | | | 22 | 0.657 | | |
| 23 | 0.716 | | | 25 | 0.627 | | |
| 27 | 0.713 | | | 38 | 0.627 | 0.310 | |
| 24 | 0.698 | | | 42 | 0.621 | | |
| 40 | 0.697 | | | 18 | 0.609 | 0.385 | |
| 32 | 0.689 | 0.317 | | 19 | 0.604 | | |
| 28 | 0.681 | | | 39 | 0.590 | 0.303 | |
| 30 | 0.680 | | 0.353 | 37 | 0.554 | 0.385 | |
| 26 | 0.680 | | | 35 | 0.537 | 0.458 | |
| 20 | 0.674 | | | 8 | | | |
| 31 | 0.673 | | | 11 | | 0.733 | |
| 33 | 0.672 | | | 12 | | 0.733 | |
| 29 | 0.669 | | 0.339 | 14 | 0.322 | 0.706 | |
| 34 | 0.662 | | | 13 | | 0.696 | |
| 4 | 0.657 | | | 15 | | 0.634 | |

续表

| 旋转后的成分矩阵 | | | | | | | |
|---|---|---|---|---|---|---|---|
| 题号 | 因子1 | 因子2 | 因子3 | 题号 | 因子1 | 因子2 | 因子3 |
| 16 |  | 0.632 |  | 4 | 0.302 |  | 0.587 |
| 17 |  | 0.586 |  | 5 |  |  | 0.509 |
| 9 |  | 0.465 |  | 7 | 0.304 | 0.396 | 0.506 |
| 10 |  | 0.687 |  | 36 | 0.416 |  | 0.442 |
| 2 |  |  | 0.832 | 提取方法：主成分分析法 | | | |
| 1 |  |  | 0.767 | 旋转方法：凯撒正态化最大方差法 | | | |
| 6 |  |  | 0.605 | 旋转在6次迭代后已接收 | | | |

通过分析因子载荷系数值可以发现，因子载荷系数值大于0.3的题项分别分布在三个因子中，但部分题项与问卷中的划分维度对应关系基本不一致，且"题号8"在任一因子中载荷均小于0.3。可见该调查问卷结构效度不高，修改后方可用于调查研究。

## （二）调查问卷修正与再检验

### 1. 调查问卷修正

对于本研究来说，受到时间限制，且被测试的教师自身工作时间有限，重复施测比较困难。因此，充分利用第一次问卷调查所得的资料对问卷题目进行剔除和检验，将会节省很多时间和人力。因此，下面主要通过探索性因素分析，根据因子荷载值删除不良题项，对调查问卷进行修正，以达到有效提高调查问卷质量的目的。试测问卷题目删减情况如表7所示。

表7　试测问卷题目删减情况

| 维度 | | 删减题号 | 题目内容 |
|---|---|---|---|
| 跨学科教学知识 | 跨学科内容知识 | 8 | 我掌握所授学科知识体系 |
| 跨学科教学能力 | 跨学科教学实施 | 33 | 我能够运用丰富的技术手段实施跨学科教学 |
| | 跨学科教学评价与反馈 | 34 | 我能按照一定的标准进行跨学科教学评价 |
| | | 35 | 我掌握跨学科教学评价的理论与方法 |
| | | 36 | 我理解跨学科教学评价是为了促进学生发展的理念 |

### 2. 调查问卷再检验

（1）信度检验与结果分析

本阶段的信度分析依然采用内部一致性α系数，用于考查问卷各维度的信度。本研究设定α系数达到0.8~0.9最理想，达到0.7以上较好。表8呈现了修正后问卷各维度的内部一致性α系数，结果显示问卷的各维度的信度都达到了较高水平，适合开展大规模的正式调研。

表8　修正后问卷的信度分析

| 一级指标 | 二级指标 | 题号 | 项数 | α系数 | 整体α系数 |
|---|---|---|---|---|---|
| 跨学科教学理念 | 跨学科教学态度 | 2-1、2-2 | 6题 | 0.796 | 0.951 |
| | 跨学科教学意识 | 2-4、2-5 | | | |
| | 跨学科教学认识 | 2-6、2-7 | | | |
| 跨学科教学知识 | 跨学科内容知识 | 2-9、2-10 | 9题 | 0.852 | |
| | 跨学科教学法知识 | 2-11、2-12、2-13、2-14 | | | |
| | 跨学科教学对象知识 | 2-15、2-16、2-17 | | | |
| 跨学科教学能力 | 跨学科教学设计 | 2-18、2-19、2-20、2-21、2-22、2-23 | 21题 | 0.953 | |
| | 跨学科教学实施 | 2-24、2-25、2-26、2-27、2-28、2-29、2-30、2-31、2-32 | | | |
| | 跨学科教学评价与反馈 | 2-37、2-38、2-39 | | | |
| | 跨学科教学反思与提升 | 2-40、2-41、2-42 | | | |

（2）效度检验与结果分析

① KMO检验和巴特利特球形度检验

本阶段的因子分析是基于题目删减后的结果进行的，主要用于分析量表题项的代表性。通过表9可知，第二轮测试问卷的各维度的KMO检验取样适切性量数在0.7以上，符合预设定的可以接受的范围，因此本量表适合做因子分析。

表9　修正后问卷的各维度的KMO检验和巴特利特球形度检验

| 维度 | KMO检验取样适切性量数 | 巴特利特球形度检验 | | |
|---|---|---|---|---|
| | | 近似卡方 | 自由度 | 显著性 |
| 跨学科教学素养（总体） | 0.896 | 2 601.964 | 630 | 0.000 |
| 跨学科教学理念 | 0.738 | 211.337 | 15 | 0.000 |
| 跨学科教学知识 | 0.815 | 475.435 | 36 | 0.000 |
| 跨学科教学能力 | 0.932 | 1 574.852 | 210 | 0.000 |

② 总方差解释率

按照本研究的维度划分对跨学科教学素养强制提取3个主因子，转轴后累积方差解释率为 52.185%，大于 50%，如表 10 所示。此外，各二级维度转轴后累积方差解释率均大于 50%，意味着研究项的信息量可以被有效地提取出来。

表 10 修正后问卷各维度转轴后累积方差解释率

| 维度 | 提取因子个数/个 | 转轴后累积方差解释率 |
| --- | --- | --- |
| 跨学科教学素养（总体） | 3 | 52.185% |
| 跨学科教学理念 | 3 | 80.610% |
| 跨学科教学知识 | 3 | 75.605% |
| 跨学科教学能力 | 4 | 69.288% |

③ 因子载荷系数值

A. 跨学科教学素养维度分析

通过对跨学科教学素养维度下的因子载荷系数值进行分析，发现因子载荷系数值大于 0.3 的题项分别分布在 3 个因子中。各因子与问卷中的划分维度对应关系一致，因子 1 对应跨学科教学能力，因子 2 对应跨学科教学知识，因子 3 对应跨学科教学理念。具体系数值如表 11 所示。

表 11 修正后问卷中跨学科教学素养维度因子载荷系数值

| 旋转后的成分矩阵 | | | | | | | |
| --- | --- | --- | --- | --- | --- | --- | --- |
| 题号 | 因子1 | 因子2 | 因子3 | 题号 | 因子1 | 因子2 | 因子3 |
| 21 | 0.775 | | | 19 | 0.619 | | |
| 23 | 0.751 | | | 18 | 0.618 | 0.380 | |
| 27 | 0.727 | | | 42 | 0.596 | | |
| 24 | 0.725 | | | 38 | 0.584 | 0.364 | |
| 29 | 0.713 | | | 39 | 0.530 | 0.336 | |
| 28 | 0.709 | | | 37 | 0.505 | 0.428 | |
| 26 | 0.709 | | | 12 | | 0.735 | |
| 32 | 0.703 | 0.312 | | 13 | | 0.718 | |
| 30 | 0.697 | | 0.313 | 11 | | 0.718 | |
| 20 | 0.695 | | | 14 | | 0.325 | 0.697 |
| 31 | 0.687 | | | 15 | | 0.641 | |
| 40 | 0.687 | | | 16 | | 0.640 | |
| 22 | 0.685 | | | 17 | | 0.587 | |
| 25 | 0.671 | | | 9 | | 0.451 | |
| 41 | 0.630 | | | 10 | | 0.380 | |

续表

| 旋转后的成分矩阵 | | | | | | | |
|---|---|---|---|---|---|---|---|
| 题号 | 因子1 | 因子2 | 因子3 | 题号 | 因子1 | 因子2 | 因子3 |
| 2 | | | 0.842 | 7 | 0.336 | 0.376 | 0.497 |
| 1 | | | 0.795 | 提取方法：主成分分析法 | | | |
| 4 | 0.313 | | 0.595 | 旋转方法：凯撒正态化最大方差法 | | | |
| 6 | | | 0.559 | | | | |
| 5 | 0.319 | | 0.551 | 旋转在6次迭代后已收敛 | | | |

B. 跨学科教学理念维度分析

通过对跨学科教学理念维度下的因子载荷系数值进行分析，发现因子载荷系数值大于0.3的题项分别分布在3个因子中。各因子与问卷中的划分维度对应关系一致，因子1对应跨学科教学态度，因子2对应跨学科教学认识，因子3对应跨学科教学意识。具体系数值如表12所示。

表12　修正后问卷中跨学科教学理念维度因子载荷系数值

| 旋转后的成分矩阵 | | | | | | | |
|---|---|---|---|---|---|---|---|
| 题号 | 因子1 | 因子2 | 因子3 | 题号 | 因子1 | 因子2 | 因子3 |
| 1 | 0.910 | | | 5 | | 0.313 | 0.808 |
| 2 | 0.867 | | | 提取方法：主成分分析法 | | | |
| 6 | | 0.854 | | 旋转方法：凯撒正态化最大方差法 | | | |
| 7 | | 0.843 | | | | | |
| 4 | | | 0.841 | 旋转在5次迭代后已收敛 | | | |

C. 跨学科教学知识维度分析

通过对跨学科教学知识维度下的因子载荷系数值进行分析，发现因子载荷系数值大于0.3的题项分别分布在3个因子中。各因子与问卷中的划分维度对应关系一致，因子1对应跨学科教学法知识，因子2对应跨学科教学对象知识，因子3对应跨学科教学内容知识。具体系数值如表13所示。

表13　修正后问卷中跨学科教学知识维度因子载荷系数值

| 旋转后的成分矩阵 | | | | | | | |
|---|---|---|---|---|---|---|---|
| 题号 | 因子1 | 因子2 | 因子3 | 题号 | 因子1 | 因子2 | 因子3 |
| 12 | 0.874 | | | 13 | 0.692 | | 0.305 |
| 14 | 0.855 | | | 16 | | 0.888 | |
| 11 | 0.796 | | | 17 | | 0.877 | |

| 旋转后的成分矩阵 | | | | |
|---|---|---|---|---|
| 题号 | 因子1 | 因子2 | 因子3 | |
| 15 | | 0.855 | | 提取方法：主成分分析法 |
| 9 | | | 0.879 | 旋转方法：凯撒正态化最大方差法 |
| 10 | 0.310 | | 0.745 | 旋转在5次迭代后已收敛 |

D. 跨学科教学能力维度分析

通过对跨学科教学能力维度下的因子载荷系数值进行分析，发现因子载荷系数值大于0.3的题项分别分布在4个因子中。各因子与问卷中的划分维度对应关系一致，因子1对应跨学科教学实施，因子2对应跨学科教学设计，因子3对应跨学科教学评价与反馈，因子4对应跨学科教学反思与提升。具体系数值如表14所示。

表14 修正后问卷中跨学科教学能力维度因子载荷系数值

| 旋转后的成分矩阵 | | | | | | | | | |
|---|---|---|---|---|---|---|---|---|---|
| 题号 | 因子1 | 因子2 | 因子3 | 因子4 | 题号 | 因子1 | 因子2 | 因子3 | 因子4 |
| 26 | 0.754 | | | | 18 | | 0.706 | | |
| 28 | 0.740 | | | | 20 | | 0.631 | | |
| 27 | 0.697 | | | | 19 | 0.434 | 0.554 | | |
| 31 | 0.695 | | | | 37 | | | 0.853 | |
| 25 | 0.652 | | | | 39 | | | 0.739 | |
| 29 | 0.650 | 0.410 | | | 38 | | | 0.698 | |
| 30 | 0.617 | | | | 41 | | | | 0.798 |
| 24 | 0.594 | 0.423 | | | 42 | | | | 0.764 |
| 32 | 0.463 | 0.459 | | | 40 | | 0.417 | | 0.701 |
| 23 | | 0.759 | | | 提取方法：主成分分析法 | | | | |
| 22 | | 0.753 | | | 旋转方法：凯撒正态化最大方差法 | | | | |
| 21 | | 0.728 | | | 旋转在7次迭代后已收敛 | | | | |

3. 正式问卷确定

通过对调查问卷的修正及再验证，本研究设计的《苏州市中小学教师跨学科教学素养调查问卷》中各个题项的效度和信度指标都达到或接近预期的标准值。其中，问卷的内容效度分析表明问卷各部分各维度之间的大部分相关性达到了显著水平，问卷的信度分析表明问卷有很好的内部一致性。因此，该问卷可用于后续调查研究。

但问卷尚处于发展中，筛选题目时不能把数据分析结果作为唯一的标准。本研究随机抽取了部分参与预测试的教师进行访谈，了解其填写问卷的感受，发现仍有部分题目的表述不太容易被教师理解，或者让教师感到难以作答，需要对题目进行修饰，在此基础上形成正式问卷。

# 三、苏州市中小学教师跨学科教学素养调查分析

## （一）调查设计与实施

### 1. 调查工具

（1）教师跨学科教学素养调查问卷

《苏州市中小学教师跨学科教学素养调查问卷》分为三个部分：教师的基本信息、教师跨学科教学素养的自评描述、教师跨学科教学素养提升制约因素的调查。问卷采用李克特五级量表，中位数为"3"，调查问卷框架如表15所示。

表15 《苏州市中小学教师跨学科教学素养调查问卷》框架

| 调查维度 | 调查内容 | | 问卷题目 | 题型 |
|---|---|---|---|---|
| 教师的基本信息 | 性别、年龄、任教学校、任教学科、任教学段、任教年限、最高学历 | | 1-1、1-2、1-3、1-4、1-5、1-6、1-7、1-8、1-9、1-10 | 选择题、填空题 |
| 教师跨学科教学素养的自评描述 | 跨学科教学理念 | 跨学科教学态度 | 2-1、2-2 | 量表题 |
| | | 跨学科教学意识 | 2-3、2-4 | |
| | | 跨学科教学认识 | 2-5、2-6 | |
| | 跨学科教学知识 | 跨学科内容知识 | 2-7、2-8 | |
| | | 跨学科教学法知识 | 2-9、2-10、2-11、2-12 | |
| | | 跨学科教学对象知识 | 2-13、2-14、2-15 | |
| | 跨学科教学能力 | 跨学科教学设计 | 2-16、2-17、2-18、2-19、2-20、2-21 | |
| | | 跨学科教学实施 | 2-22、2-23、2-24、2-25、2-26、2-27、2-28、2-29、2-30 | |
| | | 跨学科教学评价与反馈 | 2-31、2-32、2-33 | |
| | | 跨学科教学反思与提升 | 2-34、2-35、2-36 | |
| 教师跨学科教学素养提升制约因素的调查 | 教师、学生、学校等方面可能存在的制约因素 | | 3-1、3-2、3-3、3-4、3-5、3-6、3-7、3-8、3-9、3-10、3-11、3-12 | 量表题、填空题 |

（2）教师跨学科教学素养访谈提纲

为了进一步深化研究问题，提供丰富的探究分析资料，本研究编制了《苏州市中小学教师跨学科教学素养访谈提纲》，包括研究对象对跨学科教学素养的理解、跨学科教学的实施开展情况、跨学科教学素养提升路径等内容。

2. 调查实施

本研究面向苏州市全体中小学在职教师，受大规模问卷调查难度大、有时间限制等因素影响，选取了苏州工业园区、相城区及吴江区在职中小学教师为调查对象，通过"问卷星"进行线上问卷的发放和回收。问卷以不记名形式作答，最终回收调查问卷1 065份，经过合理性和完整性检验后，得到有效问卷1 060份，回收率为99.53%。根据问卷调查结果反映出的问题，本研究对8名具有跨学科教学经历的教师进行了访谈。访谈主要依托腾讯会议平台，具体访谈内容根据访谈对象的个人情况及访谈进行情况略有不同。

3. 调查样本

（1）问卷调查样本教师的基本情况

从统计结果来看，样本教师包括小学及初中所有学科教师，其年龄段主要是26—35岁，且女教师占比较高。部分语文、数学、英语教师除本学科外同时担任多门学科任课教师，因此表16中教师任教学科所对应的频数和百分比均大于理想值。

表16　问卷调查样本教师的基本情况

| 变量 | | 频数/人 | 百分比 | 变量 | | 频数/人 | 百分比 |
|---|---|---|---|---|---|---|---|
| 任教学校区域 | 工业园区 | 719 | 67.83% | | 劳动 | 9 | 0.85% |
| | 相城区 | 271 | 25.57% | | 历史 | 34 | 3.21% |
| | 吴江区 | 70 | 6.60% | | 美术 | 44 | 4.15% |
| 性别 | 男 | 198 | 18.68% | | 生物 | 15 | 1.42% |
| | 女 | 862 | 81.32% | | 数学 | 186 | 17.55% |
| 年龄 | 25岁及以下 | 137 | 12.92% | 任教学科 | 体育 | 56 | 5.28% |
| | 26—35岁 | 528 | 49.81% | | 物理 | 38 | 3.58% |
| | 36—45岁 | 259 | 24.43% | | 心理健康 | 7 | 0.66% |
| | 46—55岁 | 122 | 11.51% | | 信息技术 | 25 | 2.36% |
| | 56岁及以上 | 14 | 1.32% | | 音乐 | 43 | 4.06% |
| 任教学科 | 道德与法治 | 68 | 6.42% | | 英语 | 160 | 15.09% |
| | 地理 | 13 | 1.23% | | 语文 | 342 | 32.26% |
| | 化学 | 22 | 2.08% | | 综合实践 | 4 | 0.38% |
| | 科学 | 26 | 2.45% | 任教学段 | 初中 | 373 | 35.19% |

续表

| 变量 | | 频数/人 | 百分比 | 变量 | | 频数/人 | 百分比 |
|---|---|---|---|---|---|---|---|
| 任教学段 | 小学 5—6 年级 | 240 | 22.64% | 最高学历 | 硕士研究生 | 243 | 22.92% |
| | 小学 3—4 年级 | 236 | 22.26% | | 本科 | 809 | 76.32% |
| | 小学 1—2 年级 | 211 | 19.91% | | 大专 | 7 | 0.66% |
| 任教年限 | 0—5 年 | 358 | 33.77% | 跨学科学习经历 | 有 | 335 | 31.60% |
| | 6—10 年 | 264 | 24.91% | | 无 | 725 | 68.40% |
| | 11—15 年 | 115 | 10.85% | 跨学科教学经历 | 有 | 404 | 38.11% |
| | 16—20 年 | 106 | 10.00% | | 无 | 656 | 61.89% |
| | 20 年及以上 | 217 | 20.47% | 跨学科教学培训经历 | 有 | 508 | 47.92% |
| 最高学历 | 博士研究生 | 1 | 0.09% | | 无 | 552 | 52.08% |

（2）访谈调查样本教师的基本情况

参与访谈调查的样本教师的基本情况如表 17 所示，8 名教师的任教学科包括语文、英语、科学、物理、综合实践及信息技术，部分教师同时兼任学校综合实践或劳动课程的教师。教师样本以理科教师居多，且以小学教师为主。大多数教师参加过跨学科教学培训，一半教师在校读书期间有跨学科学习经历。

表 17　访谈调查样本教师的基本情况

| 教师 | 性别 | 任教学科 | 任教学段 | 任教年限 | 最高学历 | 跨学科学习经历 | 跨学科教学经历 | 跨学科教学培训经历 |
|---|---|---|---|---|---|---|---|---|
| A 教师 | 女 | 语文、综合实践 | 小学 5—6 年级 | 0—5 年 | 硕士研究生 | 有（1 次） | 有（2 次） | 有（3 次） |
| B 教师 | 女 | 语文 | 小学 5—6 年级 | 11—15 年 | 本科 | 无 | 有（3 次） | 有（5 次） |
| C 教师 | 女 | 英语、综合实践 | 小学 5—6 年级 | 6—10 年 | 本科 | 有（1 次） | 有（2 次） | 有（2 次） |
| D 教师 | 女 | 科学 | 小学 5—6 年级 | 0—5 年 | 本科 | 无 | 有（1 次） | 有（2 次） |
| E 教师 | 男 | 物理 | 初中 | 6—10 年 | 硕士研究生 | 无 | 有（1 次） | 无 |
| F 教师 | 男 | 物理 | 初中 | 6—20 年 | 本科 | 有（5 次） | 有（5 次） | 有（20 次） |
| G 教师 | 女 | 信息技术 | 小学 5—6 年级 | 6—10 年 | 本科 | 无 | 有（5 次） | 有（5 次） |
| H 教师 | 女 | 信息技术 | 小学 5—6 年级 | 0—5 年 | 本科 | 有（2 次） | 有（6 次） | 有（4 次） |

## （二）苏州市中小学教师跨学科教学素养现状

当前，苏州市中小学教师跨学科教学素养各指标得分如表 18 所示。从表中平均值可以看出总体情况较为一般，有待进一步改善。其中，教师的跨学科教学理念较强，特别是在跨学科教学态度方面表现较好。而跨学科教学知识和能力的平均值均在整体平均值以下，说明教师在这两个指标维度上表现不佳。

表 18　苏州市中小学教师跨学科教学素养现状总体情况

|  | 平均值 | 一级指标 | 平均值 | 二级指标 | 平均值 |
| --- | --- | --- | --- | --- | --- |
| 跨学科教学素养 | 3.77 | 跨学科教学态度 | 3.89 | 跨学科教学态度 | 3.99 |
|  |  |  |  | 跨学科教学意识 | 3.85 |
|  |  |  |  | 跨学科教学认识 | 3.82 |
|  |  | 跨学科教学知识 | 3.72 | 跨学科内容知识 | 3.80 |
|  |  |  |  | 跨学科教学法知识 | 3.73 |
|  |  |  |  | 跨学科教学对象知识 | 3.64 |
|  |  | 跨学科教学能力 | 3.75 | 跨学科教学设计 | 3.74 |
|  |  |  |  | 跨学科教学实施 | 3.76 |
|  |  |  |  | 跨学科教学评价与反馈 | 3.75 |
|  |  |  |  | 跨学科教学反思与提升 | 3.76 |

1. 跨学科教学态度调查结果与分析

从表 19 的统计结果来看，近半数教师肯定了跨学科教学对学生的促进作用，超过 90%的教师对跨学科教学持有积极态度。正如 B 教师在访谈中提到的："我在做课题的过程中可以综合各种学科知识，对一个主题进行一个长线的研究，这其实对培养学生的思维能力包括各个学科的融合是很有帮助的。"

表 19　跨学科教学态度调查结果

| 题目 | 平均值 | 参数 | 完全不符合 | 部分不符合 | 符合 | 部分符合 | 完全符合 |
| --- | --- | --- | --- | --- | --- | --- | --- |
| 我认为跨学科教学能很好提升学生的核心素养 | 3.98 | 频数/人 | 49 | 44 | 287 | 183 | 497 |
|  |  | 百分比 | 4.62% | 4.15% | 27.08% | 17.26% | 46.89% |
| 我认为跨学科教学有利于学生个人的终身发展 | 4.00 | 频数/人 | 49 | 41 | 287 | 167 | 516 |
|  |  | 百分比 | 4.62% | 3.87% | 27.08% | 15.75% | 48.68% |

2. 跨学科教学意识调查结果与分析

从表 20 的统计结果来看，教师的跨学科教学意识的平均值低于跨学科教学态度，这说明部分教师只是在思想层面对跨学科教学表示支持，涉及主动开展跨学科教学的意愿时，则兴致不高。F 教师认为："跨学科教学主要是个人爱好，有好多老师空闲时间都在做自己喜欢的事，我有了一个兴趣后就会钻研。"跨学科教学意识不足是教学中实际存在的问题，那些表现突出的教师往往对跨学科教学有着较强的兴趣，愿意进行深入研究并在课堂上实施跨学科教学。

表 20　跨学科教学意识调查结果

| 题目 | 平均值 | 参数 | 完全不符合 | 部分不符合 | 符合 | 部分符合 | 完全符合 |
|---|---|---|---|---|---|---|---|
| 我愿意开展跨学科教学 | 3.87 | 频数/人 | 59 | 60 | 304 | 171 | 466 |
| | | 百分比 | 5.57% | 5.66% | 28.68% | 16.13% | 43.96% |
| 我能够在本学科教学过程中主动开展跨学科教学 | 3.83 | 频数/人 | 53 | 80 | 281 | 222 | 424 |
| | | 百分比 | 5.00% | 7.55% | 26.51% | 20.94% | 40.00% |

### 3. 跨学科教学认识调查结果与分析

跨学科教学认识的调查结果如表21所示。教师在跨学科教学认识层面的平均值较高，说明教师对"跨学科教学"这一概念并不陌生，但是约10%的教师表示自己不知道什么是跨学科教学。新版义务教育课程标准于2022年秋季学期正式实施，着重强调了跨学科主题学习，并明确提出课时要求，这足以体现跨学科教学的重要意义，因此这一问题值得关注。此外，从表21中可以看出，"我知道跨学科教学中教师应该具备哪些素养"是一级指标下平均值最小的题目，说明教师有待进一步加强对跨学科教学素养的理解。

表 21　跨学科教学认识调查结果

| 题目 | 平均值 | 参数 | 完全不符合 | 部分不符合 | 符合 | 部分符合 | 完全符合 |
|---|---|---|---|---|---|---|---|
| 我知道什么是跨学科教学 | 3.86 | 频数/人 | 50 | 57 | 306 | 230 | 417 |
| | | 百分比 | 4.72% | 5.38% | 28.87% | 21.70% | 39.34% |
| 我知道跨学科教学中教师应该具备哪些素养 | 3.79 | 频数/人 | 52 | 73 | 306 | 241 | 388 |
| | | 百分比 | 4.91% | 6.89% | 28.87% | 22.74% | 36.60% |

### 4. 跨学科内容知识调查结果与分析

问卷中对于跨学科内容知识进行考查的有两个题目，表22中的统计结果显示，教师将本学科知识与人文社科类知识整合的能力优于将本学科知识与自然科学类知识整合的能力。通过对不同学科领域教师跨学科内容知识得分平均值（表23）的比较可以发现，教师将本学科知识与本学科领域知识融合的能力较强。这一点在对G教师的访谈中也有所体现："信息技术本身偏理工科，对于小学生认知范围内的一些知识问题，我比较容易解决。可是在作品设计方面，涉及艺术类的学科时可能会存在一些问题，这时就需要进行教智融合。"解决真实情境下的问题往往需要融合多学科知识，但因受到所学专业限制，教师往往对其他领域的了解有所欠缺，正如A教师所言："术业有专攻，不同学科老师的知识储备有较大差异。"进一步提升教师的跨学科内容知识素养显得尤为重要。

表22 跨学科内容知识调查结果

| 题目 | 平均值 | 参数 | 完全不符合 | 部分不符合 | 符合 | 部分符合 | 完全符合 |
|---|---|---|---|---|---|---|---|
| 我有能力对人文社科类知识与本学科知识进行融合 | 3.81 | 频数/人 | 34 | 72 | 317 | 280 | 357 |
| | | 百分比 | 3.21% | 6.79% | 29.91% | 26.42% | 33.68% |
| 我有能力对自然科学类知识与本学科知识进行融合 | 3.79 | 频数/人 | 35 | 70 | 318 | 300 | 337 |
| | | 百分比 | 3.30% | 6.60% | 30.00% | 28.30% | 31.79% |

表23 不同学科领域教师跨学科内容知识得分平均值

| 题目 | 平均值（人文社科类） | 平均值（自然科学类） |
|---|---|---|
| 我有能力对人文社科类知识与本学科知识进行融合 | 3.8 | 3.78 |
| 我有能力对自然科学类知识与本学科知识进行融合 | 3.75 | 3.85 |

5. 跨学科教学法知识调查结果与分析

教师对跨学科教学法知识的掌握情况如表24所示。通过表24可以看出，教师对跨学科教学法方面的掌握情况升序排列为项目教学、问题教学、主题教学、任务教学。通过综述2005—2016年跨学科工程教育文献可以发现，99篇论文中约有2/3是围绕基于问题或基于项目进行研究的。[①] 通过访谈可以发现，多数教师采用了项目教学或问题教学的方法，如G老师分享道："我现在教授的信息技术课程为校本课程，我主要围绕传感器及人工智能内容教学，基本上以项目式教学来开展每一堂课。"由此可见，项目教学和问题教学似乎是跨学科教学的主要范式，教师对这两种教学法都予以重视。

表24 跨学科教学法知识调查结果

| 题目 | 平均值 | 参数 | 完全不符合 | 部分不符合 | 符合 | 部分符合 | 完全符合 |
|---|---|---|---|---|---|---|---|
| 我掌握以主题教学为主的跨学科教学方法 | 3.75 | 频数/人 | 36 | 94 | 308 | 281 | 341 |
| | | 百分比 | 3.40% | 8.87% | 29.06% | 26.51% | 32.17% |
| 我掌握以任务教学为主的跨学科教学方法 | 3.76 | 频数/人 | 39 | 87 | 303 | 289 | 342 |
| | | 百分比 | 3.68% | 8.21% | 28.58% | 27.26% | 32.26% |

---

① Van den Beemt A, MacLeod M, Van der Veen J, et al. Interdisciplinary engineering education: A review of vision, teaching, and support[J]. Journal of Engineering Education, 2020, 109(3): 508-555.

续表

| 题目 | 平均值 | 参数 | 完全不符合 | 部分不符合 | 符合 | 部分符合 | 完全符合 |
|---|---|---|---|---|---|---|---|
| 我掌握以项目教学为主的跨学科教学方法 | 3.70 | 频数/人 | 42 | 106 | 300 | 288 | 324 |
| | | 百分比 | 3.96% | 10.00% | 28.30% | 27.17% | 30.57% |
| 我掌握以问题教学为主的跨学科教学方法 | 3.72 | 频数/人 | 37 | 103 | 312 | 280 | 328 |
| | | 百分比 | 3.49% | 9.72% | 29.43% | 26.42% | 30.94% |

6. 跨学科教学对象知识调查结果与分析

跨学科教学对象知识是调查框架中平均值最小的二级指标，且该维度下各题目的平均值差距不大，表25展示了这一指标的调查结果。要真正做好跨学科教学，教师要多关注学生的能力水平和发展需要，根据相关情况安排教学活动。B教师在访谈中对此表示感同身受："每个年代的孩子不一样，其关注点不一样，所以跨学科教学的选题也在发生变化。"G教师会在教学设计过程中关注学生的情况，并控制知识的教授范围："不会超过学生当前已经学过的一些内容范围，基本上都是在他们容易接受的情况下完成的。"

表25 跨学科教学对象知识调查结果

| 题目 | 平均值 | 参数 | 完全不符合 | 部分不符合 | 符合 | 部分符合 | 完全符合 |
|---|---|---|---|---|---|---|---|
| 我知道学生对跨学科知识的认知水平 | 3.65 | 频数/人 | 38 | 121 | 321 | 273 | 307 |
| | | 百分比 | 3.58% | 11.42% | 30.28% | 25.75% | 28.96% |
| 我知道学生的各学科知识储备情况 | 3.64 | 频数/人 | 39 | 122 | 319 | 279 | 301 |
| | | 百分比 | 3.68% | 11.51% | 30.09% | 26.32% | 28.40% |
| 我知道学生对跨学科知识的实际需求 | 3.64 | 频数/人 | 39 | 124 | 323 | 268 | 306 |
| | | 百分比 | 3.68% | 11.70% | 30.47% | 25.28% | 28.87% |

7. 跨学科教学设计调查结果与分析

跨学科教学设计指标的统计结果如表26所示，其中在提出无法用单一学科领域知识解决的问题方面，平均值略低，为3.73。G教师说："当我把这个（跨学科）问题抛给学生时，他们会因为要去解决这个问题而涉及其他学科知识。"因此，教师在开展跨学科教学时应学会设计真实的、可研究的驱动性问题，引导学生运用所学的不同学科知识来解决问题。从接受访谈的8名教师分享的课例中可以发现，他们体现出较高的跨学科问题设计能力，如"如何减少噪声对生活的影响""How to keep our school clean？""如何进行图书馆智能管理员设计？"等。

表 26　跨学科教学设计调查结果

| 题目 | 平均值 | 参数 | 完全不符合 | 部分不符合 | 符合 | 部分符合 | 完全符合 |
| --- | --- | --- | --- | --- | --- | --- | --- |
| 我能够根据课程标准、教材和学生学情设计跨学科教学目标 | 3.74 | 频数/人 | 36 | 89 | 311 | 303 | 321 |
| | | 百分比 | 3.40% | 8.40% | 29.34% | 28.58% | 30.28% |
| 我能够基于跨学科教学目标设计无法用单一学科领域解决的问题 | 3.73 | 频数/人 | 36 | 94 | 312 | 301 | 307 |
| | | 百分比 | 3.40% | 8.87% | 29.43% | 28.40% | 29.91% |
| 我能够针对跨学科教学问题,基于学生日常生活、工程实践、社会实践或社会热点问题设计跨学科教学内容 | 3.74 | 频数/人 | 36 | 84 | 316 | 310 | 314 |
| | | 百分比 | 3.40% | 7.92% | 29.81% | 29.25% | 29.62% |
| 我能够根据教学目标、教材和学生学情设计跨学科教学内容 | 3.74 | 频数/人 | 36 | 86 | 313 | 303 | 322 |
| | | 百分比 | 3.40% | 8.11% | 29.53% | 28.58% | 30.38% |
| 我能够根据教学目标、教学内容和学生学情选择跨学科教学方法 | 3.75 | 频数/人 | 35 | 88 | 314 | 298 | 325 |
| | | 百分比 | 3.30% | 8.30% | 29.62% | 28.11% | 30.66% |
| 我能够根据教学目标、教学内容和学生学情设计跨学科教学活动 | 3.74 | 频数/人 | 35 | 94 | 310 | 293 | 328 |
| | | 百分比 | 3.30% | 8.87% | 29.25% | 27.64% | 30.94% |

### 8. 跨学科教学实施调查结果与分析

从表 27 中的调查结果可以发现，教师引导学生开展收集证据、分析论证、结果展示等跨学科探究的能力相对较弱，平均值为 3.75~3.77。教师调控教学进度的能力优于引导学生开展小组交流与合作的能力。这表明教师普遍习惯了正常的讲授式教学，在开展跨学科教学的过程中存在困难。D 教师认为应该以学生为中心进行探究式教学："应以学生自主学习和讨论为主，不是老师去讲解一些东西。比如，学生发现了问题，就会想办法解决，然后会去调查。"所以，跨学科教学更应该注重教师的引导作用，正如 E 教师所说："我更建议让学生先犯错，而我作为教师要起到'摆正'的作用，让他们少走弯路。"

表 27　跨学科教学实施调查结果

| 题目 | 平均值 | 参数 | 完全不符合 | 部分不符合 | 符合 | 部分符合 | 完全符合 |
| --- | --- | --- | --- | --- | --- | --- | --- |
| 我能够引导学生基于跨学科情境提出跨学科问题 | 3.77 | 频数/人 | 29 | 78 | 320 | 318 | 315 |
| | | 百分比 | 2.74% | 7.36% | 30.19% | 30.00% | 29.72% |
| 我能够引导学生多维度认识、思考跨学科问题 | 3.77 | 频数/人 | 30 | 76 | 322 | 309 | 323 |
| | | 百分比 | 2.83% | 7.17% | 30.38% | 29.15% | 30.47% |
| 我能够引导学生设计合适的方案解决跨学科问题 | 3.77 | 频数/人 | 30 | 82 | 317 | 309 | 322 |
| | | 百分比 | 2.83% | 7.74% | 29.91% | 29.15% | 30.38% |
| 我能够引导学生收集解决跨学科问题需要的证据 | 3.76 | 频数/人 | 29 | 83 | 323 | 308 | 317 |
| | | 百分比 | 2.74% | 7.83% | 30.47% | 29.06% | 29.91% |
| 我能够引导学生对证据进行分析和论证 | 3.75 | 频数/人 | 29 | 81 | 332 | 303 | 315 |
| | | 百分比 | 2.74% | 7.64% | 31.32% | 28.58% | 29.72% |
| 我能够引导学生总结和展示跨学科实践探究的结果 | 3.75 | 频数/人 | 30 | 86 | 325 | 300 | 319 |
| | | 百分比 | 2.83% | 8.11% | 30.66% | 28.30% | 30.09% |
| 我能够引导学生在跨学科实践探究中进行小组交流 | 3.75 | 频数/人 | 30 | 88 | 316 | 304 | 322 |
| | | 百分比 | 2.83% | 8.30% | 29.81% | 28.68% | 30.38% |
| 我能够根据学生的跨学科实践活动进展情况调控教学进度 | 3.77 | 频数/人 | 29 | 82 | 314 | 315 | 320 |
| | | 百分比 | 2.74% | 7.74% | 29.62% | 29.72% | 30.19% |
| 我能够运用丰富的教学方法实施跨学科教学 | 3.76 | 频数/人 | 29 | 87 | 315 | 310 | 319 |
| | | 百分比 | 2.74% | 8.21% | 29.72% | 29.25% | 30.09% |

9. 跨学科教学评价与反馈调查结果与分析

表 28 记录的得分情况反映了教师能够注意自评、师评、互评等多种教学评价方式的结合使用，但是在诊断性评价、形成性评价、总结性评价及技术手段的运用上表现不佳。访谈中 A 教师介绍了自己开展教学评价的做法："我们为学生们设置了评价量表，包括表现性评价和指标性评价，对学生自评、生生互评及教师对学生的评价均有涉及。评价采取线上、线下相结合的方式，课前会有一个上传作品的活动，而现代化教学平台则提供了'点赞'、互评、教师评价及'置顶'多项功能。"C 教师在开展跨学科教学

时会指导学生形成海报、演讲、参与课外活动等多种学习成果，还会利用家校合作的途径，邀请家长对学生进行评价。

表28 跨学科教学评价与反馈调查结果

| 题目 | 平均值 | 参数 | 完全不符合 | 部分不符合 | 符合 | 部分符合 | 完全符合 |
| --- | --- | --- | --- | --- | --- | --- | --- |
| 我能够对学生的跨学科实践活动进行多元主体评价与反馈 | 3.76 | 频数/人 | 29 | 82 | 314 | 315 | 320 |
| | | 百分比 | 2.74% | 7.74% | 29.62% | 29.72 | 30.19% |
| 我能够对学生的跨学科实践活动进行多角度评价与反馈 | 3.75 | 频数/人 | 29 | 83 | 331 | 294 | 323 |
| | | 百分比 | 2.74% | 7.83% | 31.23% | 27.74% | 30.47% |
| 我能够运用丰富的技术手段对学生的跨学科实践活动进行评价 | 3.75 | 频数/人 | 28 | 90 | 319 | 308 | 315 |
| | | 百分比 | 2.64% | 8.49% | 30.09% | 29.06% | 29.72% |

10. 跨学科教学反思与提升调查结果与分析

跨学科教学反思与提升维度下的教师自评结果如表29所示，结果显示教师对教学结果进行反思和改进的能力呈现较高水平，对跨学科实践活动和过程进行反思与优化的能力次之，对教学设计进行阐述和反思的能力较差。F教师在访谈中反复强调了教师的钻研精神，并分享了其他教师进行教学反思的典型做法："有老师上课时会将摄像机架在后面进行录像，完整的课上完后再回过头看，进行自我反省。"教师反思应该关注教学全过程，所以跨学科教学反思与提升能力亟待提高。

表29 跨学科教学反思与提升调查结果

| 题目 | 平均值 | 参数 | 完全不符合 | 部分不符合 | 符合 | 部分符合 | 完全符合 |
| --- | --- | --- | --- | --- | --- | --- | --- |
| 我能够清楚地阐明跨学科教学设计的思想并进行反思 | 3.74 | 频数/人 | 31 | 86 | 322 | 308 | 313 |
| | | 百分比 | 2.92% | 8.11% | 30.38% | 29.06% | 29.53% |
| 我能够对跨学科实践活动和过程进行反思，优化并开发新的跨学科实践活动 | 3.75 | 频数/人 | 30 | 83 | 321 | 309 | 317 |
| | | 百分比 | 2.83% | 7.83% | 30.28% | 29.15% | 29.91% |
| 我能够对自己的跨学科教学结果进行反思和改进 | 3.77 | 频数/人 | 30 | 75 | 327 | 301 | 327 |
| | | 百分比 | 2.83% | 7.08% | 30.85% | 28.40% | 30.85% |

## （三）苏州市中小学教师跨学科教学素养提升制约因素

问卷中对教师跨学科教学素养提升制约因素的调查包括 11 道量表题及 1 道开放式题目，其中量表题的作答情况如表 30 所示，题目按平均值从大到小的顺序排列。

表 30  教师跨学科教学素养提升制约因素调查结果

| 题目 | 平均值 | 参数 | 完全不符合 | 部分不符合 | 符合 | 部分符合 | 完全符合 |
| --- | --- | --- | --- | --- | --- | --- | --- |
| 教师缺少获取跨学科教学内容、材料等资源的资金 | 3.27 | 频数/人 | 119 | 129 | 343 | 285 | 184 |
| | | 百分比 | 11.23% | 12.17% | 32.36% | 26.89% | 17.36% |
| 教师缺乏与跨学科教学有关的示范培训 | 3.24 | 频数/人 | 116 | 148 | 348 | 265 | 183 |
| | | 百分比 | 10.94% | 13.96% | 32.83% | 25.00% | 17.26% |
| 教师缺少获取跨学科教学内容、材料等资源的途径 | 3.23 | 频数/人 | 125 | 139 | 343 | 275 | 178 |
| | | 百分比 | 11.79% | 13.11% | 32.36% | 25.94% | 16.79% |
| 学校对教师任教学科课时的安排有限 | 3.09 | 频数/人 | 164 | 158 | 320 | 254 | 164 |
| | | 百分比 | 15.47% | 14.91% | 30.19% | 23.96% | 15.47% |
| 学校缺乏跨学科教学的有效激励机制 | 3.02 | 频数/人 | 185 | 164 | 296 | 270 | 145 |
| | | 百分比 | 17.45% | 15.47% | 27.92% | 25.47% | 13.68% |
| 跨学科教学与升学考试无关 | 3.01 | 频数/人 | 176 | 197 | 283 | 244 | 160 |
| | | 百分比 | 16.60% | 18.58% | 26.70% | 23.02% | 15.09% |
| 学校缺少开展跨学科教学必需的材料和工具 | 2.99 | 频数/人 | 185 | 193 | 274 | 265 | 143 |
| | | 百分比 | 17.45% | 18.21% | 25.85% | 25.00% | 13.49% |
| 学校缺少开展跨学科教学的场地 | 2.94 | 频数/人 | 195 | 199 | 274 | 255 | 137 |
| | | 百分比 | 18.40% | 18.77% | 25.85% | 24.06% | 12.92% |
| 学生对跨学科学习没有足够的兴趣 | 2.94 | 频数/人 | 180 | 225 | 259 | 267 | 129 |
| | | 百分比 | 16.98% | 21.23% | 24.43% | 25.19% | 12.17% |
| 学校没有开展跨学科教学的要求 | 2.77 | 频数/人 | 254 | 200 | 259 | 226 | 121 |
| | | 百分比 | 23.96% | 18.87% | 24.43% | 21.32% | 11.42% |
| 学校缺少计算机、互动白板、数学实验室等开展跨学科教学的信息技术设施 | 2.73 | 频数/人 | 286 | 179 | 252 | 220 | 123 |
| | | 百分比 | 26.98% | 16.89% | 23.77% | 20.75% | 11.60% |

在教师跨学科教学素养提升制约因素中,资金获取、示范培训、资源获取途径缺乏的平均值位于前三位,说明当前主要依靠教师自行钻研跨学科教学以促进素养提升,学校或其他有关部门所起到的作用较小。D 教师在访谈中也提及了这一情况:"受自身学科专业限制,如果学校不支持或者自身没有渠道,教师可能就没办法进行跨学科教学了。"

学校对教师任教学科的课时安排有限在调查中的平均值高于 3,这也是接受访谈教师反复提及的要素。跨学科项目需要进行长期探究,不是一蹴而就的,教师 B 指出:"一周两课时,时间并不是很长,因为还涉及一个长线问题,有的研究可能需要花时间去慢慢观察。"此外,在目前的教学现状下,长线活动与课程的教学进度之间会产生冲突,教师会在教学进度的压力下,无暇设计和开展跨学科教学,更谈不上提升跨学科教学素养。

科学有效的激励机制对教师的职业发展起到至关重要的作用,访谈中多名教师表示,目前开展的跨学科课程除部分教师具有主观意愿外,大多数教师听从学校统一安排,或以一些教学活动或比赛为契机进行课程设计和开展。正如 B 教师所说:"很多老师在观望,大家担心研究跨学科教学对自己的本职工作的评优、评职称有影响,这是很现实的问题。"

各类考试为学校教育和升学提供了科学、平等竞争的手段[1],与此同时,也给中小学教师、学生增加了无形的压力。一名教师在开放式题目中写道:"目前的教学效果评价机制重在考试分数,不搞跨学科教学也不影响,甚至低效地盯紧学生更能出成绩。"因此,不少教师自然放弃了跨学科教学,继续按部就班地开展最基本的教学工作。

开放式题目旨在收集量表题中未提及的制约教师跨学科教学素养提升的因素。通过梳理 174 份详细作答该题的问卷发现,教师普遍认为跨学科教学无法顺利开展是制约跨学科教学素养提升的主要因素,而教师开展跨学科教学受到学生水平、教学模式、家长态度、教学任务量等较多外部因素的制约,若想促进教师跨学科教学素养发展,应该尽量清除这些阻碍因素。

---

[1] 张亚群. 考试文化的内涵、分类与选择:兼析"双减"政策下教育考试改革的导向[J]. 中国考试,2022(1):18-25.

# 四、提升教师跨学科教学素养的建议

## (一) 教育主管部门优化顶层设计

### 1. 建立健全政策制度

在升学考试"一考定终身"的重压驱使下,学校往往以学生成绩衡量教师素养或教学质量的高低。若将跨学科教学素养作为评价教师的一个标准并建立有关资格机制,或进一步完善升学考试中对学生跨学科素养的要求,教师便会走出跨学科教学偏离教育政策要求的内生困境。此外,我国教师资格制度具有"终身性"特点①,助长了教师的"躺平"心态,激化了教师资格宽进、严出的矛盾。因此,教育主管部门应该面向教师制定一系列继续教育和考核标准,将跨学科教学素养作为考查要点,在教师专业发展的不同阶段对教师资格进行再认定。

### 2. 加大经费、技术支持力度

西方国家为大力推行跨学科STEM教育,提高STEM教师的专业化水平,配套提供大量经费支持。②③④ 我国教育部门、企业单位、慈善机构等多个利益主体也应形成合力,提供与跨学科教学有关的资金支持,鼓励支持教师开展跨学科教学或为教师组织相关培训,表彰在跨学科教学中表现优秀的教师或教育工作者。同时,也应对教育条件较为落后的地区或学校实行帮扶政策,通过加大经费投入、改善硬件设施、提供物质支持、开发教学资源,最大限度地为教师提供开展跨学科教学和自我提升的优质条件,使教师不受客观因素影响。

## (二) 学校层面加强培养指导

### 1. 打造跨学科学习共同体

跨学科教师之间具有知识、能力的差异性和互补性,学校应打破不同学科教师之间

---

① 李子江,张斌贤. 我国教师资格制度建设:问题与对策 [J]. 教育研究,2008 (10):43-46,62.
② 李学书. 美国 STEM 教师教育政策演进、内容和借鉴 [J]. 教育学术月刊,2019 (3):28-36.
③ 吴慧平,陈怡. 英国 STEM 教师培养的现实困境与应对策略 [J]. 外国中小学教育,2019 (2):42-50.
④ 陈强,赵一青,常旭华. 世界主要国家的 STEM 教育及实施策略 [J]. 中国科技论坛,2017 (10):168-176.

的界限，依托教研、学科及课题组织，着力打造跨学科学习共同体平台。① 教学前合作研讨，不同学科教师根据教学目标、教材和学生学情共同设计、打磨课程；教学中合作实施，对课程中的跨学科内容进行合理串联和渗透，不同学科教师便可同时出现在课堂上各自负责板块进行教学；教学后合作反思，团体成员可对教学过程进行评估并提出改进意见，教师通过自我反思获得专业成长。

2. 加大跨学科教学培训力度

在教育改革与发展的大趋势下，为满足教师个性养成及专长形成需求②，学校应常采用分层次、分阶段的培训方式组织实施培训。对于校长、骨干教师、普通教师等不同身份角色的教育工作者，分层次精选培训内容。教师专业发展是教学专长不断提升的过程③，从新手型跨学科教师升级为熟手型教师的培训，应注意对跨学科价值认同的培养。若要进一步使熟手型转变成为专家型教师，须加强跨学科教学能力方面的培训，帮助他们形成自尊和自信。培训可采用专题讲座、案例分析、现场诊断、研修互动及网络交流等形式④，做到具有全面性和有效性。

3. 完善教师激励机制

当前学者普遍认同的教师激励方式有奖励激励、目标激励、竞争激励、荣誉激励等。⑤ 学校应根据教师的不同发展阶段需求合理设计和选取激励方式，引导教师将个人素养提升和教学改革实际有机结合。例如，对于教学刚刚起步的教师来说，其主要需求是改善生活条件、提高收入，因此适当的奖励、激励可调动教师提升跨学科教学素养的积极性。工作几年后的教师要面对教师晋级、职称评定问题，学校可以采用目标激励与竞争激励的组合模式，将跨学科教学素养作为一项考核标准。对于资历较深的教师，学校要注重改善其工作环境、工作条件等，让教师充分施展他们的才能。

4. 做好教师专业发展条件保障

教学资源是教学过程得以发生和维持的重要条件，直接关乎教师的教学效果。高校、中小学及科研机构应在教育主管部门的宏观调控下，通力合作，设计、开发和建设内容丰富、形式多样的跨学科教学资源，以使教师方便快捷地获取和学习有关内容。针对教师提出因"杂事"导致跨学科创新实践时间不足的问题，学校要为教师开展跨学

---

① 时长江，陈仁涛，罗许成. 专业学习共同体与教师合作文化 [J]. 教育发展研究，2007（22）：76-79.
② 朱益明. 改革中小学教师培训的原则与策略 [J]. 教师教育研究，2017（2）：55-60.
③ 连榕. 教师教学专长发展的心理历程 [J]. 教育研究，2008（2）：15-20.
④ 王冬凌. 构建高效教师培训模式：内涵与策略 [J]. 教育研究，2011（5）：107-110.
⑤ 李哲. 近十年我国教师激励机制研究综述 [J]. 现代教育科学，2014（5）：101-102，120.

科教学研究做好时间条件保障，合理安排教师的教学任务量及行政工作，从而减轻教师额外的工作负担，增强教师进行自我提升的主动性。

### （三）教师个人持续成长

#### 1. 树立正确的跨学科教学理念，培养内生动力

情感、态度、信念等非理性因素是教师学习发展的重要影响因素。[①] 中小学教师的工作任务繁重，主动开展跨学科教学的时间、精力较少，在此背景下，教师只有树立跨学科教学理念，才可能有效地从事跨学科教学工作。教师可以通过主动学习政策文件及参阅文献资料，实现自我教育和自我完善，改变陈旧的态度和观念，形成专业认同感。此外，教师要正确看待跨学科教学素养对于当代教师的重要意义，正确衡量跨学科教学在提升学生的综合能力、发展学生的核心素养中的价值，以积极的心态和饱满的精神状态面对跨学科教学。

#### 2. 强化跨学科教学知识学习，夯实理论基础

教师的知识水平体现了教师的专业化程度，在一定程度上决定了教师能否实施有效教学。鉴于知识的动态性变化特征，除了在师范教育阶段学习积累跨学科教学知识外，教师在从业后也应贯彻终身学习的理念，为更合理地开展跨学科教学打好基础。通过参加跨学科教学知识的主题培训、教学研讨，或者利用互联网平台查阅有关资料，教师可更新对跨学科教学知识结构和知识间的内在联系的认识，在实践和反思中不断融合创新，进而实现改进与提升个人跨学科教学实践、促进与深化个人精神成长的目标。

#### 3. 主动开展跨学科教学实践，积累经验

教师的专业实践体现了教师行为的选择性，是一种认识过程，也是行动改造现实的过程。[②] 处于教学一线的中小学教师，对跨学科教学工作有着最为直接的体验，他们能够为行动研究与课堂教学的密切结合创造有利条件。因此，教师应该尽可能多地实施跨学科教学，深入了解跨学科教育发展规律，掌握跨学科教学实践智慧，积累跨学科教学方法和经验。对于跨学科教学中出现的突发情况，教师不仅要及时有效解决，还要做到反思总结，在反复实践中增强教学效果、提升教学能力。

（本文由苏州市教育质量监测中心、华中师范大学物理科学与技术学院提供，撰稿人：冯秀梅、崔嘉欣、周雁南、蒋雨辰、王依婷）

---

[①] 刘义兵. 教师专业发展 [M]. 北京：高等教育出版社，2017：97-98.
[②] 刘旭. 论教师专业实践品性 [J]. 教育研究，2009，30（2）：74-75.

# 苏州市中小学课堂话语互动模式及其效果的研究

## 一、研究背景

课堂是学生接受正式教育的主要场所，它深刻地反映了教师的教学形态和教学实践。2019 年，中共中央、国务院发布《关于深化教育教学改革全面提高义务教育质量的意见》，指出当前教育要"着力培养认知能力，促进思维发展，激发创新意识"，并要求教师"注重启发式、互动式、探究式教学""引导学生主动思考、积极提问、自主探究"，这尤其凸显了新时代教育要优化教学方式，改变传统知识灌输与技能训练式教学，注重学生思维和创新能力的培养，从而实现课堂转型、培育学生核心素养的重要意义。

师生互动是课堂教学的重要一环，教学也被认为是以语言为媒介的行为活动。根据社会学习理论的观点[1][2]，个体的知识和经验是通过社会互动而获得和内化的，言语在其中起到关键作用。由此可见，课堂教学质量与课堂话语互动的效果有着极大关系。自从辛克莱（Sinclair）和库特哈德（Coulthard）对课堂话语模式进行解构并提出"发起封闭式问题—学生简短回应—教师提供少量反馈"的互动模式后[3]，学者们不断修订与重建该课堂话语结构[4]，以期提高课堂互动频率、吸引更多学生参与课堂活动。在此背景下，强调学生有机会参与话语互动、不断构建高质量对话的教学范式兴起[5]。这种教

---

[1] Lave J, Wenger, E. Situated learning: Legitimate peripheral participation[M]. Cambridge: Cambridge University Press, 1991.

[2] Vygotsky L S. Mind in society: The development of higher psychological processes[M]. Cambridge: Harvard University Press, 1978.

[3] Sinclair J M, Coulthard R M. Towards an analysis of discourse: The English used by teachers and pupils[M]. London: Oxford University Press, 1975.

[4] Rees C A B, Roth W M. Discourse forms in a classroom transitioning to student-centred scientific inquiry through co-teaching[J]. International Journal of Science Education, 2019, 41(5): 586-606.

[5] Alexander R. Developing dialogic teaching: Genesis, process, trial[J]. Research Papers in Education, 2018, 33(5): 561-598.

学范式以开放性问题为主，鼓励学生参与课堂并共建知识①，具有互惠性、集体性、支持性、累积性和目的性五大特征②。因此，强调课堂话语的质量而非数量成为学者们的关注点；反对权威式对话，转而追求互动式、对话式教学成为他们共同的追求。

在课堂互动领域，已有研究证实了以学生为中心的课堂互动式教学对学生的课堂参与、学习动机和学业结果的积极影响③④，并且在这些方面取得了丰富的成果。然而，较少有研究探讨如何在教师教学实践及与学生的互动中，去发展学生的创造性思维。创造性思维作为学生必备的21世纪核心素养之一，与教师在课堂中采取的教学策略、教学实践息息相关。当前已有对学生创造力的培养研究多聚焦新的教学手段或实验项目的干预，却忽视了师生之间日常课堂互动的重要价值。如何在课堂上基于师生之间的言语互动来提升以创造性思维为代表的高阶能力成为值得关注的议题。

综上所述，本研究以课堂话语互动为切入点，聚焦课堂对话这一教学实践与学生学习之间的关系，并以此为出发点系统地分析苏州市中小学教师课堂话语模式的现状、学生在学习过程中的学习动机和课堂话语参与，以及学生在更高层次上的创造性思维能力。本研究可以帮助教育工作者认识和改进自己的教学实践，实现以学生为主体的参与式课堂教学的转型，构建良好的课堂话语生态。

## 二、研究目标和内容

本研究旨在调查了解苏州市中小学师生课堂对话现状及课堂对话模式，分析不同对话模式下学生的课堂学习表现与创造性思维状况，从而为教学形态转型、支持性课堂环境构建、创造性人才培养提供实践依据和参考意见。具体而言，本研究主要聚焦三个方面的内容：苏州市中小学教师课堂话语互动教学现状分析、不同话语互动模式下学生课堂表现研究及不同话语互动模式对学生创造性思维的影响。

---

① Howe C, Hennessy S, Mercer N, et al. Teacher-student dialogue during classroom teaching: Does it really impact on student outcomes? [J]. Journal of the Learning Sciences, 2019, 28(4-5): 462-512.
② Alexander R. Developing dialogic teaching: Genesis, process, trial [J]. Research Papers in Education, 2018, 33(5): 561-598.
③ Chen G W, Zhang J H, Chan C K K, et al. The link between student-perceived teacher talk and student enjoyment, anxiety and discursive engagement in the classroom [J]. British Educational Research Journal, 2020, 46(3): 631-652.
④ Kiemer K, Gröschner A, Pehmer A K, et al. Effects of a classroom discourse intervention on teachers' practice and students' motivation to learn mathematics and science [J]. Learning and Instruction, 2015(35): 94-103.

# 三、研究设计

## （一）研究样本

本研究在苏州市随机抽取了 9 所中小学（$N_{小学}=5$，$N_{初中}=4$），涉及 26 个班级（$N_{四}=15$，$N_{八}=11$）、1 195 名学生（$N_{四}=719$，$N_{八}=476$）。其中，8 所中小学（$N_{小学}=4$，$N_{初中}=4$）中的 19 个班级（$N_{四}=11$，$N_{八}=8$）被挑选进入本研究的分析，包括课堂视频和学生问卷。

## （二）测量工具

### 1. 课堂对话分析工具

该工具是基于剑桥课堂对话分析框架（Cambridge Dialogue Analysis Scheme, CDAS）、富有成效的学术对话编码框架（Academically Productive Talk，APT），并参考艾·阿德米（Al-Adeimi）和奥康娜（O'Connor）[①]、陈高伟等人[②]的对话式教学编码框架形成的，并进行了本土化处理。该编码工具旨在从 7 个指标方面对教师在课堂上发起的问题进行编码，包括"开放性问题"（OQ）、"阐释性问题"（ELA）、"解释性问题"（EXP）、"与他人想法互动的问题"（INT）、"封闭性问题"（QCQ）、"半开放性问题"（SOQ）、"全班集体作答问题"（CQ）。表 1 呈现了对每个指标的解释。

表 1　课堂对话编码框架

| 类别 | 编码指标 | 解释 | 例证 |
| --- | --- | --- | --- |
| 高水平课堂对话 | 开放性问题（OQ） | 教师提出没有固定答案、对认知有一定要求的问题 | "昆明的雨季让你有什么样的感受？""你觉得愚公的精神值得学习吗？" |
| | 阐释性问题（ELA） | 教师要求学生拓展想法、表达清楚观点、阐释观点 | "你可以给一些例子吗？""所以，你的意思是……" |

---

① Al-Adeimi S, O'Connor C. Exploring the relationship between dialogic teacher talk and students' persuasive writing [J]. Learning and Instruction, 2021(71)：101388.

② Tao Y, Chen G W. Coding schemes and analytic indicators for dialogic teaching：A systematic review of the literature [J]. Learning, Culture and Social Interaction, 2023(39)：100702.

续表

| 类别 | 编码指标 | 解释 | 例证 |
|---|---|---|---|
| 高水平课堂对话 | 解释性问题（EXP） | 教师要求学生解释自己的理由，教师质疑学生的想法或举出反例 | "你为什么这么认为，你的证据是什么？""它一直会是这样的吗？" |
| | 与他人想法互动的问题（INT） | 教师通过邀请学生评价、补充、解释、对比其他同学的观点，从而促使学生与学生之间就内容进行互动 | "你同意他的观点吗？为什么？""谁可以对这名同学的想法进行补充""你觉得他为什么会这样说？" |
| 低水平课堂对话 | 封闭性问题（QCQ） | 教师提出类似测验的问题，并有一个已知的答案 | "谁能告诉我李白是哪个时代的人？""平行四边形哪两条边相等？" |
| | 半开放性问题（SOQ） | 教师提出半开放性问题 | "谁能告诉我平行四边形具有哪些特征？""你是如何找到所有的共同特征的？" |
| | 全班集体作答问题（CQ） | 教师面向全班提出集体作答的问题，一般以事实性知识为主 | "来，一起告诉我，我们可不可以测出射线的长度？" |

## 2. 课堂参与问卷

课堂参与问卷改编自陈高伟等人开发的学生感知的课堂讨论性参与量表[①]，旨在考查学生在课堂上与教师和同学讨论时的参与度，以及当其他同学在课堂讲话时学生主动思考的情况。该量表包含显性话语参与和隐性话语参与两个维度，共计13道题目，如"在×××课上，我会积极发言""在×××课上，当同学们发言时，我会听他们的发言"。

## 3. 学习动机问卷

该问卷改编自普特里奇（Pintrich）[②] 等人的学习动机策略问卷（Motivated Strategies for Learning Questionnaire）中的学习自我效能分量表，旨在测量学生在学习上的自我效能感。该问卷包含8道题目，学生被要求根据他们的学习经验来回答这些题目，如"我确信这门课我能够得到一个很好的分数""我希望学好这门课"等。该量表在以往的中学生样本中被证实具有较高的信度。

---

[①] Chen G W, Zhang J H, Chan C K K, et al. The link between student-perceived teacher talk and student enjoyment, anxiety and discursive engagement in the classroom[J]. British Educational Research Journal, 2020, 46(3): 631-652.

[②] Pintrich P R, Smith D A F, Garcia T. et al. Reliability and predictive validity of the Motivated Strategies for Learning Questionnaire (MSLQ)[J]. Educational and Psychological Measurement, 1993, 53(3): 801-813.

#### 4. 创造性思维问卷

该问卷改编自伦科观念性行为量表（Runco Ideational Behavior Scale）①，是用来评估个人创造性思维能力的自评式问卷。该问卷从流畅性、灵活性、独特性、精致性四个维度测量了个人想法产生、对特定想法的吸收、想法新颖和有逻辑性的能力。它包括15道描述观念性行为的题目，如"我喜欢问一些别人没有想到的问题""我有许多想法，可以想出很多不同的点子""在出主意方面，我对自己很有信心"等。作答者要从5分的李克特量表中选出合适的选项（1=不符合，5=非常符合）。

### （三）数据收集与分析

首先，本研究在"姑苏区/市直属"和"苏州工业园区"2个区域内抽取小学和初中各2~3所，每所学校在各自要求的年级中随机抽取3个班级（来自小学四年级、中学八年级）。随后，项目组于2022年10月上旬至2023年3月中旬进行了数据收集工作。在取得所选取的9所学校的同意下，借助"问卷星"平台制作问卷并组织学生在校内机房进行线上作答；同时，组织每个学校对各班级的语文、数学、物理课（仅初中班级）进行了视频录制。最后，以视频画面清晰、师生对话清楚、授课内容为新课等为依据对所拍摄的视频进行筛选，从而确定了最终的8所中小学的19个班级。

采集完视频数据后，本研究借助课堂对话编码框架，从7个指标方面对录课内容进行了编码。为了确保不同时长的课程视频之间可比较，本研究使编码得到的7个指标相对应的频数被除以每节课各自的时长；为了产生真实的数值，校正后的频数也要乘以每个年级每门学科下所有视频的平均时长（如果小学语文课的平均时长为40分钟，那么小学语文课校正后的频数乘以40）。随后报告的所有分析均使用这些数值。基于视频分析的结果，本研究挑选出"高水平课堂对话"和"低水平课堂对话"的班级，并借助学生所填写的问卷进行独立样本 $t$ 检验，从而对比不同对话模式下学生的课堂表现和创造性思维能力。

---

① Runco M A, Plucker J A, Lim, W. Development and psychometric integrity of a measure of ideational behavior[J]. Creativity Research Journal, 2001, 13(3-4): 393-400.

# 四、研究结果

## （一）苏州市中小学教师课堂话语互动教学现状分析

### 1. 苏州市中小学课堂话语互动总体情况

对苏州市中小学课堂话语互动在各指标上的总体情况分析如表 2 所示。从整体来看，中小学语文、数学课堂上师生之间的话语互动频繁，其中小学数学课堂上的话语互动最多（$n=75$，单位：次），其次分别是小学语文课堂（$n=58$）和初中数学课堂（$n=49$），而初中语文课堂上的话语互动频次最少（$n=43$）。虽然小学数学课堂上师生话语互动的机会最多，但是低水平的课堂提问比高水平的课堂提问多，超过一半的教师提问都是以低水平的话语互动为主（54%）。此外，虽然初中语文课堂上师生话语互动的机会最少，但是大多数的话语互动是高水平的课堂提问（72%）。

具体到每个指标上，封闭性问题、全班集体作答问题、要求学生进一步阐释的问题、邀请学生与他人想法产生互动的问题出现的频次更高，这意味着中小学教师更倾向于在课堂上使用这些类型的提问策略。关于高水平课堂对话类型，开放性问题和解释性问题却很少出现。

表 2 苏州市中小学语文、数学课堂话语互动现状

|  | QCQ | SOQ | CQ | OQ | ELA | EXP | INT | Total-L | Total-H | Per-H* | Total-T* |
|---|---|---|---|---|---|---|---|---|---|---|---|
| 小学语文 | 9 | 7 | 6 | 7 | 12 | 2 | 15 | 23 | 36 | 58% | 58 |
| 小学数学 | 18 | 7 | 16 | 5 | 12 | 4 | 12 | 40 | 34 | 46% | 75 |
| 初中语文 | 5 | 2 | 5 | 8 | 15 | 3 | 7 | 12 | 31 | 72% | 43 |
| 初中数学 | 15 | 1 | 8 | 1 | 18 | 3 | 6 | 24 | 25 | 51% | 49 |

注：QCQ：封闭性问题；SOQ：半开放性问题；CQ：全班集体作答问题；OQ：开放性问题；ELA：阐释性问题；EXP：解释性问题；INT：与他人想法互动的问题；Total-L：低水平课堂对话总和；Total-H：高水平课堂对话总和；Per-H：高水平课堂对话占比；Total-T：所有类型课堂对话总和。Per-H 与 Total-T 是各个年级每个学科的所有视频百分比、总和的平均。

## 2. 不同学科课堂话语互动对比分析

苏州市中小学课堂话语互动在不同学科的对比情况如图1所示。在小学阶段，数学课堂上师生之间的话语互动（$n=75$）要比语文课堂上的话语互动（$n=58$）频繁，但是数学课堂上的高水平课堂对话及提问（$n=34$）要比语文课堂（$n=36$）少，且低水平课堂话语互动（$n=40$）远超过语文课堂（$n=23$）。具体到各个指标上，在小学语文和数学课堂上，教师抛出要求学生进一步阐释的问题和与他人想法产生互动的问题更为频繁，却很少抛出要求学生提供证据和理由的解释性问题。在两类学科上，研究发现小学数学课堂上教师提出的封闭性问题、全班集体作答问题的数量远超小学语文课堂。在半开放性问题、开放性问题、要求学生进一步阐释的问题、解释性问题、邀请学生与其他同学的想法产生互动的问题上，小学语文和数学课堂并没有明显差异。

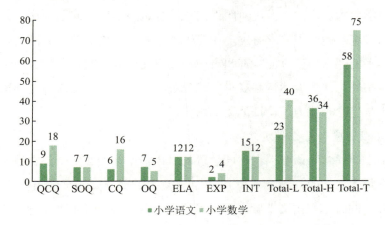

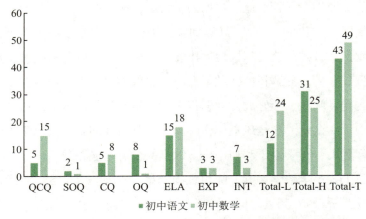

**图1 小学（上）、初中（下）不同学科课堂话语互动对比图**

注：QCQ：封闭性问题；SOQ：半开放性问题；CQ：全班集体作答问题；OQ：开放性问题；ELA：阐释性问题；EXP：解释性问题；INT：与他人想法互动的问题；Total-L：低水平课堂对话总和；Total-H：高水平课堂对话总和；Total-T：所有类型课堂对话总和。

在初中阶段，数学课堂上师生之间的话语互动（$n=49$）要比语文课堂上的话语互动（$n=43$）略微频繁，但是数学课堂上的高水平课堂对话及提问（$n=25$）要比语文课堂（$n=31$）少，且低水平课堂话语互动（$n=24$）远超过语文课堂（$n=12$）。具体到各个指标上，在初中语文和数学课堂上，教师抛出要求学生进一步阐释的问题更为频繁，却很少抛出要求学生提供证据和理由的解释性问题和邀请学生与其他同学的想法产生互动的问题。此外，研究发现初中数学课堂上教师提出的封闭性问题的数量远超初中语文课堂，而初中语文课堂上教师提出开放性问题、邀请学生与其他同学的想法产生互动的问题的数量要比初中数学课堂上多。在半开放性问题、全班集体作答问题、阐释性问题、解释性问题上，初中语文和数学课堂并没有明显差异。

结果表明，从学科的角度看，苏州市中小学数学课堂上整体比语文课堂上有更多的话语互动。数学教师更倾向于抛出封闭性问题、全班集体作答问题，这与数学学科对基础性概念、公式理解的学习要求有关。相较于数学教师，语文教师更倾向于抛出开放性问题。在高水平的课堂对话方面，苏州市中小学语文和数学教师会积极地采用阐述性问题来要求学生拓展想法、表达清楚观点、阐释观点，但较少采用解释性问题，这在一定程度上不利于学生推理能力、论证能力的培养。

3. 不同学段课堂话语分析对比

苏州市中小学课堂话语互动在不同学段的对比情况如图2所示。在语文学科上，小学语文课堂上师生之间的话语互动（$n=58$）要比初中语文课堂上师生之间的话语互动（$n=43$）频繁，同时小学语文课堂在高水平课堂对话总和和低水平课堂对话总和上的频次均大于初中语文课堂。尽管如此，根据表1所示，初中语文课堂上的话语互动大多是高水平的课堂提问（占比为72%）。具体到各个指标上，无论是在小学语文课堂上还是在初中语文课堂上，教师都会更积极地抛出要求学生进一步阐释的问题，却很少会提出要求学生提供证据和理由的解释性问题。在不同学段的对比上，研究发现小学语文课堂上教师提出的封闭性问题、半开放性问题、邀请学生与其他同学的想法产生互动的问题的数量超过初中语文课堂。在全班集体作答问题、开放性问题、要求学生进一步阐释的问题、解释性问题上，小学语文和初中语文课堂并没有明显差异。

在数学学科上，小学数学课堂上师生之间的话语互动（$n=75$）要远比初中数学课堂上的话语互动（$n=49$）频繁，同时小学数学课堂在高水平课堂对话总和和低水平课堂对话总和上的频次均大于初中数学课堂。值得一提的是，根据表1所示，尽管小学数学课堂上的话语互动频次很多，但是高水平的提问占比较低（46%），可见小学教师更容易发起一些以封闭性问题为代表的低水平话语互动。具体到各个指标上，无论是在小

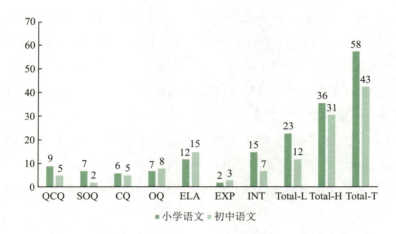

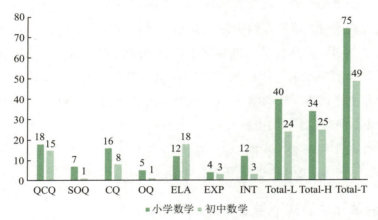

图 2　语文课堂（上）、数学课堂（下）在不同学段上课堂话语互动对比图

注：QCQ：封闭性问题；SOQ：半开放性问题；CQ：全班集体作答问题；OQ：开放性问题；ELA：阐释性问题；EXP：解释性问题；INT：与他人想法互动的问题；Total-L：低水平课堂对话总和；Total-H：高水平课堂对话总和；Total-T：所有类型课堂对话总和。

学数学课堂上还是在初中数学课堂上，教师抛出封闭性问题、要求学生进一步阐释的问题都更为频繁，却很少提出开放性问题、要求学生提供证据和理由的解释性问题。此外，初中数学课堂上很少会出现邀请学生与其他同学的想法产生互动的问题。在不同学段的对比分析上，研究发现小学数学课堂上教师提出的半开放性问题、全班集体作答问题、开放性问题、邀请学生与其他同学的想法产生互动的问题的数量超过初中数学课堂，而初中数学课堂上教师提出要求学生进一步阐释的问题的数量要比小学数学课堂上多。在解释性问题上，小学数学和初中数学课堂并没有明显差异。

结果表明，从学段角度看，小学教师会比初中教师发起更多的话语互动，从而吸引学生参与到课堂对话中来，但是在低年级的小学课堂上，教师会更倾向于提出一些封闭性问题、半开放性问题；在高年级的初中课堂上，教师抛出的要求学生进一步阐释的问题相对会多些。这与不同年级的学习任务有一定关系，由于小学生所掌握的知识有限，教授更多的事实性知识、帮助学生掌握一定的计算和识字能力是教师的重要教学任务。面对储备了一定知识的初中生，教师会利用阐释性问题不断引导学生得出答案。

4. 苏州市中小学课堂话语互动类型识别

依据表1中"高水平课堂对话占比"（Per-H）和"所有类型课堂对话总和"（Total-T）两个指标，本研究筛选出了高水平话语互动课堂和低水平话语互动课堂。具体而言，根据高水平课堂对话占比这一指标可以识别出教师提问策略的风格：激发学生的认知和思考的高水平对话式教学风格与以知识考查和习得为特征的教学风格。除了需要考查对话类型的占比以外，还需要考查师生之间的互动频次，即高频互动和低频互动，因此本研究将同时大于所在组别的"高水平课堂对话占比"指标的平均值和"所有类型课堂对话总和"指标的平均值的班级归类为"高水平话语互动"课堂，而将同时低于这两个指标的班级列为"低水平话语互动"课堂。据此，在语文学科上，本研究识别出5个高水平话语互动课堂（3个小学班级、2个初中班级）、8个低水平话语互动课堂（5个小学班级、3个初中班级），涉及560名学生；在数学学科上，本研究识别出6个高水平话语互动课堂（4个小学班级、2个初中班级）、3个低水平话语互动课堂（2个小学班级、1个初中班级），涉及386名学生。

## （二）不同话语互动模式下学生课堂表现研究

1. 语文课堂上不同话语互动模式下学生课堂表现总体情况及对比分析

对苏州市语文课堂上不同话语互动模式下学生课堂表现总体情况的分析如表3所示。从整体来看，在高水平话语互动语文课堂上，学生的课堂参与和学习动机表现较好，得分分别是3.63和3.69。具体到课堂参与的两个维度上，学生积极参与他人想法的"隐性课堂参与"得分最高（3.70），其次是表达个人想法的"显性课堂参与"（3.58）。在低水平话语互动语文课堂上，学生的课堂参与（3.18）表现较差，尤其是显性课堂参与，得分仅为3.00。学生在隐性课堂参与（3.41）和学习动机（3.39）方面的整体表现较一般。

表3和图3呈现了语文课堂上不同话语互动模式下学生课堂表现的对比情况。高水平话语互动课堂在"课堂参与"和"学习动机"维度上的得分要显著高于低水平话语互动课堂。在课堂参与的两个维度上，高水平话语互动课堂在"显性课堂参与"和"隐性课堂参与"上的得分也均显著高于低水平话语互动课堂。

表3 语文课堂上不同话语互动模式下学生课堂表现对比情况

| 维度/指标 | 均值 | | $t$ 值 |
|---|---|---|---|
| | 高水平话语互动课堂 | 低水平话语互动课堂 | |
| 课堂参与 | 3.63 | 3.18 | 7.37** |
| 显性课堂参与：表达个人想法 | 3.58 | 3.00 | 7.88** |
| 隐性课堂参与：参与他人想法 | 3.70 | 3.41 | 5.46** |
| 学习动机 | 3.69 | 3.39 | 5.61** |

注：$N_{高}=208$，$N_{低}=352$；** 表明 $p<0.01$。

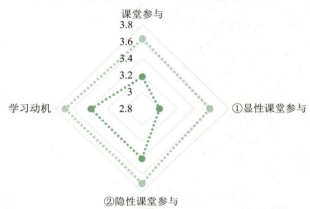

图3 语文课堂上不同话语互动模式下学生课堂表现差异

### 2. 数学课堂上不同话语互动模式下学生课堂表现总体情况及对比分析

对苏州市数学课堂上不同话语互动模式下学生课堂表现总体情况的分析如表4所示。从整体来看，无论是在高水平话语互动数学课堂上还是在低水平话语互动数学课堂上，学生的课堂参与表现整体一般，学习动机较强。具体到课堂参与的两个维度上，两类课堂上的学生在"显性课堂参与"方面的得分较低，分别为3.40和3.38；在"隐性课堂参与"方面的得分较高，分别为3.58和3.61。

通过表4的数据，结合图4两类课堂上学生课堂表现对比的雷达图，研究发现高水平话语互动课堂和低水平话语互动课堂在"课堂参与"（包括"显性课堂参与"和"隐性课堂参与"）和"学习动机"维度上并没有显著性差异。

表4　数学课堂上不同话语互动模式下学生课堂表现对比情况

| 维度/指标 | 均值 | | t 值 |
|---|---|---|---|
| | 高水平话语互动课堂 | 低水平话语互动课堂 | |
| 课堂参与 | 3.47 | 3.47 | 0.43 |
| 显性课堂参与：表达个人想法 | 3.40 | 3.38 | 0.19 |
| 隐性课堂参与：参与他人想法 | 3.58 | 3.61 | 0.89 |
| 学习动机 | 3.58 | 3.50 | 0.12 |

注：$N_{高}=256$，$N_{低}=130$。

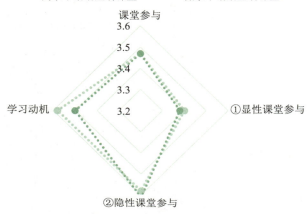

图4　数学课堂上不同话语互动模式下学生课堂表现对比

## （三）不同话语互动模式对学生的创造性思维的影响

### 1. 语文课堂上不同话语互动模式下学生的创造性思维总体情况及对比分析

对苏州市语文课堂上不同话语互动模式下学生的创造性思维的总体情况分析如表5所示。在高水平话语互动语文课堂上，学生的创造性思维得分（4.13）较高。除了"独创性"指标外，其他三个指标的得分均大于4.00，其中"精致性"指标得分（4.25）最高，其次分别是"流畅性"指标（4.14）和"灵活性"指标（4.12）。而在低水平话语互动语文课堂上，学生的"创造性思维"指标得分（3.95）整体较低，除了"精致性"指标得分达到4.00分外，"流畅性"指标得分（3.95）、"灵活性"指标得分（3.97）和"独创性"指标得分（3.86）均低于4.00。可见无论是在高水平话语互动语文课堂上还是在低水平话语互动语文课堂上，学生在"独创性"指标上的得分均不高，而在"精致性"指标上的得分相对较高。

结合图5的雷达图和表5中的 t 值可知，除了在"独创性"指标上没有显著性差异外，高水平话语互动语文课堂在"创造性思维"及其"流畅性""灵活性""精致性"指标上的得分均显著高于低水平话语互动语文课堂。

表5 语文课堂上不同话语互动模式下学生的创造性思维对比情况

| 维度/指标 | 均值 | | $t$ 值 |
|---|---|---|---|
| | 高水平话语互动课堂 | 低水平话语互动课堂 | |
| 创造性思维 | 4.13 | 3.95 | 0.00** |
| 流畅性 | 4.14 | 3.95 | 0.01* |
| 灵活性 | 4.12 | 3.97 | 0.00** |
| 独创性 | 3.96 | 3.86 | 0.08 |
| 精致性 | 4.25 | 4.00 | 0.00** |

注：$N_{高}=208$，$N_{低}=352$；* 表明 $p<0.05$，** 表明 $p<0.01$。

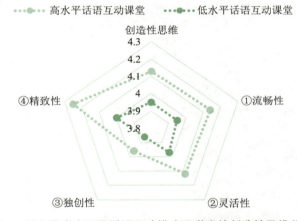

图5 语文课堂上不同话语互动模式下学生的创造性思维差异

2. 数学课堂上不同话语互动模式下学生的创造性思维总体情况及对比分析

对苏州市中小学数学课堂上不同话语互动模式下学生的创造性思维及其各指标的分析结果如表6和图6所示。学生在高水平话语互动数学课堂上的"创造性思维"得分较高（4.05），在"流畅性"（4.05）、"灵活性"（4.07）、"精致性"（4.16）指标上得分较高，在"独创性"指标上得分相对较低。而在低水平话语互动数学课堂上，学生的创造性思维得分（3.77）较低。同时，学生在四个思维指标上的得分也较低，其中最低的是"独创性"指标（3.55），其次依次为"流畅性"（3.80）、"灵活性"（3.84）和"精致性"（3.84）指标。可见无论是在高水平话语互动数学课堂上还是在低水平话语互动数学课堂上，学生在"独创性"指标上的得分均不高。

结合图6的雷达图和表6中的 $t$ 值可知，除了在"灵活性"指标上没有显著性差异外,高水平话语互动数学课堂在"创造性思维"及其"流畅性""独创性""精致性"指标上的得分均显著高于低水平话语数学课堂。

表6  数学课堂上不同话语互动模式下学生的创造性思维对比情况

| 维度/指标 | 均值 | | $t$ 值 |
| --- | --- | --- | --- |
| | 高水平话语互动课堂 | 低水平话语互动课堂 | |
| 创造性思维 | 4.05 | 3.77 | 0.03* |
| 流畅性 | 4.05 | 3.80 | 0.05* |
| 灵活性 | 4.07 | 3.84 | 0.14 |
| 独创性 | 3.89 | 3.55 | 0.03* |
| 精致性 | 4.16 | 3.84 | 0.02* |

注:$N_{高}=256$,$N_{低}=130$;*表明 $p<0.05$。

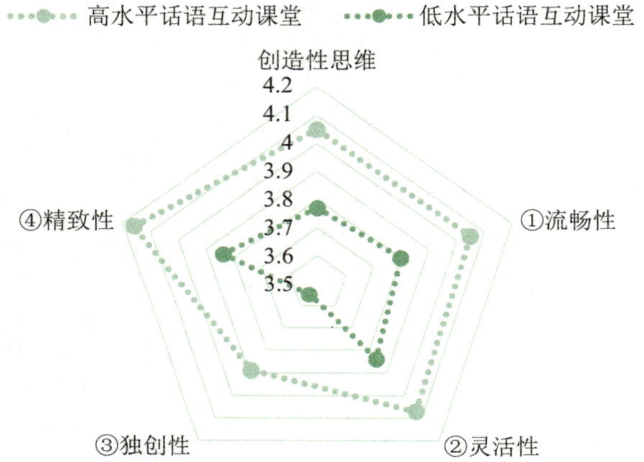

图6  数学课堂上不同话语互动模式下学生的创造性思维差异

## 五、结论与建议

### (一) 主要结论

1. 苏州市中小学语文、数学课堂上师生之间的话语互动频繁,但是开放性问题和解释性问题较少

从学科角度看,苏州市中小学数学课堂比语文课堂有更为频繁的话语互动,但是数学教师和语文教师在话语互动类型上存在一定的差异。无论是在小学还是在初中,数学

课堂上师生之间的话语互动都要比语文课堂频繁，但是数学课堂上高水平类型提问的占比要比语文课堂上少。这是因为中小学数学教师更倾向于提出低水平的问题，如封闭性问题和全班集体作答问题，而语文教师更倾向于抛出开放性问题。从对课堂视频的分析来看，之所以数学课堂上的低水平话语互动较多，是因为教师会提出很多要求学生个人回顾数学概念、罗列公式、训练计算能力的问题，或者抛出让全班集体作答、回忆的事实性知识问题（如"平行四边形的面积公式是什么？"）。语文课堂上教师会提出一些没有明确答案的问题来调动学生的学习积极性和同伴之间的讨论，因而开放性问题的出现频次较多。但在语文课堂上，教师会花一些时间要求学生朗读课文、识字读词，导致师生之间的话语互动较少。

从学段角度看，苏州市小学课堂比初中课堂有更为频繁的话语互动，但是小学教师和初中教师在话语互动类型上存在一定的差异。无论是在语文课堂上还是在数学课堂上，小学阶段师生之间的话语互动都要比初中课堂频繁，但是初中阶段高水平提问占比要比小学阶段多。具体而言，小学教师更倾向于提出低水平的问题（如封闭性问题、半开放性问题），而初中教师会抛出要求学生进一步阐释的问题。这与不同年级的学习任务有一定的关系，当面对知识有限的小学生，且需要传授更多事实性知识帮助学生掌握计算能力和识字能力时，小学教师会抛出更多低水平的问题来帮助学生学习和回忆，而初中学生在一定程度上需要解决较为复杂的问题，所以教师会采用阐释性问题来追问学生的想法并引导出问题解决的策略。但是，初中教师在提出邀请学生与其他同学的想法产生互动的问题的数量方面要少于小学教师。

在高水平课堂话语互动方面，苏州市中小学语文和数学教师在使用要求学生进一步阐释的问题上更为频繁，而较少提出让学生解释理由、论证想法的解释性问题。无论是小学课堂还是中学课堂、语文学科还是数学学科，要求学生进一步阐释的问题都高频地出现在课堂上，这意味着苏州市教师倾向于采用该类对话策略来一步一步地"产婆"[①] 出问题的答案、引导出问题的解决过程、探究具有挑战性的问题。但是，教师们较少使用要求学生提供证据和理由的解释性问题，这在一定程度上不利于学生推理能力、论证能力的培养。

2. 在语文课堂上，不同话语互动模式对学生的课堂学习表现和创造性思维有影响

在高水平话语互动语文课堂上，学生的"课堂参与"和"学习动机"表现要好于低水平话语互动语文课堂上的学生。在对比了高水平和低水平话语互动的语文课堂后，

---

① 苏格拉底的"产婆术"，旨在通过对话交谈、共同讨论的方式激发他人对问题的思考、寻求对知识的认识。

我们发现，高水平话语互动语文课堂上的学生在"课堂参与"和"学习动机"上的得分要显著高于低水平话语互动语文课堂。在课堂参与的两个维度上，高水平话语互动语文课堂上的学生在"显性课堂参与"和"隐性课堂参与"上的得分均显著高于低水平话语互动语文课堂上的学生。

高水平话语互动语文课堂上的学生在"创造性思维"指标方面的得分要高于低水平话语互动语文课堂的学生。高水平话语互动语文课堂上的学生在"创造性思维"及其"流畅性""灵活性""精致性"指标上的得分均显著高于低水平话语互动语文课堂上的学生。此外，无论是在高水平话语互动语文课堂上还是在低水平话语互动语文课堂上，学生在"独创性"指标上的得分均不高，在"精致性"指标上的得分相对较高。

3. 在数学课堂上，不同话语互动模式对学生的创造性思维有影响

在高水平和低水平话语互动数学课堂上，学生的课堂参与情况都一般，但学习动机较强。在课堂参与的两个维度上，两类课堂上的学生均在"显性课堂参与"上得分较低，在"隐性课堂参与"上得分较高。学生在高水平话语互动数学课堂和低水平话语互动数学课堂的"课堂参与"（包括"显性课堂参与"和"隐性课堂参与"）和"学习动机"维度上并没有显著性差异。

高水平话语互动数学课堂上的学生在"创造性思维"方面的得分要高于低水平话语互动课堂的学生。高水平话语互动数学课堂上的学生在"创造性思维"及其"流畅性""灵活性""精致性"指标上的得分均显著高于低水平话语互动数学课堂上的学生。与语文课堂相似，无论是在何种类型的数学课堂上，学生在"独创性"指标上的得分均不高，在"精致性"指标上的得分相对较高。

## （二）对课堂教学实践和学生学习的建议

在国家大力提倡优化教学方式、促进思维发展、注重学生能力培养的背景下，学校教育需要培养学生解决复杂问题的能力，帮助学生做好适应未来多元化社会的准备。课堂互动和师生、生生对话可以作为促进学生学习、提升学生课堂参与、发展学生思维品质的重要抓手。本研究基于对苏州市中小学课堂话语互动的研究，提出以下几点建议。

1. 教师应多采用高水平的对话式教学策略来促进课堂学习

高水平互动式、对话式教学旨在激发学生在课堂上的话语互动参与热情，同时促进学生思维的发展。这种课堂话语互动模式已被广泛证实对学生的知识习得、知识迁移、论证能力提升、思维发展都有积极的影响。因此，教师可以在课堂上提出一些开放性问题、认知性要求高的问题，以激发学生的思考。此外，教师应当减少使用终结性评论和

反馈（如"好的""嗯"）等话语，可以借助要求学生进一步回应的阐释性问题，要求学生给出论证的解释性问题，邀请学生积极补充、评价他人想法的互动性问题来产生进一步的课堂对话。这类"后续性"问题有助于支持学生的元认知，并形成探索和建构知识的学习共同体，从而鼓励学生成为课堂的积极建设者，而不是简短"关键词"的提供者。因此，在日常备课和反思的过程中，教师可以将高水平的教师提问方式和互动策略融入教学设计中。

2. 课堂上可以允许"权威式教学"存在，但教师应当平衡权威式和对话式教学

转向以学生为中心的课堂互动模式并不意味着要完全排斥权威式教学实践，权威式和对话式教学法在课堂上都有其存在的意义和价值。以封闭性问题、全班集体作答性问题为代表的权威式教学法在帮助学生温故以往的知识、调动已掌握的内容并基于此进行复习巩固方面可能是有效的，而对话式教学有利于帮助学生掌握新概念、形成对问题的新颖理解、发展思考和推理能力。因此，教师应当在课堂上适宜地交替使用这两类教学法，使学生既能探索想法、锻炼思维，又能学习到学科内容。

3. 教师须重视课堂学习中的师生互动，更要意识到生生互动的重要性

教师的课堂提问不仅可以引导学生回答问题，还可以通过提出邀请学生积极补充、评价、反驳他人想法的互动性问题来提高学生的课堂参与度。已有研究证实，学生阐述个人想法并在高层次上参与到他人的想法中是高水平课堂互动的核心。由于学生参与他人想法的深入程度与那些首先被阐述的原始想法有极大的关系，因而在课堂上，教师帮助学生阐述个人想法和邀请其他同学参与到互动中是同等重要的。

（本文由苏州市教育质量监测中心、华东师范大学教育学部、香港大学教育学院提供，撰稿人：杨向东、黄婧、陶阳、周利）

# 苏州市幼儿电子媒介使用及家长干预状况研究

成为"新媒介儿童""数字儿童"是当前儿童的最真实写照。随着电子信息技术和便携式电子媒介的普及，学前儿童通过电视、电脑、智能手机等电子媒介上网的时间和频率逐渐增加，且低龄化趋势明显，这一现象引发了全球关注。

美国儿科学会（American Academy of Pediatrics）建议将2—5岁幼儿每天看各种电子屏幕的时间限制在1 h以内，另外建议家长选择高质量的节目并和孩子一起观看，帮助他们理解并将他们看到的内容与现实世界的事物联系起来。然而2016年，来自6大洲35个国家的数据显示，60%~93%的儿童青少年每天看屏幕的时间超过2 h，远超美国儿科学会建议的电子媒介使用时间，可见屏幕暴露已成为日渐凸显的全球儿童不良生活行为问题。2021年，来自澳大利亚、中国、意大利、瑞典、英国和美国的调查数据显示，新型冠状病毒疫情暴发前儿童平均每天使用电子媒介的时间约为2 h 47 min，暴发后儿童平均每天使用电子媒介的时间增加了近1 h，约为3 h 42 min。2022年7月，美国医学会开放获取网站（JAMA Network Open）在线发布了关于中国儿童屏幕使用情况的调查报告，3—5岁幼儿在工作日平均每天使用电子媒介的时间达到1.3 h，周末达到2.6 h，有67.1%的幼儿每天使用电子媒介的时间超过1 h，另有近29%的幼儿每天使用电子媒介的时间超过2 h。

在讨论幼儿使用电子媒介的影响之前，我们必须先搞清楚幼儿电子媒介使用的状况。学术界十分重视幼儿的电子媒介使用情况，然而电子媒介使用对幼儿发展的影响目前未有一致性结论，且鲜有研究探讨家长干预在其中的作用，这一情况没有得到学术界应有的重视。苏州市幼儿电子媒介使用现状如何？电子媒介对幼儿的执行功能、学习品质、行为问题有什么影响？家长干预在其中起什么作用？这些问题在已有文献中没有找到答案。

# 一、引言

在教育领域的文献中，"媒介"这个概念经常出现，如"电子媒介"①"网络媒介"②等。这些概念彼此相关，存在一定程度的重叠。

本研究关注的是电子媒介（electronic media）。相关文献对电子媒介的定义大同小异。学者们基本认同：电子媒介是现代传播活动中用于存储和传输信息的电子技术信息载体，从以电视为代表的传统电子媒介发展到智能手机、平板电脑等新兴电子媒介。不同学者给出的定义的差异主要体现在媒介的范围上。邵瑞认为电子媒介包括传统电子媒介和新兴电子媒介，传统电子媒介以电视、广播、电影为主，新兴媒介以互联网技术支持下的智能手机、电脑等为主。③韩佳怡认为电子媒介是运用电子技术、电子技术设备及其产品进行信息传播的媒介，包括广播、电视、电影、录音、录像、光碟等。④

本研究以在园就读2—6岁幼儿电子媒介使用为研究对象。幼儿电子媒介使用，是指2—6岁幼儿使用电子媒介（电视、电脑、智能手机、电话手表）等进行娱乐、学习、益智等的行为。

本课题所关注的"幼儿电子媒介使用"，有三个典型特征。第一，对象的低龄性。本研究主要关注2—6岁在园就读幼儿的电子媒介使用，区别于儿童，对象具有低龄化特征。第二，电子媒介的丰富性。幼儿所能接触的电子媒介各式各样，有电视、智能手机、电脑、电话手表等。第三，使用的依附性。区别于成人，大部分幼儿没有专属于自己的电子媒介，须向家长借用电子媒介，因此具备依附性。可见家庭是幼儿使用电子媒介的主要场所。

目前国内关于电子媒介使用的研究基础较薄弱，研究方法较单一。笔者在中国知网上，以"幼儿电子媒介使用"为关键词检索在核心期刊上发表的论文，总共检索到论文64篇。这些论文大多发表在2015—2022年。在为数不多的研究中，有些研究探讨幼

---

① 周桐帆. 新媒体时代幼儿电子媒介使用现状及影响因素研究［D］. 沈阳：沈阳师范大学，2022.
② 杨星蕊. 电子媒介对幼儿社会性发展影响的策略研究［J］. 试题与研究，2022（35）：64-66.
③ 邵瑞. 中国媒介教育［M］. 北京：中国传媒大学出版社，2006.
④ 韩佳怡. 西安市3—6岁幼儿家庭中电子媒介使用现状的调查研究［D］. 西安：陕西师范大学，2018.

儿电子媒介使用现状[1][2],有些研究介绍幼儿电子媒介使用策略[3],有些研究分析电子媒介使用对家庭媒介生态的影响[4][5]。在研究方法上,这些研究大多采用了文献、思辨和问卷调查的方法。

## 二、研究内容和研究方法

### (一) 研究内容

本研究是解释性研究,试图探索幼儿电子媒介使用、执行功能、学习品质、行为问题、家长干预之间的关系,构建结构方程模型。

本研究的取样范围是苏州工业园区。

幼儿使用的电子媒介包括电视、电脑、智能手机、电话手表等。

下面的论述中用"幼儿电子媒介使用"作为"苏州工业园区幼儿电子媒介使用"的简称。

### (二) 研究方法

本研究采用了量化研究方法,利用班级 QQ 群、微信群等网络社交媒体向 12 所幼儿园发送问卷链接。本次调查共回收问卷 3 459 份,其中有效问卷为 3 322 份。

将问卷数据输入 SPSS 26.0 和 Mplus 8.3 进行统计分析。

---

[1] 黄晓莉. 3—6 岁幼儿网络媒介使用与父母干预研究:基于良好亲子关系的建构 [D]. 福建:福建师范大学,2018.
[2] 周桐帆. 新媒体时代幼儿电子媒介使用现状及影响因素研究 [D]. 沈阳:沈阳师范大学,2022.
[3] 武小东. 家长对学前儿童媒介使用的指导情况及对策分析 [D]. 河北:河北大学,2019.
[4] 李沛高. 幼儿家庭电子媒介使用对亲子互动质量的影响研究 [D]. 河南:河南大学,2018.
[5] 王兴华,王卉,刘聪. 数字时代的家庭媒介生态及其与幼儿屏幕时间的关系 [J]. 幼儿教育·教育科学,2009 (11):47-50.

## 三、研究结果

### (一) 人口学特征的描述性统计

调查对象的人口学信息主要包括幼儿的性别、年龄、所在班级、家长的身份及其受教育程度等。结果如表1所示。

表1 人口学变量基本信息

| 变量 | 类别 | 频数/人 | 百分比 |
| --- | --- | --- | --- |
| 幼儿性别 | 男 | 1 691 | 50.9% |
| | 女 | 1 631 | 49.1% |
| 幼儿年龄 | 2岁 | 29 | 0.9% |
| | 3岁 | 789 | 23.8% |
| | 4岁 | 990 | 29.8% |
| | 5岁 | 1 251 | 37.7% |
| | 6岁 | 263 | 7.9% |
| 幼儿所在班级 | 小班 | 969 | 29.2% |
| | 中班 | 1 067 | 32.1% |
| | 大班 | 1 286 | 38.7% |
| 家长的身份 | 父亲 | 774 | 23.3% |
| | 母亲 | 2 535 | 76.4% |
| | 其他 | 13 | 0.4% |
| 家长的受教育程度 | 初中及以下 | 183 | 5.5% |
| | 高中（或职高） | 502 | 15.1% |
| | 专科（或高职） | 774 | 23.3% |
| | 本科 | 1 503 | 45.2% |
| | 硕士研究生及以上 | 360 | 10.8% |
| 总计 | | 3 322 | 100% |

从表1可以看出此次调研对象呈现以下特点。首先，从家长填答问卷的频数可以看出母亲更多地参与了幼儿的教育成长，父亲在家庭教育中参与度较低。母亲填答问卷的频数为2 535人，占比为76.4%；父亲填答问卷的频数为774人，占比为23.3%，其他家庭成员填答问卷的频数仅为13人，占比为0.4%。其次，幼儿的性别及所在班级比例

均衡。从性别来看，参与本研究的男孩共有1 691人，占比为50.9%；女孩共有1 631人，占比为49.1%。从班级来看，小班、中班、大班的比例几乎为1∶1∶1。由此可见，幼儿的性别及所在班级比例均衡，表明所选样本具有一定代表性，数据偏差将会降低，研究结果也更加有说服力。最后，幼儿家长的受教育程度较高。参与此次问卷填写的3 322名幼儿家长中，学历为初中及以下的有183名，占比为5.5%，学历为高中（或职高）的有502名，占比为15.1%；而学历为专科（或高职）、本科、硕士研究生及以上的幼儿家长分别为774人、1 503人、360人，三者累计已达到总体比例的79.3%。可见绝大部分幼儿家长接受了高等教育，学历较高。

## （二）幼儿电子媒介使用调研结果

### 1. 幼儿使用不同类型电子媒介情况

幼儿使用的电子媒介种类丰富，包括平板电脑、电视、电子游戏机等，其中幼儿最常用的电子媒介是电视，占比为35.7%，与李卉等人[1]、刘恒等人[2]的研究结果一致。其次是平板电脑和智能手机，占比分别为34.9%和21.6%，其他电子媒介如电子游戏机、笔记本/台式电脑、电话手表仅占7.7%，详见表2。

表2  幼儿使用不同类型电子媒介情况

| 变量 | 类别 | 频数/人 | 百分比 |
| --- | --- | --- | --- |
| 幼儿最常用的电子媒介 | 平板电脑 | 1 160 | 34.9% |
|  | 电视 | 1 187 | 35.7% |
|  | 电子游戏机 | 3 | 0.1% |
|  | 笔记本/台式电脑 | 94 | 2.8% |
|  | 智能手机 | 717 | 21.6% |
|  | 电话手表 | 161 | 4.8% |
| 总计 |  | 3 322 | 100% |

### 2. 幼儿电子媒介使用情况

为了解幼儿电子媒介使用情况，本研究对幼儿电子媒介使用水平、各维度得分的均值和标准差进行了描述性统计分析，分析结果详见表3。

---

[1] 李卉,周宗奎,伍香平. 3—6岁儿童使用媒体现状的调查研究[J]. 上海教育科研,2014（5）：57-59.
[2] 刘恒,石韬,李小东. 新疆乌鲁木齐市3~6岁学龄前儿童视屏时间状况及影响因素研究[J]. 现代预防医学,2018,45（6）：1012-1015.

表3 幼儿电子媒介使用情况

|  | 屏幕访问 | 使用频率 | 媒体内容 | 照顾者—儿童共视 | 总分 |
|---|---|---|---|---|---|
| 平均值 | 2.04 | 1.25 | 1.98 | 2.79 | 8.06 |
| 标准偏差 | 1.309 | 1.243 | 1.095 | 1.363 | 2.915 |

由表3可知，幼儿电子媒介使用总分的平均值为8.06，各维度的平均值从高至低依次为照顾者—儿童共视（2.79）、屏幕访问（2.04）、媒体内容（1.98）、使用频率（1.25）。幼儿电子媒介使用总分及各维度平均值均低于3分。可见幼儿电子媒介使用率不高，调研幼儿的情况较符合遵守美国儿童学会有关电子媒介使用的建议。

3. 幼儿电子媒介使用的差异分析检验

（1）不同性别幼儿电子媒介使用的差异检验

为探析不同性别幼儿电子媒介使用的差异，本研究以幼儿性别为自变量，以幼儿电子媒介使用总分及各维度得分为因变量，采用独立样本$t$检验考查不同性别幼儿电子媒介使用的差异，检验结果详见表4。

表4 不同性别幼儿的电子媒介使用差异检验（$N$=3 322）

|  | 性别 | $N$ | $M$ | $SD$ | $t$ | df | $p$值 |
|---|---|---|---|---|---|---|---|
| 屏幕访问 | 男 | 1 691 | 2.03 | 1.298 | −0.406 | 3 320 | 0.685 |
|  | 女 | 1 631 | 2.05 | 1.321 |  |  |  |
| 使用频率 | 男 | 1 691 | 1.24 | 1.222 | −0.549 | 3 320 | 0.583 |
|  | 女 | 1 631 | 1.27 | 1.265 |  |  |  |
| 媒体内容 | 男 | 1 691 | 2.05 | 1.127 | 4.112 | 3 316.977 | 0.000*** |
|  | 女 | 1 631 | 1.90 | 1.054 |  |  |  |
| 照顾者—儿童共视 | 男 | 1 691 | 2.79 | 1.362 | 0.072 | 3 320 | 0.943 |
|  | 女 | 1 631 | 2.79 | 1.363 |  |  |  |
| 总分 | 男 | 1 691 | 8.12 | 2.907 | 1.157 | 3 320 | 0.247 |
|  | 女 | 1 631 | 8.01 | 2.917 |  |  |  |

注：***表示$p<0.001$。

从表4可知，不同性别幼儿在电子媒介使用总分上不存在显著性差异［$t$（3 320）=1.157，$p>0.05$］。在幼儿电子媒介使用的四个维度中，不同性别幼儿在观看媒体内容方面存在显著差异［$t$（3 320）=4.112，$p<0.05$）］，男孩的得分显著高于女孩，可见家长会更多地让男孩在使用电子设备时自己选择喜欢看的内容。相比女孩，男孩会通过电子媒介接触更多暴力或节奏较快的内容（如画面切换、内容转换速度较快的视频等）。

（2）不同班级幼儿电子媒介使用的差异检验

为探析不同班级幼儿电子媒介使用的差异，本研究以幼儿所在班级为自变量，以幼儿电子媒介使用总分及各维度得分为因变量，采用单因素方差分析考查不同班级幼儿电子媒介使用的差异，检验结果详见表5。

表5 不同班级幼儿的电子媒介使用差异检验（$N$=3 322）

| | 班级 | $N$ | $M$ | $SD$ | $F$ 值 | $p$ 值 | $LSD$ |
|---|---|---|---|---|---|---|---|
| 屏幕访问 | 小班 | 969 | 1.93 | 1.283 | 7.871*** | 0.000 | 3>1*** |
| | 中班 | 1 067 | 2.03 | 1.311 | | | 3>2* |
| | 大班 | 1 286 | 2.15 | 1.309 | | | |
| 使用频率 | 小班 | 969 | 1.40 | 1.226 | 11.011*** | 0.000 | 1>2*** |
| | 中班 | 1 067 | 1.24 | 1.265 | | | 1>3*** |
| | 大班 | 1 286 | 1.16 | 1.228 | | | |
| 媒体内容 | 小班 | 969 | 1.95 | 1.089 | 0.836 | 0.434 | |
| | 中班 | 1 067 | 2.01 | 1.144 | | | |
| | 大班 | 1 286 | 1.97 | 1.055 | | | |
| 照顾者—儿童共视 | 小班 | 969 | 2.78 | 1.384 | 0.342 | 0.710 | |
| | 中班 | 1 067 | 2.77 | 1.390 | | | |
| | 大班 | 1 286 | 2.81 | 1.322 | | | |
| 总分 | 小班 | 969 | 8.06 | 2.861 | 0.066 | 0.937 | |
| | 中班 | 1 067 | 8.04 | 3.045 | | | |
| | 大班 | 1 286 | 8.09 | 2.839 | | | |

注：*表示 $p<0.05$，***表示 $p<0.001$。

从表5可知，不同班级幼儿在电子媒介使用总分上不存在显著性差异［$F(2, 3 319) = 0.066$，$p>0.05$］。在幼儿电子媒介使用的四个维度中，不同班级幼儿的屏幕访问情况存在显著性差异［$F(2, 3 319) = 7.871$，$p<0.01$］。进一步事后检验表明，大班幼儿的屏幕访问情况得分显著高于小班和中班幼儿，中班和小班幼儿的屏幕访问情况得分不存在显著差异；不同班级幼儿的电子媒介使用频率存在显著差异［$F(2, 3 319) = 11.011$，$p<0.01$］。进一步事后检验表明，小班幼儿的电子媒介使用频率得分显著高于中班和大班幼儿，中班和大班幼儿的电子媒介使用频率得分不存在显著差异。

（3）家长受教育程度不同的幼儿的电子媒介使用差异检验

为探析家长受教育程度不同的幼儿的电子媒介使用差异，本研究以家长受教育程度为自变量，以幼儿电子媒介使用总分及各维度得分为因变量，采用单因素方差分析考查家长受教育程度不同的幼儿的电子媒介使用差异，检验结果详见表6。

**表6 家长受教育程度不同幼儿的电子媒介使用差异检验（N=3 322）**

| | 受教育程度 | N | M | SD | F值 | p值 | LSD |
|---|---|---|---|---|---|---|---|
| 屏幕访问 | 初中及以下 | 183 | 1.91 | 1.29 | 1.322 | 0.259 | |
| | 高中（或职高） | 502 | 1.97 | 1.30 | | | |
| | 专科（或高职） | 774 | 2.04 | 1.24 | | | |
| | 本科 | 1 503 | 2.09 | 1.35 | | | |
| | 硕士研究生及以上 | 360 | 2.04 | 1.32 | | | |
| 使用频率 | 初中及以下 | 183 | 1.38 | 1.27 | 3.15* | 0.014 | 2>4* |
| | 高中（或职高） | 502 | 1.40 | 1.28 | | | 2>5* |
| | 专科（或高职） | 774 | 1.27 | 1.24 | | | |
| | 本科 | 1 503 | 1.20 | 1.23 | | | |
| | 硕士研究生及以上 | 360 | 1.18 | 1.21 | | | |
| 媒体内容 | 初中及以下 | 183 | 1.92 | 1.08 | 0.539 | 0.707 | |
| | 高中（或职高） | 502 | 2.00 | 1.12 | | | |
| | 专科（或高职） | 774 | 2.01 | 1.10 | | | |
| | 本科 | 1 503 | 1.95 | 1.09 | | | |
| | 硕士研究生及以上 | 360 | 2.00 | 1.10 | | | |
| 照顾者—儿童共视 | 初中及以下 | 183 | 3.11 | 1.26 | 9.09*** | 0.000 | 1>4*** |
| | 高中（或职高） | 502 | 3.00 | 1.30 | | | 1>5*** |
| | 专科（或高职） | 774 | 2.84 | 1.30 | | | 2>4*** |
| | 本科 | 1 503 | 2.70 | 1.39 | | | 2>5*** |
| | 硕士研究生及以上 | 360 | 2.60 | 1.42 | | | |
| 总分 | 初中及以下 | 183 | 8.33 | 2.98 | 3.147* | 0.014 | 2>4** |
| | 高中（或职高） | 502 | 8.36 | 2.93 | | | 2>5** |
| | 专科（或高职） | 774 | 8.15 | 2.75 | | | |
| | 本科 | 1 503 | 7.95 | 2.95 | | | |
| | 硕士研究生及以上 | 360 | 7.82 | 2.81 | | | |

注：*表示$p<0.05$，**表示$p<0.01$，***表示$p<0.001$。

从表6可知，家长受教育程度不同的幼儿电子媒介使用总分存在显著差异 $[F(4, 3317) = 3.147, p<0.05]$。进一步事后检验表明，家长受教育程度为高中（或职高）的幼儿的电子媒介使用总分显著高于家长受教育程度为本科及以上的幼儿，家长受教育程度是初中及以下和家长受教育程度是本科及以上的幼儿电子媒介使用总分不存在显著差异。在幼儿电子媒介使用的四个维度中，家长受教育程度不同的幼儿在照顾者—儿童共视方面存在显著差异 $[F(4, 3317) = 0.909, p<0.001]$。进一步事后检验表明，家长受教育程度为初中及以下的幼儿的照顾者—儿童共视得分显著高于家

长受教育程度为本科及以上的幼儿，家长受教育程度是高中（或职高）的幼儿的照顾者—儿童共视得分也显著高于家长受教育程度是本科及以上的幼儿，家长受教育程度为初中及以下的幼儿和家长受教育程度是高中（或职高）的幼儿的照顾者—儿童共视得分不存在显著差异。这表明家长受教育程度为本科和硕士及以上的幼儿的照顾者—儿童共视方面的情况要优于家长受教育程度为高中（或职高）及以下的幼儿。

### （三）家长干预、幼儿执行功能、幼儿学习品质、幼儿行为问题调研结果

1. 家长干预的基本状况

家长干预的均值为 3.96（$S=0.73$），可见调研幼儿使用电子产品时家长干预的程度较高。差异分析结果显示，家长干预在幼儿性别上不存在显著差异，但在家长受教育程度（$F=35.44^{***}$，$p<0.001$）上存在显著差异，家长受教育水平越高，越能有效干预幼儿电子媒介使用。

2. 幼儿执行功能的基本状况

幼儿执行功能的均值为 2.55（$S=0.33$），可见调研幼儿的执行功能发展较好。差异分析结果显示，幼儿执行功能在性别（$F=0.69^{***}$，$p<0.001$）上存在显著差异，女孩的执行功能水平显著高于男孩。幼儿执行功能在家长受教育程度（$F=31.51^{***}$，$p<0.001$）上也存在显著差异，家长受教育水平越高，幼儿执行功能越好。

3. 幼儿学习品质的基本状况

幼儿学习品质的均值为 1.88（$S=0.47$），可见调研幼儿的学习品质发展较好。差异分析结果显示，幼儿学习品质在性别上不存在显著差异，但在家长受教育程度（$F=14.49^{***}$，$p<0.001$）上存在显著差异，家长受教育水平越高，幼儿学习品质越好。

4. 幼儿行为问题的基本状况

幼儿行为问题的均值为 0.74（$S=0.17$），可见调研幼儿的行为问题较少。差异分析结果显示，幼儿行为问题在性别上不存在显著差异，在家长受教育程度上也不存在显著差异。

### （四）相关分析

1. 幼儿电子媒介使用、家长干预、幼儿执行功能的相关性分析

对幼儿电子媒介使用、家长干预、幼儿执行功能进行相关性分析，结果详见表 7。幼儿电子媒介使用与家长干预之间存在显著负相关关系（$r=-0.32^{**}$，$p<0.01$），与幼儿执行功能之间存在显著负相关关系（$r=-0.30^{**}$，$p<0.01$）；家长干预与幼儿执行功

能之间存在显著正相关关系（$r=0.28^{**}$，$p<0.01$）。

2. 幼儿电子媒介使用、家长干预、幼儿学习品质的相关性分析

对幼儿电子媒介使用、家长干预、幼儿学习品质进行相关性分析，结果详见表8。幼儿电子媒介使用与家长干预之间存在显著负相关关系（$r=-0.32^{**}$，$p<0.01$），与幼儿学习品质之间存在显著负相关关系（$r=-0.26^{**}$，$p<0.01$）；家长干预与幼儿学习品质之间存在显著正相关关系（$r=0.47^{**}$，$p<0.01$）。

3. 幼儿电子媒介使用、家长干预、幼儿行为问题的相关性分析

对幼儿电子媒介使用、家长干预、幼儿行为问题进行相关性分析，结果详见表9。幼儿电子媒介使用与家长干预之间存在显著负相关关系（$r=-0.32^{**}$，$p<0.01$），与幼儿行为问题之间存在显著正相关关系（$r=0.20^{**}$，$p<0.01$）；家长干预与幼儿行为问题之间存在显著负相关关系（$r=-0.18^{**}$，$p<0.01$）。

表7 幼儿电子媒介使用、家长干预及幼儿执行功能之间的相关矩阵（N=3 322）

| 变量 | M±SD | 1 | 2 | 3 | 4 | 5 | 6 | 7 | 8 | 9 | 10 | 11 | 12 |
|---|---|---|---|---|---|---|---|---|---|---|---|---|---|
| （幼儿电子媒介使用） | | | | | | | | | | | | | |
| 1. 屏幕访问 | 0.41±0.26 | 1 | | | | | | | | | | | |
| 2. 使用频率 | 0.31±0.31 | 0.42** | 1 | | | | | | | | | | |
| 3. 媒体内容 | 0.66±0.36 | 0.36** | 0.21** | 1 | | | | | | | | | |
| 4. 照顾者—儿童共视 | 0.70±0.34 | −0.14** | −0.07** | −0.12** | 1 | | | | | | | | |
| （幼儿执行功能） | | | | | | | | | | | | | |
| 5. 抑制 | 2.47±0.46 | −0.19** | −0.25** | −0.20** | −0.02 | 1 | | | | | | | |
| 6. 情绪控制 | 2.50±0.45 | −0.20** | −0.28** | −0.22** | 0.03 | 0.63** | 1 | | | | | | |
| 7. 转换 | 2.58±0.42 | −0.09** | −0.16** | −0.13** | 0.02 | 0.39** | 0.53** | 1 | | | | | |
| 8. 计划和组织 | 2.54±0.41 | −0.17** | −0.24** | −0.17** | −0.04** | 0.57** | 0.53** | 0.46** | 1 | | | | |
| 9. 工作记忆 | 2.66±0.40 | −0.11** | −0.22** | −0.10** | −0.05** | 0.51** | 0.46** | 0.43** | 0.62** | 1 | | | |
| 10. 幼儿电子媒介使用 | 0.50±0.18 | 0.70** | 0.70** | 0.62** | 0.33** | −0.28** | −0.27** | −0.15** | −0.26** | −0.20** | 1 | | |
| 11. 家长干预 | 3.96±0.73 | −0.17** | −0.21** | −0.17** | −0.19** | 0.21** | 0.22** | 0.17** | 0.23** | 0.27** | −0.32** | 1 | |
| 12. 幼儿执行功能 | 2.55±0.33 | −0.20** | −0.30** | −0.21** | −0.01 | 0.80** | 0.81** | 0.72** | 0.81** | 0.76** | −0.30** | 0.28** | 1 |

注：** 表示 $p<0.01$，* 表示 $p<0.05$。

表 8 幼儿电子媒介使用、家长干预及幼儿学习品质之间的相关矩阵（$N=3\ 322$）

| 变量 | $M±SD$ | 1 | 2 | 3 | 4 | 5 | 6 | 7 | 8 | 9 | 10 | 11 | 12 |
|---|---|---|---|---|---|---|---|---|---|---|---|---|---|
| （幼儿电子媒介使用） | | | | | | | | | | | | | |
| 1. 屏幕访问 | 2.04±1.31 | 1 | | | | | | | | | | | |
| 2. 使用频率 | 1.26±1.24 | 0.42** | 1 | | | | | | | | | | |
| 3. 媒体内容 | 1.98±1.10 | 0.36** | 0.21** | 1 | | | | | | | | | |
| 4. 照顾者—儿童共视 | 2.79±1.36 | −0.14** | −0.07** | −0.12** | 1 | | | | | | | | |
| （幼儿学习品质） | | | | | | | | | | | | | |
| 5. 好奇心与兴趣 | 2.03±0.52 | −0.06** | −0.11** | −0.02 | −0.18** | 1 | | | | | | | |
| 6. 主动性 | 1.74±0.55 | −0.16** | −0.23** | −0.15** | −0.10** | 0.61** | 1 | | | | | | |
| 7. 坚持与注意 | 1.93±0.48 | −0.18** | −0.24** | −0.14** | −0.10** | 0.62** | 0.80** | 1 | | | | | |
| 8. 想象与创造 | 1.88±0.58 | −0.17** | −0.24** | −0.17** | −0.04** | 0.57** | 0.53** | 0.46** | 1 | | | | |
| 9. 反思与解释 | 1.84±0.56 | −0.12** | −0.19** | −0.07** | −0.12** | 0.58** | 0.78** | 0.74** | 0.82** | 1 | | | |
| 10. 幼儿电子媒介使用 | 0.50±0.18 | 0.70** | 0.70** | 0.62** | 0.33** | −0.17** | −0.27** | −0.29** | −0.18** | −0.22** | 1 | | |
| 11. 家长干预 | 3.96±0.73 | −0.17** | −0.21** | −0.17** | −0.19** | 0.41** | 0.41** | 0.44** | 0.41** | 0.42** | −0.32** | 1 | |
| 12. 幼儿学习品质 | 1.88±0.47 | −0.14** | −0.20** | −0.10** | −0.14** | 0.79** | 0.91** | 0.89** | 0.92** | 0.88** | −0.26** | 0.47** | 1 |

注：** 表示 $p<0.01$，* 表示 $p<0.05$。

表 9  幼儿电子媒介使用、家长干预及幼儿行为问题之间的相关矩阵($N=3\,322$)

| 变量 | $M±SD$ | 1 | 2 | 3 | 4 | 5 | 6 | 7 | 8 | 9 | 10 | 11 |
|---|---|---|---|---|---|---|---|---|---|---|---|---|
| （幼儿电子媒介使用） | | | | | | | | | | | | |
| 1. 屏幕访问 | 2.04±1.31 | 1 | | | | | | | | | | |
| 2. 使用频率 | 1.26±1.24 | 0.42** | 1 | | | | | | | | | |
| 3. 媒体内容 | 1.98±1.10 | 0.36** | 0.21** | 1 | | | | | | | | |
| 4. 照顾者—儿童共视 | 2.79±1.36 | -0.14** | -0.07** | -0.12** | 1 | | | | | | | |
| （幼儿行为问题） | | | | | | | | | | | | |
| 5. 情绪症状 | 0.40±0.36 | 0.14** | 0.17** | 0.13** | -0.01 | 1 | | | | | | |
| 6. 品行问题 | 0.42±0.25 | 0.13** | 0.16** | 0.11** | 0.01 | 0.51** | 1 | | | | | |
| 7. 多动和注意力不能集中 | 0.79±0.35 | 0.20** | 0.22** | 0.20** | 0.020 | 0.36** | 0.42** | 1 | | | | |
| 8. 同伴关系 | 0.71±0.25 | 0.05** | 0.09** | 0.03 | 0.03 | 0.44** | 0.32** | 0.22** | 1 | | | |
| 9. 幼儿电子媒介使用 | 0.50±0.18 | 0.70** | 0.70** | 0.62** | 0.33** | 0.18** | 0.17** | 0.27** | 0.09** | 1 | | |
| 10. 家长干预 | 3.96±0.73 | -0.17** | -0.21** | -0.17** | -0.19** | -0.19** | -0.20** | -0.23** | -0.14** | -0.32** | 1 | |
| 11. 幼儿行为问题 | 0.74±0.17 | 0.17** | 0.18** | 0.15** | -0.02 | 0.76** | 0.63** | 0.62** | 0.60** | 0.20** | -0.18** | 1 |

注：** 表示 $p<0.01$，* 表示 $p<0.05$。

## (五) 回归分析

### 1. 幼儿执行功能对幼儿电子媒介使用的一元回归分析

本研究采用一元回归分析，将幼儿电子媒介使用得分作为自变量，将幼儿执行功能得分作为因变量，利用回归分析探析前者对后者是否具有显著影响，分析结果详见表10。

表10 幼儿电子媒介使用与幼儿执行功能的一元回归分析表

| 变量 | 非标准化系数 | | 标准系数 | $t$ | $Sig$ |
| --- | --- | --- | --- | --- | --- |
| | $B$ | 标准错误 | Beta ($\beta$) | | |
| 常量 | 2.828 | 0.016 | — | 173.542 | 0.000 |
| 电子媒介使用 | −0.55 | 0.030 | −0.300 | −18.096 | 0.000 |

执行功能：$R=0.300$，$R^2=0.090$，$\Delta R^2=0.090$，$F=327.473^{**}$，标准估算错误=0.32

从表10可知，首先，自变量与因变量之间的相关系数 $R$ 为0.300，拟合优度判定系数 $R^2$ 为0.090，表明该线性模型能够解释因变量幼儿执行功能9%的变异量，调整后的 $R^2$ 为0.090，标准估算错误为0.32。其次，回归方程显著性检验 $F$ 为327.473，双星号标记说明达到在0.01的水平上显著，意味着回归模型整体解释变异量达到显著水平，即此次建立的回归方程有效，幼儿电子媒介使用与幼儿执行功能之间呈线性关系。最后，该模型的非标准化回归系数 $B$ 的估计值为−0.55，标准错误为0.030，对应显著性水平的值为0.000，这表明因变量与自变量之间存在显著线性关系。标准化回归系数Beta取值为−0.300（Beta的绝对值在0与1之间，绝对值越大表示自变量对因变量的影响越大，其解释因变量的变异量也越大）。综上，对于回归方程及回归系数的显著性检验均表明两者的回归方程显著，回归方程可以写为"$Y=2.828+(-0.55)X$"，即"执行功能 = 2.828 + (−0.55) 电子媒介使用"，因此幼儿电子媒介使用能够负向预测幼儿执行功能。

### 2. 幼儿学习品质对幼儿电子媒介使用的一元回归分析

本研究将幼儿电子媒介使用得分作为自变量，将幼儿学习品质得分作为因变量，利用回归分析探析前者对后者是否具有显著影响，分析结果详见表11。

表 11  幼儿电子媒介使用与幼儿学习品质的一元回归分析表

| 变量 | 非标准化系数 | | 标准系数 | $t$ | $Sig$ |
|---|---|---|---|---|---|
| | $B$ | 标准错误 | Beta（$\beta$） | | |
| 常量 | 2.214 | 0.023 | — | 95.274 | 0.000 |
| 电子媒介使用 | -0.04 | 0.003 | -0.255 | -15.194 | 0.000 |
| 学习品质：$R=0.255$，$R^2=0.065$，$\Delta R^2=0.065$，$F=230.848^{**}$，标准估算错误 = 0.45 ||||||

从表 11 可知，首先，自变量与因变量之间的相关系数 $R$ 为 0.255，拟合优度判定系数 $R^2$ 为 0.065，表明该线性模型能够解释因变量幼儿学习品质 6.5% 的变异量，调整后的 $R^2$ 为 0.065，标准估算错误为 0.45。其次，回归方程显著性检验 $F$ 为 230.848，双星号标记说明达到在 0.01 的水平上显著，意味着回归模型整体解释变异量达到显著水平，即此次建立的回归方程有效，幼儿电子媒介使用与幼儿学习品质之间呈线性关系。最后，该模型的非标准化回归系数 $B$ 的估计值为 -0.04，标准错误为 0.003，对应显著性水平的值为 0.000，这表明因变量与自变量之间存在显著线性关系。标准化回归系数 Beta 取值为 -0.255。综上，两者的回归方程显著，回归方程可以写为"$Y=2.214+(-0.04)X$"，即"学习品质 = 2.214+（-0.04）电子媒介使用"，因此幼儿电子媒介使用能够负向预测幼儿学习品质。

### 3. 幼儿行为问题对幼儿电子媒介使用的一元回归分析

本研究将幼儿电子媒介使用得分作为自变量，将幼儿行为问题得分作为因变量，利用回归分析探析前者对后者是否具有显著影响，分析结果详见表 12。

表 12  幼儿电子媒介使用与幼儿行为问题的一元回归分析表

| 变量 | 非标准化系数 | | 标准系数 | $t$ | $Sig$ |
|---|---|---|---|---|---|
| | $B$ | 标准错误 | Beta（$\beta$） | | |
| 常量 | 0.648 | 0.009 | — | 75.014 | 0.000 |
| 电子媒介使用 | 0.012 | 0.001 | 0.201 | 11.799 | 0.000 |
| 行为问题：$R=0.201$，$R^2=0.040$，$\Delta R^2=0.040$，$F=139.217^{**}$，标准估算错误 = 0.17 ||||||

从表 12 可知，首先，自变量与因变量之间的相关系数 $R$ 为 0.201，拟合优度判定系数 $R^2$ 为 0.040，表明该线性模型能够解释因变量幼儿行为问题 4% 的变异量，调整后的 $R^2$ 为 0.040，标准估算错误为 0.17。其次，回归方程显著性检验 $F$ 为 139.217，双星号标记说明达到在 0.01 的水平上显著，意味着回归模型整体解释变异量达到显著水平，即此次建立的回归方程有效，幼儿电子媒介使用与幼儿行为问题之间呈线性关系。最

后，该模型的非标准化回归系数 $B$ 的估计值为 0.012，标准错误为 0.001，对应显著性水平的值为 0.000，这表明因变量与自变量之间存在显著线性关系。标准化回归系数 Beta 取值为 0.201。综上，两者的回归方程显著，回归方程可以写为"$Y = 0.648 + 0.012X$"，即"行为问题=0.684+0.012 电子媒介使用"，因此幼儿电子媒介使用能够正向预测幼儿行为问题。

(六) 中介效应模型分析

首先，运用 Mplus 8.3 构建研究模型，详见图 1。其次，采用偏差校正的非参数百分位 Bootstrap 法对家长干预的中介作用进行检验，研究共重复抽样 1 000 次，检验加入家长干预的中介模型。最后，计算中介效应值。加入家长干预的中介模型检验结果表明，本研究的中介模型的拟合效果良好（$X^2$/df = 3.586，$CFI$ = 0.916，$TLI$ = 0.923，$SRMR$ = 0.043，$RMSEA$ = 0.059）。本研究的中介效应模型运行结果显示，幼儿电子媒介使用对幼儿执行功能的预测作用显著（$\beta = -0.23$，$p<0.001$，95%$CI$：-0.27~-0.20）；幼儿电子媒介使用对家长干预的预测作用显著（$\beta = -0.32$，$p<0.001$，95%$CI$：-0.36~-0.28）；家长干预对幼儿执行功能的预测作用显著（$\beta = 0.21$，$p<0.001$，95%$CI$：0.17~0.25）。据此可以认为，家长干预在幼儿电子媒介使用与幼儿执行功能之间起部分中介作用。采用 Bootstrap 法对中介效应进行区间估计，发现家长干预的中介效应大小为 -0.07（95%$CI$：-0.08~-0.05），置信区间不含 0，可以认为家长干预的中介作用存在。

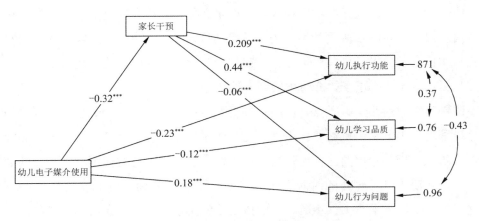

图 1 中介效应结构方程模型

同时，幼儿电子媒介使用对幼儿学习品质的预测作用显著（$\beta = -0.12$，$p<0.001$，95%$CI$：-0.15~-0.08）；家长干预对幼儿学习品质的预测作用显著（$\beta = 0.44$，

$p<0.001$，$95\%CI$：$0.40\sim0.47$）。据此可以认为，家长干预在幼儿电子媒介使用与幼儿学习品质之间起部分中介作用。采用 Bootstrap 法对中介效应进行区间估计，发现家长干预的中介效应大小为-0.14（$95\%CI$：$-0.16\sim-0.12$），置信区间不包含 0，可以认为家长干预的中介作用存在。

此外，幼儿电子媒介使用对幼儿行为问题的预测作用显著（$\beta=0.18$，$p<0.001$，$95\%CI$：$0.14\sim0.21$）；家长干预对幼儿行为问题的预测作用显著（$\beta=-0.06$，$p<0.01$，$95\%CI$：$.-10.00\sim-0.20$）。据此可以认为，家长干预在幼儿电子媒介使用与幼儿行为问题之间起部分中介作用。采用 Bootstrap 法对中介效应进行区间估计，发现家长干预的中介效应大小为 0.02（$95\%CI$：$0.01\sim0.03$），置信区间不包含 0，可以认为家长干预的中介作用存在。

# 四、结论

## （一）不同性别、年龄组幼儿使用电子媒介的特点

调研结果表明，调研幼儿的电子媒介使用率不高，较符合美国儿童学会有关电子产品使用的建议。不同性别的幼儿在电子媒介使用总分上不存在显著差异。在幼儿电子媒介使用的四个维度中，不同性别的幼儿在媒体内容上存在显著差异，家长会更多地让男孩在用电子设备时自己选择喜欢看的内容。相比女孩，男孩会通过电子媒介接触更多暴力或节奏较快的内容（如画面切换、内容转换速度较快的视频等）。这与幼儿的兴趣爱好有关。相比女孩，男孩更具竞争性，一些节奏较快的视频内容能满足男孩的竞争性兴趣，并且男孩乐于享受电子媒介带来的视觉冲击感。

不同年龄组的幼儿在电子媒介使用总分上不存在显著差异，大班幼儿在屏幕访问上的得分显著高于小班和中班幼儿，小班幼儿在使用频率上的得分显著高于中班和大班幼儿。可见相比小班、中班幼儿，大班幼儿在吃饭、上学、等待时使用电子媒介的频率更高。小班幼儿使用电子媒介的时间更长，使用电子媒介帮助入眠和平复情绪的频率更高。这与幼儿发展水平有关，年龄较小的孩子更偏向于把电子媒介当作玩具使用，年龄较大的孩子自主性增强，会利用空闲时间主动使用电子媒介。

## （二）幼儿电子媒介使用、家长干预与幼儿执行功能、幼儿学习品质、幼儿行为问题的相关性

### 1. 幼儿电子媒介使用、家长干预与幼儿执行功能的相关性

调研结果发现，幼儿电子媒介使用与幼儿执行功能之间呈负相关，电子媒介使用越多，幼儿的执行功能水平越低。一方面，幼儿使用电子媒介代替了阅读、户外活动、睡眠等活动，造成有益活动时间减少，并且扰乱了幼儿的计划制订和组织实施。另一方面，幼儿是被动接触电子媒介内容的，难以对其产生深层理解，被弱化了思维过程。本研究还发现，家长干预与幼儿执行功能之间呈正相关。家长的干预程度越高越有利于幼儿控制情绪、抵抗不良诱惑、整合新信息、多角度观察问题，从而推动幼儿执行功能的发展。

### 2. 幼儿电子媒介使用、家长干预与幼儿学习品质的相关性

调研结果发现，幼儿电子媒介使用与幼儿学习品质之间呈负相关，电子媒介使用越多，幼儿的学习品质水平越低。究其原因，第一，受电子媒介的影响，幼儿可轻易获取各种知识和信息，在现实生活中会减弱面对新的人、事、物时进一步学习、探索的兴趣。第二，幼儿在虚拟世界能获得成就感，在面对现实任务时表现出来的积极程度会降低。第三，幼儿习惯性地接受网络信息，不加以思考便利用电子媒介寻求答案，难以产生新思想，长此以往发现和创造新事物的能力会随之减弱。本研究还发现，家长干预与幼儿学习品质之间呈正相关。干预程度高的家长更善于引导幼儿反思自己的言行，鼓励幼儿不断尝试新方法，激发幼儿探索的兴趣，鞭策幼儿完成不喜欢但必须完成的任务。家长多种途径的引导和督促，会逐步帮助幼儿提升学习品质。

### 3. 幼儿电子媒介使用、家长干预与幼儿行为问题的相关性

调研结果发现，幼儿电子媒介使用与幼儿行为问题之间呈负相关，电子媒介使用越多，幼儿的行为问题越多。第一，生活中大部分家长会阻止幼儿长时间使用电子媒介，一些幼儿不愿意在规定时间交还电子产品时会乱发脾气，甚至产生攻击性行为。若是家长妥协了，幼儿会变得更易激怒，情绪表达愈加剧烈。第二，有的幼儿天生性格内向、胆小，当他们把电子媒介作为倾诉的港湾时，在现实中就更不愿意主动与人交流，做事会更加被动、退缩。本研究还发现，家长干预与幼儿行为问题之间呈负相关。干预程度低的家长用负面行为模式潜移默化地影响了幼儿的行为。缺少关注的幼儿可能会用激烈的情绪引起家长的注意，或是选择在电子媒介世界将自己的内心封锁，逃离现实。相反，干预程度高的家长更注意幼儿的身心发展，为幼儿创造宽松、安全、被关爱的环

境，引导幼儿学会表达和调节情绪，及时对幼儿的行为问题进行矫正。

### （三）家长干预在幼儿电子媒介使用与幼儿执行功能、幼儿学习品质、幼儿行为问题之间的中介作用

1. 家长干预在幼儿电子媒介使用与幼儿执行功能之间的中介作用

家长干预在幼儿电子媒介使用影响幼儿执行功能时存在中介效应，该结果为解释幼儿电子媒介使用、家长干预及幼儿执行功能之间的关系提供了实证框架。首先，幼儿电子媒介使用能够影响幼儿执行功能。已有研究发现，4岁时看视频的时间越长，6岁时的情感理解水平越低。①② 相比实体教学，色彩鲜艳的电子媒介内容会更吸引幼儿，幼儿在课堂上的注意力水平会降低。此外，幼儿电子媒介使用负向预测家长干预，说明幼儿电子媒介使用越多，家长干预程度越低。其次，家长干预能够影响幼儿执行功能，家长的干预程度高有利于幼儿控制情绪、抵抗不良诱惑、整合新信息、多角度观察问题，从而发展执行功能。家长干预在幼儿电子媒介使用影响幼儿执行功能的过程中起中介作用。随着幼儿使用电子媒介，家长会与幼儿一起制定电子媒介使用规则，提高幼儿的制订计划和组织实施能力，从而有利于幼儿执行功能的发展，减少电子媒介使用对幼儿执行功能的负面影响。

2. 家长干预在幼儿电子媒介使用与幼儿学习品质之间的中介作用

幼儿电子媒介使用能直接预测幼儿学习品质③，又通过家长干预的中介作用对学习品质产生影响，家长干预在电子媒介使用对幼儿学习品质的预测中起部分中介作用。首先，家长干预与幼儿学习品质密切相关④。干预程度高的家长意识到电子媒介使用给幼儿带来的危害，善于利用科学的教育方式向幼儿解释使用电子媒介的规则，讨论访问内容和使用电子媒介的丰富可能性或危险，展示如何安全使用电子媒介，注重为幼儿筛选有益的屏幕内容。其次，家长干预在幼儿电子媒介使用影响幼儿学习品质的过程中起中介作用。随着幼儿使用电子产品，家长会积极应对并进行干预，陪同幼儿使用电子媒介并联系媒介内容进行交流，提升幼儿的沟通表达能力，从而有利于幼儿学习品质的提高，减少了电子媒介使用对幼儿学习品质的负面影响。

---

① 杨晓辉，王振宏，朱莉琪. 促进低龄儿童发展的电子媒体使用［J］. 学前教育研究，2016（11）：24-37.
② Skalická V, WoldHygen B W, Stenseng F, et al. Screen time and the development of emotion understanding from age 4 to age 8: A community study.The British Journal of Developmental Psychology,2019,37(3): 427–443.
③ 孙梦珠. 幼儿使用电子产品与学习品质的关系研究［D］. 重庆：重庆师范大学，2021.
④ 高宏钰，崔雨芳，房阳洋. 家长媒介干预与儿童早期发展结果的关系研究［J］. 教育学报，2022，18（1）：113-125.

### 3. 家长干预在幼儿电子媒介使用与幼儿行为问题之间的中介作用

幼儿电子媒介使用能直接预测幼儿行为问题，又通过家长干预的中介作用对行为问题产生影响，家长干预在幼儿电子媒介使用对幼儿行为问题的预测中起部分中介作用。首先，家长干预与幼儿行为问题密切相关。干预程度低的家长不注意幼儿的身心发展，导致幼儿缺乏宽松、安全、被关爱的环境，不善于表达和调节情绪，易产生行为问题。其次，家长干预在幼儿电子媒介使用影响幼儿行为问题的过程中起中介作用。随着幼儿使用电子产品，家长会及时关注幼儿的情绪状态并给予关爱和鼓励，从而减少电子媒介使用对幼儿行为问题的负面影响。

## 参考文献

[1] 缪佩君，黄晓莉. 幼儿网络媒介使用对亲子关系的影响［J］. 教育现代化，2009（8）：177-178.

[2] 周桐帆，祖静，李俊刚. 新媒体时代城乡幼儿电子媒介使用现状比较研究：基于辽宁省的调查［J］. 成都师范学院学报，2023，39（1）：61-70.

[3] AAP Council on Communications and Media. Media and young minds［J/OL］. Pediatrics，2016，138（5）：e20162591. https://doi.org/10.1542/peds.2016-2591.

[4] Hua J，Xie J H，Baker C，et al. National prevalence of excessive screen exposure among Chinese preschoolers［J/OL］. JAMA Network Open，2002，5（7）：e2224244［2022-12-14］. https://jamanetwork.com/journals/jamanetworkopen/fullarticle/2794741. DOI：10.1001/jamanetworkopen.2022.24244.

[5] Ribner A D，Coulanges L，Friedman S，et al. Screen time in the Coronavirus 2019 era：International trends of increasing use among 3- to 7-year-old children［J］. The Journal of Pediatrics，2021（239）：59-66.

[6] Tremblay M S，Barnes J D，González S A，et al. Global matrix 2.0：Report card grades on the physical activity of children and youth comparing 38 countries［J］. Journal of Physical Activity and Health，2016，13（11 Suppl 2）：S343-S366.

（本文由首都师范大学学前教育学院提供，撰稿人：曲方炳）

# 专题报告

# "双减"背景下不同教师群体的工作负担现状及影响因素研究专题报告

## 一、引言

2022年9月苏州市教育质量监测中心组织实施的第八次全市义务教育学业质量监测数据为本研究的基础数据。本次监测主要由学业水平测试、学生相关因素问卷和教师相关因素问卷调查三个部分构成，学业水平测试内容包括语文、数学、英语和科学四门学科，相关因素问卷包括学生的一般学习行为、身心健康、学习品质、学业负担、学业支持等维度，以及影响学生发展的个体、学校、家庭、社会等多方面因素。

2021年7月，中共中央办公厅、国务院办公厅印发《关于进一步减轻义务教育阶段学生作业负担和校外培训负担的意见》，明确提出要有效减轻义务教育阶段学生过重作业负担和校外培训负担的问题，学校教育教学质量和服务水平进一步提升，作业布置更加科学合理，学校课后服务基本满足学生需要，学生学习更好回归校园。"双减"政策的出台，对中小学减轻学生作业负担和补习负担提出了明确的目标，同时也提高了对学校教师的相关要求。因此，本文着力于研究"双减"政策实施后不同教师群体的工作负担状况及相关影响因素，希望为教育行政部门、区域和学校的精准减负提供数据支撑。

## 二、研究方法与变量说明

### （一）研究对象

本次监测覆盖苏州市辖内10个市（区）全部初中学校，参测教师不包含新入职教师和新建学校的教师，对于上学年外出交流不在本校的教师，在统计时放入上学年交流学校进行计算。大市相关因素教师问卷参测人数共计 23 727 人，剔除 1 019 份无效问卷，有效参测人数共计 22 708 人，有效参测比例为 95.7%。

因教师相关因素问卷的调查时间为每年 9 月初，考虑到"双减"政策于 2021 年 7 月颁布，在 9 月调查的时候部分地区或学校还未将"双减"政策系统化和制度化，故本报告将 2022 年的监测调查数据作为"双减"后的数据进行呈现。本报告以苏州市不同群体教师为研究对象，分析和呈现各群体教师的工作负担状况及其相关影响因素。苏州市各群体教师样本信息如表 1 所示。

表 1 教师样本特征分布情况

| | 群体 | 人数/人 | 占比 | | 群体 | 人数/人 | 占比 |
|---|---|---|---|---|---|---|---|
| 性别 | 男 | 7 402 | 32.6% | 职称 | 一级 | 8 646 | 38.1% |
| | 女 | 15 306 | 67.4% | | 高级及以上 | 5 713 | 25.2% |
| 年龄 | 30 岁以下 | 5 684 | 25.0% | 学科 | 语文 | 3 629 | 16.0% |
| | 30—40 岁 | 5 409 | 23.8% | | 数学 | 3 608 | 15.9% |
| | 41—50 岁 | 7 719 | 34.0% | | 英语 | 3 665 | 16.1% |
| | 50 岁以上 | 3 896 | 17.2% | | 物理、化学 | 2 780 | 12.2% |
| 学历 | 本科以下 | 303 | 1.3% | | 道法、历史、体育 | 3 983 | 17.5% |
| | 本科 | 17 907 | 78.9% | | 其他 | 5 043 | 22.2% |
| | 研究生 | 4 498 | 19.8% | 是否为班主任 | 是 | 6 817 | 30.0% |
| 职称 | 二级及以下 | 8 349 | 36.8% | | 否 | 15 891 | 70.0% |

## （二）概念界定

尽管关于减轻中小学教师负担的研究较多，但是关于教师负担的定义很少。学界按负担的来源大体把"教师负担"分为"教师工作负担""教师生活负担""教师心理负担"三个部分，"教师工作负担"是"教师负担"的下位概念之一。

任丹娜说明了政策规定的"教师负担"概念，认为"教师负担"涵盖以下内容：第一，教师理应承担教学工作、教研工作和学生的教育及培养工作；第二，教师理应参加各种教师培训活动；第三，教师每天的工作时间应不超过 8 h。[①] 从这些政策内容来看，这是"教师负担"的"理应、应当"承担之义。

"教师工作负担"对应英文"teachers' workload"，也称"教师工作量"。李新翠认为"教师工作量是指教师在履行职业角色时践行的具体工作任务及其所需要的时间，总

---

① 任丹娜. 新课程背景下宿州市高中化学教师负担的调查研究［D］. 长春：东北师范大学，2009.

量及不同工作任务的结构比例共同决定教师工作量状况"①。国外开展了大量关于教师工作负担的实证研究，2018年经济合作与发展组织（OECD）在其开展的"教师教学国际调查"（Teaching and Learning International Survey，简称TALIS）项目中认为教师的工作负担是指教师在各项教育教学活动上的实际工作时间，包括教学时间和非教学任务工作时间（备课、改作业、家访、学校管理、课外活动、课堂问题处理等）。

因此，本研究中的"教师工作负担"有以下含义：一是指理应之意，即教师为了完成教育教学活动所需要承担的任务及相应的实际工作量（包括教学任务与非教学任务），涵盖教学、科研、管理及其他方面（包括与上述教学、科研、管理无关的一些校内、校外工作事务）；二是指延伸之意，即除上述之外的其他额外的工作和压力。

## （三）研究工具

苏州市义务教育学业质量监测相关因素教师问卷的指标体系主要包括"学校管理""教育教学""职业状态""学校满意度"四个一级维度，下设二级维度和主要监测点。本文主要呈现"双减"背景下不同教师群体的工作负担现状及相关影响因素，工作负担现状包括教师的客观工作投入和主观负担感受，客观工作投入主要表现为完全周工作总时间，主观负担感受包括总体压力感受和各方面感受到的压力大小；在相关影响因素方面，选取了可能会影响教师工作负担的相关变量，包括学校层面的组织管理和教师个人层面的职业动机、主观幸福感、工资满意度及学校满意度（表2）。

本次相关因素监测指标、问卷经过了多轮次试测和研磨，各项量化指标均符合测量学要求，具有良好的信效度。

表2 教师工作负担相关指标体系

|  | 维度 | 主要监测点 | 赋分方式 |
| --- | --- | --- | --- |
| 结果变量<br>（工作负担） | 客观工作投入 | 完全周工作总时间② | 无，直接呈现调查数据 |
|  | 主观负担感受 | 总体压力感受 | 1—7分，分数越高，压力越大 |
|  |  | 各方面感受到的压力大小 | 1—7分，分数越高，压力越大 |

---

① 李新翠. 中小学教师工作量的超负荷与有效调适［J］. 中国教育学刊，2016（2）：56.
② 完全周指的是不包含请假、公共假期等的工作周。工作总时间包括教学、备课、批改作业、与其他教师合作、参与工作会议、参与专业发展和其他工作花费的时间，也包括在晚上、周末及其他课外时间花费在工作上的时间。

续表

| | 维度 | 主要监测点 | 赋分方式 |
|---|---|---|---|
| 相关变量 | 组织管理 | 民主决策、支持教师发展 | 1—4分，分数越高，管理越好 |
| | 职业动机 | 内部动机、外部动机 | 1—4分，分数越高，动机越强 |
| | 主观幸福感 | | 1—7分，分数越高，幸福感越强 |
| | 工资满意度 | | 1—5分，分数越高，越满意 |
| | 学校满意度 | 学校环境满意度、学校管理满意度、教学风气满意度、总体满意度 | 1—4分，分数越高，越满意 |

## 三、研究结果

在数据分析中，本研究通过差异检验（独立样本 $t$ 检验和单因素方差分析）来比较各群体教师的工作负担现状及其差异，通过多元逻辑回归分析研究教师工作负担的相关影响因素及其影响大小。

### （一）不同教师群体的工作负担现状

#### 1. 不同教师群体的完全周工作总时间

完全周工作总时间的差异检验结果如表3所示。相关数据表明：不同性别的教师在完全周工作总时间上存在显著差异（$p<0.001$），具体表现为女教师的完全周工作总时间为52.6 h，显著高于男教师的50.5 h；不同年龄的教师在完全周工作总时间上存在显著差异（$p<0.001$），经事后检验发现，30岁以下教师的完全周工作总时间最长，为54.0 h，且年龄大的教师群体的完全周工作总时间相对较短；不同学历的教师在完全周工作总时间上存在显著差异（$p<0.001$），经事后检验发现，研究生学历教师的完全周工作总时间最长，为54.1 h，本科以下学历教师的完全周工作总时间最短，为48.5 h；不同学科的教师在完全周工作总时间上存在显著差异（$p<0.001$），经事后检验发现，语文和数学教师的完全周工作总时间最长，分别为53.8 h 和53.7 h，其次是物理、化学教师，为51.7 h。

表3 完全周工作总时间的差异检验结果

| 群体分类 | | 完全周工作总时间/h | $p$ 值 | 事后检验 |
| --- | --- | --- | --- | --- |
| 性别 | 男 | 50.5 | 0.000 | — |
| | 女 | 52.6 | | |
| 年龄 | 30 岁以下 | 54.0 | 0.000 | 1>2>3>4 |
| | 30—40 岁 | 52.6 | | |
| | 41—50 岁 | 51.7 | | |
| | 50 岁以上 | 48.4 | | |
| 学历 | 本科以下 | 48.5 | 0.000 | 1<2<3 |
| | 本科 | 51.5 | | |
| | 研究生 | 54.1 | | |
| 学科 | 语文 | 53.8 | 0.000 | 1=2>4>3=5>6 |
| | 数学 | 53.7 | | |
| | 英语 | 50.5 | | |
| | 物理、化学 | 51.7 | | |
| | 道法、历史、体育 | 50.5 | | |
| | 其他 | 49.6 | | |
| 平均 | | 52.0 | | |

注：① 在"事后检验"一列，"年龄"中的"1"为 30 岁以下，"2"为 31—40 岁，"3"为 41—50 岁，"4"为 50 岁以上；学历中的"1"为本科以下，"2"为本科，"3"为研究生；"学科"中的"1"为语文，"2"为数学，"3"为英语，"4"为物理、化学，"5"为道法、历史、体育，"6"为其他。下同。
② $p>0.05$，表示不显著；$p<0.05$、$p<0.01$，表示显著。下同。

#### 2. 不同教师群体的总体压力感受

总体压力感受的差异检验结果如表 4 所示。相关数据表明：不同性别的教师在总体压力感受上不存在显著差异（$p>0.05$）；不同年龄的教师在总体压力感受上存在显著差异（$p<0.001$），经事后检验发现，41—50 岁的教师群体压力最大，其次是 30—40 岁的教师群体，50 岁以上的教师群体压力最小；不同学历的教师在总体压力感受上存在显著差异（$p<0.001$），经事后检验发现，研究生和本科学历教师的总体压力感受较大；不同学科教师在总体压力感受上存在显著差异（$p<0.001$），经事后检验发现，语文、数学学科教师和物理、化学学科教师的总体压力感受最大，其次是英语教师及道法、历史、体育学科教师。

表 4　总体压力感受的差异检验结果

| | 群体分类 | 总体压力感受 | $p$ 值 | 事后检验 |
|---|---|---|---|---|
| 性别 | 男 | 5.04 | 0.496 | — |
| | 女 | 5.04 | | |
| 年龄 | 30 岁以下 | 4.99 | 0.000 | 4<1<2<3 |
| | 30—40 岁 | 5.05 | | |
| | 41—50 岁 | 5.14 | | |
| | 50 岁以上 | 4.93 | | |
| 学历 | 本科以下 | 4.68 | 0.000 | 1<2=3 |
| | 本科 | 5.05 | | |
| | 研究生 | 5.04 | | |
| 学科 | 语文 | 5.16 | 0.000 | 1=2=4<3=5<6 |
| | 数学 | 5.22 | | |
| | 英语 | 4.96 | | |
| | 物理、化学 | 5.09 | | |
| | 道法、历史、体育 | 4.96 | | |
| | 其他 | 4.80 | | |
| 平均 | | 5.04 | | |

### 3. 不同教师群体在各方面感受到的压力大小

独立样本 $t$ 检验结果显示，不同性别的教师在来自个人发展的压力上不存在显著差异（$p>0.05$），在来自学生家长的压力、来自学校管理的压力、来自课堂教学的压力和来自学生管理的压力上均存在显著差异（$p<0.05$），且男教师的压力要显著大于女教师。相关情况如表 5 所示。

表 5　不同性别教师在各方面感受到的压力大小的差异检验结果

| 压力来源 | 男 | 女 | $p$ 值 |
|---|---|---|---|
| 来自学生家长的压力 | 4.71 | 4.62 | 0.000 |
| 来自学校管理的压力 | 5.07 | 5.00 | 0.000 |
| 来自课堂教学的压力 | 4.73 | 4.69 | 0.018 |
| 来自个人发展的压力 | 4.88 | 4.89 | 0.559 |
| 来自学生管理的压力 | 4.82 | 4.77 | 0.009 |

单因素方差分析结果显示，不同年龄的教师在从各方面感受到的压力大小上均存在显著差异（$p<0.001$）。从具体表现来看，40 岁以上的教师感受到的来自学生家长的压

力最大，41—50 岁教师感受到的来自学校管理的压力最大，30 岁以下教师感受到的来自课堂教学、个人发展、学生管理的压力均最大。相关情况如表 6 所示。

表 6 不同年龄教师在各方面感受到的压力大小的差异检验结果

|  | 30 岁以下 | 30—40 岁 | 41—50 岁 | 50 岁以上 | $p$ 值 | 事后检验 |
| --- | --- | --- | --- | --- | --- | --- |
| 来自学生家长的压力 | 4.51 | 4.59 | 4.75 | 4.73 | 0.000 | 1<2<3=4 |
| 来自学校管理的压力 | 4.91 | 4.98 | 5.14 | 5.01 | 0.000 | 1<2=4<3 |
| 来自课堂教学的压力 | 4.77 | 4.62 | 4.70 | 4.70 | 0.000 | 2<3=4<1 |
| 来自个人发展的压力 | 5.07 | 4.99 | 4.84 | 4.59 | 0.000 | 1>2>3>4 |
| 来自学生管理的压力 | 4.88 | 4.7 | 4.78 | 4.78 | 0.000 | 1>3=4>2 |

单因素方差分析结果显示，不同学历的教师在从各方面感受到的压力大小上均存在显著差异（$p<0.05$）。从具体表现来看，本科学历教师感受到的来自学生家长的压力和来自学校管理的压力均最大，研究生学历教师感受到的来自课堂教学的压力、来自个人发展的压力均最大。相关情况如表 7 所示。

表 7 不同学历教师在各方面感受到的压力大小的差异检验结果

|  | 本科以下 | 本科 | 研究生 | $p$ 值 | 事后检验 |
| --- | --- | --- | --- | --- | --- |
| 来自学生家长的压力 | 4.35 | 4.67 | 4.59 | 0.000 | 1<3<2 |
| 来自学校管理的压力 | 4.65 | 5.04 | 4.98 | 0.000 | 1<3<2 |
| 来自课堂教学的压力 | 4.47 | 4.70 | 4.73 | 0.002 | 1<2=3 |
| 来自个人发展的压力 | 4.51 | 4.86 | 5.02 | 0.000 | 1<2<3 |
| 来自学生管理的压力 | 4.57 | 4.78 | 4.81 | 0.010 | 1<2=3 |

单因素方差分析结果显示，不同学科的教师在从各方面感受到的压力大小上均存在显著差异（$p<0.05$）。从具体表现来看，语文、数学学科教师感受到的来自学生家长的压力、来自学校管理的压力、来自课堂教学的压力和来自学生管理的压力均较大，数学学科教师和物理、化学学科教师感受到的来自个人发展的压力最大，英语学科教师在各方面感受到的压力都相对较小。相关情况如表 8 所示。

表8  不同学科教师各方面压力感受大小的差异检验结果

| | 语文 | 数学 | 英语 | 物理、化学 | 道法、历史、体育 | 其他 | $p$ 值 | 事后检验 |
|---|---|---|---|---|---|---|---|---|
| 来自学生家长的压力 | 4.84 | 4.86 | 4.61 | 4.76 | 4.55 | 4.25 | 0.000 | 1=2>4>3=5>6 |
| 来自学校管理的压力 | 5.12 | 5.18 | 4.98 | 5.08 | 4.93 | 4.82 | 0.000 | 2>1=4>3>5>6 |
| 来自课堂教学的压力 | 4.75 | 4.85 | 4.66 | 4.75 | 4.67 | 4.52 | 0.000 | 2>1>4>5=3>6 |
| 来自个人发展的压力 | 4.91 | 4.99 | 4.89 | 4.95 | 4.82 | 4.81 | 0.000 | 2=4>1=3>5=6 |
| 来自学生管理的压力 | 4.83 | 4.89 | 4.78 | 4.81 | 4.74 | 4.66 | 0.000 | 2=1>4=3=5>6 |

## （二）教师工作负担的相关影响因素

本研究以教师总体压力感受为因变量，以教师个体的背景变量为控制变量，以学校的组织管理，教师的学校满意度、职业动机、工资满意度及主观幸福感为自变量构建多元逻辑回归模型。结果显示，整体模型的 $F=410.389$，$p<0.001$，说明被解释变量的线性关系是显著的，可以建立模型，模型拟合优度调整后的 $R^2$ 为0.178，自变量可以解释因变量17.8%的变化原因，达到可接受的程度。各变量的回归分析结果如表9所示。

回归分析结果显示，在控制了教师的性别、年龄、所教学科和学历后，学校的组织管理中的民主决策对教师的总体压力感受没有影响（$p>0.05$），支持教师发展对教师的总体压力感受有显著负向影响（$p<0.05$），具体表现为支持教师发展得分每增加1个单位，教师的总体压力感受就降低0.049个单位。教师的职业动机中内部动机对教师的总体压力感受有显著负向影响（$p<0.001$），具体表现为内部动机每增加1个单位，教师的总体压力感受就降低0.061个单位；外部动机对教师的总体压力感受有显著正向影响（$p<0.05$），具体表现为外部动机每增加1个单位，教师的总体压力感受就增加0.021个单位。教师的学校满意度对其总体压力感受没有显著影响（$p>0.05$）。教师的完全周工作总时间对其总体压力感受有显著正向影响（$p<0.001$），具体表现为教师的完全周工作总时间每增加1个单位，其总体压力感受就增加0.236个单位。教师的工资满意度对其总体压力感受有显著负向影响（$p<0.001$），具体表现为教师的工资满意度每增加1个单位，其总体压力感受就降低0.137个单位。教师的主观幸福感对其总体压力感受有

显著负向影响（$p<0.001$），具体表现为教师的主观幸福感每增加 1 个单位，其总体压力感受就降低 0.264 个单位。

表 9　各变量的回归分析结果

| | 未标准化系数 | | 标准化系数 | $t$ | $p$ 值 |
|---|---|---|---|---|---|
| | $B$ | 标准误差 | Beta（$\beta$） | | |
| 常量 | 4.749 | 0.09 | | 52.497 | 0.000 |
| 控制变量 | 性别、年龄、所教学科、学历 | | | | |
| 影响变量 | | | | | |
| 学校的组织管理 | | | | | |
| 　民主决策 | −0.015 | 0.01 | −0.027 | −1.512 | 0.131 |
| 　支持教师发展 | −0.027 | 0.01 | −0.049 | 2.746 | 0.006 |
| 教师的职业动机 | | | | | |
| 　内部动机 | −0.11 | 0.018 | −0.061 | 6.003 | 0.000 |
| 　外部动机 | 0.035 | 0.016 | 0.021 | 2.204 | 0.028 |
| 教师的学校满意度 | −0.004 | 0.018 | −0.002 | −0.201 | 0.840 |
| 教师的完全周工作总时间 | 0.026 | 0.001 | 0.236 | 37.539 | 0.000 |
| 教师的工资满意度 | −0.172 | 0.008 | −0.137 | −20.461 | 0.000 |
| 教师的主观幸福感 | −0.234 | 0.006 | −0.264 | −37.114 | 0.000 |

## 四、对策与建议

教师产生工作负担的原因有多种：一是承受的工作压力超过自身的承受能力和回应能力范围；二是个体的压力承受能力较低；三是个人认为某件事情没有必要去做及完成某件事情没有相应价值；四是个体缺乏内驱力，即使是对于合理的客观工作投入，也会认为其是工作负担。因此，我们可以从以下几个方面来减轻教师的工作负担。

### （一）进一步落实减负措施，为教师创造更好的从教环境

教育行政部门要严格落实《中共中央办公厅　国务院办公厅关于减轻中小学教师负担进一步营造教育教学良好环境的若干意见》（厅字〔2019〕54 号）、《省委办公厅　省政府办公厅关于切实减轻中小学教师负担进一步营造教育教学良好环境的通知》（苏

办〔2020〕18号）及《市委办、市政府办关于切实减轻中小学教师负担进一步营造教育教学良好环境的若干措施》（苏委办〔2021〕57号），规范各类社会事务进校园，最大限度地减少非教学任务摊派，特别是各种没必要的填表、检查、培训等。学校也可通过自主招聘、第三方服务外包等方式，设置专职或兼职岗位来承担非教学任务，将一线教师从这些琐碎的非教学事务中解放出来，让广大教师安心、静心、舒心地从教。此外，自"双减"工作实施以来，很多教师都参与课后延时服务，这也在客观上增加了教师的工作负担。因此，可积极探索推行教师弹性上下班，合理安排学校各项工作，合理分配教师工作和休息的时间；可充分发挥社会力量，利用社会资源，让社会力量参与到课后服务中，减轻学校教师的负担。

### （二）持续加强人文关怀，为教师排忧解难、提供保障

为缓解教师工作负担，学校可经常组织教师开展丰富多彩的集体活动，丰富教师的业余文化生活，鼓励教师多参与群体与社会活动，使教师的情感得以交流和宣泄，使教师的心理压力得以减轻；可建立教师心理辅导室，指导教师掌握有效驾驭心理压力的方法，增强其心理防卫能力；学校和教师要加强互动，学校领导要关心、了解教师的各种心理挫折，善于倾听教师的想法，不要一律简单斥责为"闹情绪"，创造一种民主、团结、宽松、和谐的干群关系，努力营造学校良好的团体气氛；注意教学环境的美化，为教师创造舒心的工作环境，有条件的学校可设立教师休息场所，让教师有适当的憩息时空；督促教师运动，以此来促使其调整身心状态，从而以更好的精神面貌和工作状态来应对工作负担。

### （三）提升教师职业内驱力，为教师专业发展提供支持

学校要以理念引领强化教师的职业认同，可采取价值观引领和榜样示范等多种策略，如可通过高水平的校本培训、专家引领，开阔教师的视野，提升教师的格局，树立并表彰身边的典型，通过榜样示范等方式来呵护教师对教育的初心和热情，强化教师的职业认同和自身认同。学校要善于运用激励性评价，科学、公正地对教师进行评价，重视对教师的表扬和激励，引导教师发现自己的优点和长处、发现自己的价值，让教师不断获得满足感、成就感和幸福感。学校要关注教师的发展需求，给教师一些职业规划方面的建议，提供适合有效的再教育和深造的机会，给予教师充分的成长空间和个人提升机会。

（本文由苏州市教育质量监测中心提供，撰稿人：冯杰）

# 2022年苏州市初中生社会与情感能力状况专题分析报告

## 一、引言

社会与情感能力（Social and Emotional Skills），也称为非认知能力、软能力，是与他人合作及进行情绪管理时所涉及的能力，在人生的各个阶段中都发挥着重要作用。社会与情感能力的概念自1994年被提出以来便在世界范围内受到普遍重视。各国持续开展了社会与情感能力的相关研究与干预，旨在不断提升学生的社会与情感能力，促进其全面发展。美国学术、社会和情感学习联合会（Collaborative for Academic, Social and Emotional Learing，简称CASEL）的研究发现，通过高质量的社会与情感学习，学生可以获得积极的学校行为、减少问题行为和情绪困扰、取得学业上的成功。经济合作与发展组织（OECD）的研究发现，社会与情感能力对于促进个人福祉和社会进步具有积极作用，包括缓解抑郁、增加主观幸福感、提升生活满意度、改善生活行为和方式等。

在很长一段时间内，我国教育受"唯分数论"价值取向的影响，过于注重大脑培养的认知教育，忽视了学生情绪、情感等非认知能力的发展，导致培养出来的学生在社会与情感能力方面发展不足，出现情绪波动较大、人际交往不足，甚至冷漠、有暴力倾向、颓废等一系列心理问题，这严重影响了个人幸福与社会进步。因此，我们应超越传统的知识授受的教育范式，高度重视社会与情感能力的培养，及时回应党的十八大以来对教育工作提出的"发展素质教育"的要求，促进学生社会与情感能力的发展，这不仅有助于国家培养具有全球竞争力的人才，还是人的全面成长与社会发展的必然要求。

# 二、研究设计

## （一）数据来源

本研究使用的数据来源于苏州市 2022 年全市初中生学业质量监测项目。该监测项目覆盖全市 10 个辖区内的全部初中校，共有 307 个测试点的 336 891 名学生参加测试。监测内容包括学科学业成绩测试与相关因素问卷填答。问卷指标体系包括基本信息、成长背景、身心健康、学习品质、学业负担和学业支持六个一级维度，分成 A、B 两套问卷采集数据。本文的研究变量均在问卷 B 中呈现，剔除无效数据后，有效样本数共计 155 680 人。

## （二）变量说明

### 1. 社会与情感能力

本研究中的社会与情感能力包括情绪调节、坚毅力、共情力和学校适应四个子维度。四个子维度按各 25% 的权重合成社会与情感能力指标。具体说明如表 1 所示。

表 1 社会与情感能力维度说明

| 社会与情感能力子维度 | 维度说明 |
| --- | --- |
| 情绪调节 | 该维度是指个体根据内外环境的要求，在对情绪进行监控和评估的基础上，采用一定的行为策略对情绪进行影响和控制的过程。共包含 6 道题目，采用 4 级计分 |
| 坚毅力 | 该维度体现的是个体为达到预定的目标而自觉克服困难、努力的一种意志品质。共包含 4 道题目，采用 4 级计分 |
| 共情力 | 该维度是指个体对他人情绪或情感的理解，指向对他人的同情、关怀、怜惜之类的情感。共包含 7 道题目，采用 4 级计分 |
| 学校适应 | 该维度体现的是学生在学校与同学交往互动及融入学校环境的情况。共包含 5 道题目，采用 4 级计分 |

### 2. 学业成绩

本研究将学生的学业成绩调整为苏州大市得分为 500 分、标准差为 100 分的量尺分形式呈现。量尺分是根据学生的作答情况，采用项目反应理论模型得到学生能力分数后再转换成的测验标准分数。量尺分具有不受测试题目差异和题目难度影响的特点,从而使得同一年度中完成不同测试卷的学生的分数具有可比性。

### 3. 学业相关因素

学业相关因素维度说明如表 2 所示。

**表 2　学业相关因素维度说明**

| 学业相关因素 | 子维度 | 维度说明 |
| --- | --- | --- |
| 心理状况 | 主观幸福感 | 该维度是指个体对自身生活满意程度的认知评价。共包含 9 道题目,采用 7 级计分 |
| | 自身压力感受 | 该维度是指学生目前在学习方面承受压力的总体主观感受。共包含 1 道题目,采用 7 级计分 |
| | 考试焦虑 | 该维度是指在一定的应试情境激发下,受个体认知评价能力、人格倾向与其他身心因素制约,以担忧为基本特征,以防御或逃避为行为方式,通过不同程度的情绪性反应表现出来的一种心理状态。共包含 6 道题目,采用 4 级计分 |
| 人际关系 | 师生关系 | 该维度是指人与人之间相互交往与联系的关系,包括师生关系、同伴关系和亲子关系三方面的内容。其中,师生关系量表共包含 4 道题目,同伴关系量表共包含 6 道题目,亲子关系量表共包含 15 道题目,均采用 4 级计分 |
| | 同伴关系 | |
| | 亲子关系 | |
| 学习品质 | 学习兴趣 | 该维度是指学生对学科学习的一种积极的认识倾向与情绪状态。共包含 3 道题目,采用 4 级计分 |
| | 学习内部动机 | 该维度是指由个体内在的需要引起的学习动机,如学生的求知欲、学习兴趣、改善和提升自己能力的愿望等内部动机因素。共包含 4 道题目,采用 4 级计分 |
| | 学习外部动机 | 该维度是指由外部诱因激发的学习动机。学习者不是对学习本身感兴趣,而是对学习所带来的结果感兴趣,如有的学生是为了得到奖励、避免惩罚、取悦教师等。共包含 6 道题目,采用 4 级计分 |

需要说明的是,本研究中社会与情感能力及学业相关因素的所有维度均以指数方式呈现数据,其转化过程:得到某变量的原始分后,将原始分转换成以 0 分为平均分、以 1 分为标准差的 $Z$ 分数;再转换成以 5 分为平均分、以 2 分为标准差的标准分($T$ 分数),即"$T=5+2Z$",转换后苏州市大市的平均得分为 5 分,该标准分即作为该变量的指数。在某个变量上得分越高,表明学生在此变量上的表现越好,如自身压力感受维度得分越高,表示学生的自身压力感受越轻;考试焦虑维度得分越高,表示学生的考试焦虑程度越低。

# 三、研究结果

## （一）社会与情感能力发展水平的群体差异

### 1. 男生、女生在社会与情感能力各维度上各有优势和不足

表3、图1呈现了不同性别学生在社会与情感能力上的得分差异。男生在坚毅力和情绪调节维度上的得分高于女生；女生在共情力和学校适应维度上的得分高于男生。可见男生、女生在社会与情感能力各维度上各有优势和不足。从总体得分来看，男生在社会与情感能力上的得分略高于女生。

表3 不同性别学生在社会与情感能力各维度上的得分差异

单位：标准分

| 性别 | 坚毅力 | 共情力 | 情绪调节 | 学校适应 | 总体 |
|---|---|---|---|---|---|
| 男生 | 5.19 | 4.88 | 5.08 | 4.97 | 5.03 |
| 女生 | 4.81 | 5.15 | 4.92 | 5.05 | 4.98 |

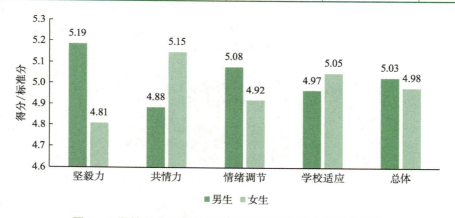

图1 不同性别学生在社会与情感能力各维度上的得分差异

### 2. 独生子女在社会与情感能力各维度上的得分高于非独生子女

表4、图2呈现了独生子女与非独生子女在社会与情感能力各维度上的得分差异。在坚毅力、共情力、情绪调节、学校适应四个子维度及总体上，独生子女的得分分别为5.18分、5.05分、5.10分、5.16分、5.12分，非独生子女的得分分别为4.92分、4.99分、4.95分、4.93分、4.95分。可见独生子女无论是在坚毅力、共情力、情绪调节、学校适应四个子维度上的得分还是在总体上的得分均高于非独生子女。

表 4　独生子女与非独生子女在社会与情感能力各维度上的得分差异

单位：标准分

| 是否独生 | 坚毅力 | 共情力 | 情绪调节 | 学校适应 | 总体 |
| --- | --- | --- | --- | --- | --- |
| 是 | 5.18 | 5.05 | 5.10 | 5.16 | 5.12 |
| 否 | 4.92 | 4.99 | 4.95 | 4.93 | 4.95 |

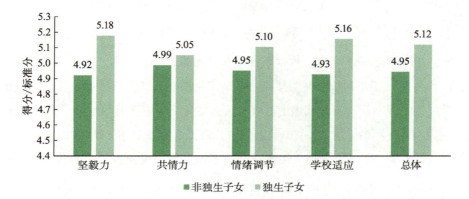

图 2　独生子女与非独生子女在社会与情感能力各维度上的得分差异

## （二）社会与情感能力与个人生活结果的关系

为探究社会与情感能力与个人生活结果的关系，本研究先将社会与情感能力划分为四个水平，具体划分标准：将学生在社会与情感能力总体上的得分由低到高排序后，按人数平均划分为四个水平（人数各占25%），得分最低的25%为水平Ⅰ，得分次低的25%为水平Ⅱ，得分次高的25%为水平Ⅲ，得分最高的25%为水平Ⅳ。

### 1. 社会与情感能力强的学生的学业表现更好

表5、图3呈现了不同社会与情感能力水平学生在学业成绩上的得分差异。水平Ⅳ学生的学业成绩最好，水平Ⅲ学生次之，水平Ⅱ学生再次之，水平Ⅰ学生的学业成绩最差。可见社会与情感能力强的学生的学业表现更好。

表 5　不同社会与情感能力水平学生在学业成绩上的得分差异

单位：量尺分

| 社会与情感能力水平 | 学业成绩 | 社会与情感能力水平 | 学业成绩 |
| --- | --- | --- | --- |
| 水平Ⅰ | 467.52 | 水平Ⅲ | 513.42 |
| 水平Ⅱ | 498.16 | 水平Ⅳ | 530.95 |

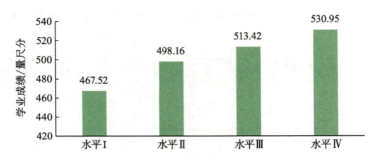

**图3　不同社会与情感能力水平学生在学业成绩上的得分差异**

**2. 社会与情感能力强的学生的心理健康状况更好**

表6、图4呈现了不同社会与情感能力水平学生在心理健康状况各维度上的得分差异。水平Ⅳ学生在主观幸福感、考试焦虑、自身压力感受三个维度上的得分最高，水平Ⅲ学生次之，水平Ⅱ学生再次之，水平Ⅰ学生的得分最低。可见社会与情感能力强的学生的心理健康状况更好，表现为主观幸福感更强、考试焦虑程度更低、自身压力感受更轻。

**表6　不同社会与情感能力水平学生在心理健康状况各维度上的得分差异**

单位：标准分

| 社会与情感能力水平 | 主观幸福感 | 考试焦虑 | 自身压力感受 |
| --- | --- | --- | --- |
| 水平Ⅰ | 3.36 | 4.25 | 4.54 |
| 水平Ⅱ | 4.63 | 4.67 | 4.91 |
| 水平Ⅲ | 5.38 | 5.05 | 5.09 |
| 水平Ⅳ | 6.65 | 6.04 | 5.79 |

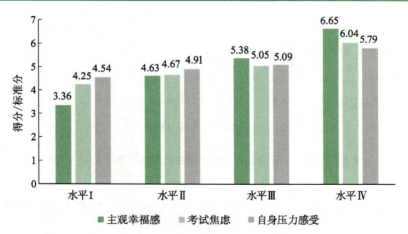

**图4　不同社会与情感能力水平学生在心理健康状况各维度上的得分差异**

## 3. 社会与情感能力强的学生的人际关系状况更好

表7、图5呈现了不同社会与情感能力水平学生在人际关系各维度上的得分差异。水平Ⅳ学生在师生关系、同伴关系、亲子关系三个维度上的得分最高，水平Ⅲ学生次之，水平Ⅱ学生再次之，水平Ⅰ学生的得分最低。可见社会与情感能力强的学生的人际关系状况更好，表现为师生关系、同伴关系、亲子关系状况更好。

表7　不同社会与情感能力水平学生在人际关系各维度上的得分差异

单位：标准分

| 社会与情感能力水平 | 师生关系 | 同伴关系 | 亲子关系 |
| --- | --- | --- | --- |
| 水平Ⅰ | 3.35 | 3.38 | 3.79 |
| 水平Ⅱ | 4.44 | 4.45 | 4.66 |
| 水平Ⅲ | 5.43 | 5.42 | 5.22 |
| 水平Ⅳ | 6.80 | 6.77 | 6.36 |

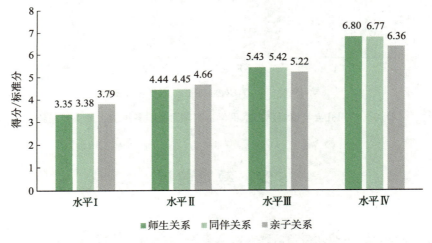

图5　不同社会与情感能力水平学生在人际关系各维度上的得分差异

## 4. 社会与情感能力强的学生的学习品质更好

表8、图6呈现了不同社会与情感能力水平学生在学习品质各维度上的得分差异。水平Ⅳ学生在学习兴趣、学习外部动机、学习内部动机三个维度上的得分最高，水平Ⅲ学生次之，水平Ⅱ学生再次之，水平Ⅰ学生得分最低。可见社会与情感能力强的学生的学习品质更好，表现为学习兴趣更浓、内外部学习动机更强。

表8　不同社会与情感能力水平学生在学习品质各维度上的得分差异

单位：标准分

| 社会与情感能力水平 | 学习兴趣 | 学习外部动机 | 学习内部动机 |
| --- | --- | --- | --- |
| 水平Ⅰ | 3.62 | 3.90 | 3.36 |
| 水平Ⅱ | 4.62 | 4.71 | 4.51 |
| 水平Ⅲ | 5.23 | 5.39 | 5.25 |
| 水平Ⅳ | 6.55 | 6.05 | 6.92 |

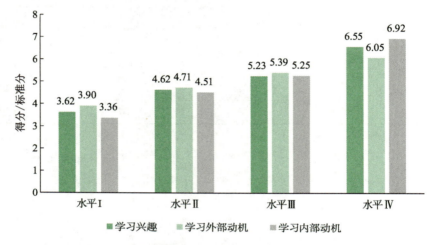

图6　不同社会与情感能力水平学生在学习品质各维度上的得分差异

## 四、教育建议

本研究证明，学生的社会与情感能力与学业成绩、心理健康状况、人际关系、学习品质等关系密切，社会与情感能力强的学生的学业成绩更优秀，主观幸福感更强，考试焦虑程度更低，自身压力感受更轻，与教师、同伴、父母之间的关系更亲密，学习兴趣更浓，内外部学习动机也更强。因此，系统推进社会与情感能力的培养应成为促进教育高质量发展、实现人的全面发展的重要路径。儿童与青少年时期是社会与情感能力形成的"关键期"，若能抓住这一时期，对孩子进行恰当有效的教育干预，可以使孩子的社会与情感能力得到良好发展，提升他们的生活幸福感，增强他们的成就动机，为他们的终身发展奠定良好基础。具体可从以下五个方面努力。

## （一）强化政策引领，构建科学培养体系

要将社会与情感能力培养纳入我国教育政策话语体系，以政策为引领，做好顶层设计，系统推进实施。具体而言：一是建构社会与情感能力培养的课程体系，以课程纲要为统领，推进社会与情感能力专门课程的设计与实施；二是推进跨学科课程统整，将社会与情感能力培养渗透到具体学科的教学之中，促进学生认知能力与非认知能力的协调发展；三是将社会与情感能力的培养融入"五育"学科课程，开发各学科课程教学资源；四是细化各项评估指标，通过科学测量和评估社会与情感能力来增强培养效果。

## （二）加强学校建设，创设良好育人环境

首先，以学校为主阵地，推进社会与情感能力课程活动建设，通过开展各种课内外活动来激发学生的兴趣和主动性，并提供给学生获取知识和练习技能的机会。其次，营造尚善文化，构建博爱校园，形成促进学生社会与情感能力培养的支持系统，帮助学生更好地适应学校生活，激发学生产生良好的情感，促进学生身心的全面发展。最后，面向教师开展社会与情感能力专题培训，塑造教师的积极思维，提升教师的幸福感，让教师情感与学生情感形成共振频道、共同发展。

## （三）重视家庭教育，发挥家长榜样作用

有研究表明，青少年在情绪调节能力、坚毅力、共情力及学校适应能力方面的发展与家庭教育方式密切相关。除了家长通过遗传物质和教养方式影响孩子外，孩子还会对家长的行为模式进行模仿学习。要想培养孩子的社会与情感能力，家长首先应从自身做起，注重提高自己的社会与情感能力，"身教"大于"言传"，"做好自己"比"管教孩子"的效果更佳。此外，在养育孩子的过程中，家长还应投入更多的时间和精力，避免在孩子的成长中缺席，多给孩子一些关爱和鼓励，少一些限制和过度保护，这有利于孩子社会与情感能力的提升。

## （四）家校社三方联动，协同打造育人新格局

学生的社会与情感能力是在家庭、学校和社会等多层级生态系统中，通过与外部环境的复杂交互作用逐渐培养起来的。社会与情感能力的培养不是由学校独立完成的，需要家庭与社会都参与其中，形成以学校教育为主导、以家庭教育为基础、以社会教育为依托的协同育人新格局。例如，学校可以与社区机构建立合作关系，让学生参与社区项

目，以及让社区成员参与以学校为基础的教学，提升双方的知识能力；组织家长参与学校的相关活动，向家长分享学习资源，提升家长自身的能力，教给家长家庭教育支持策略，保证教育影响的持续性和一致性。

## （五）关注学生差异，提升社会与情感能力效能

本研究发现，与相对应的同伴相比，独生子女、苏州市户籍、家庭社会经济地位高的学生在社会与情感能力上的得分更高；男生、女生在社会与情感能力的不同维度上各有优势和不足。为促进教育公平，教育部门和学校应关注不同背景学生的发展差异，适当向非独生子女、非苏州市户籍学生及家庭社会经济地位较低的学生倾斜更多的资源和倾注更多的关注，促进其社会与情感能力良好发展，以避免这些学生群体的学业成绩与心理健康状况因社会与情感能力发展不足而受到影响。同时，我们应正视男生、女生在社会与情感能力上的差异，积极探索并找准助力男生、女生的社会与情感能力发展的关键因素，从造成差异的因素入手，通过改变教育行为、学习环境等手段来帮助学生调整状态，为其健康成长和长远发展奠基。

（本文由苏州市教育质量监测中心提供，撰稿人：于飞飞）

# 2022年苏州工业园区教育人才指数测评分析报告

"教育人才指数"是指能反映一个地区或一所学校教育人才整体状况的综合评定指标。2013年苏州工业园区在全国范围内率先提出了教育类人才评估概念，它是苏州工业园区对所在区域中小学教育人才全方位、系列化地按照相应的权重比例进行赋值、加以测评的师资队伍建设水平考量指标。教育人才指数由涉及刚性和柔性两方面的指标构成。刚性指标是指反映教育人才现有特点或水平的指标，体现出区域或学校的师资整体素质与人才发展的硬实力；柔性指标是指对教育人才成长具有影响作用的指标，反映出师资整体素质在下一个时段内的变动趋势及同时段在区域范围内的发展水平。

根据苏州工业园区教育局《关于启动苏州工业园区中小学师资队伍建设评价指标——"教育人才指数"实验研究的通知》等文件精神和要求，苏州工业园区教育局人事师资处与苏州工业园区教师发展中心通过组织学习、广泛发动、提供平台、数据采集、问卷调查、材料互审、提供模板、比较分析等环节，开展了2022年教育人才指数测评工作。现对测评情况进行分析，形成以下分析报告。

## 一、师资队伍建设总体概述

（一）教师年龄结构

苏州工业园区中小学2020—2022年专任教师年龄结构人数对比情况如表1所示。数据表明，苏州工业园区2022年有中小学专任教师9 815人（不含教师发展中心、青少年活动中心、仁爱学校、民办学校）。

从三年数据的纵向比较看，中小学专任教师数继续保持稳步增长，35周岁及以下教师群体数量占比继续扩大。2022年中小学专任教师总数较上一年增加了785人，苏州工业园区教师规模持续保持增长趋势。

（二）教师学历结构

苏州工业园区2020—2022年中小学专任教师学历结构情况如表2所示。2022年，

表1 2020—2022年苏州工业园区专任教师年龄结构人数对比情况

| 组别 | 年份 | 小学 | | | 九年一贯制 | | | 初中 | | | 高中 | | | 全区 | | |
|---|---|---|---|---|---|---|---|---|---|---|---|---|---|---|---|---|
| | | 2020 | 2021 | 2022 | 2020 | 2021 | 2022 | 2020 | 2021 | 2022 | 2020 | 2021 | 2022 | 2020 | 2021 | 2022 |
| 35周岁及以下 | 人数/人 | 1 636 | 1 699 | 2 019 | 2 833 | 3 153 | 3 156 | 303 | 368 | 666 | 444 | 581 | 711 | 5 216 | 5 801 | 6 552 |
| | 百分比 | 66.50% | 64.33% | 66.90% | 66.47% | 68.08% | 69.96% | 57.71% | 62.37% | 55.13% | 43.53% | 49.74% | 65.96% | 63.09% | 64.24% | 66.75% |
| 36—45周岁 | 人数/人 | 580 | 662 | 724 | 973 | 995 | 911 | 153 | 151 | 211 | 334 | 342 | 352 | 2 040 | 2 150 | 2 198 |
| | 百分比 | 23.58% | 25.07% | 23.99% | 22.83% | 21.49% | 20.20% | 29.14% | 25.59% | 17.47% | 32.75% | 29.28% | 32.65% | 24.68% | 23.81% | 22.39% |
| 46周岁以上 | 人数/人 | 244 | 280 | 275 | 456 | 483 | 444 | 69 | 71 | 101 | 242 | 245 | 245 | 1 011 | 1 079 | 1 065 |
| | 百分比 | 9.92% | 10.60% | 9.11% | 10.70% | 10.43% | 9.84% | 13.14% | 12.03% | 8.36% | 23.73% | 20.98% | 22.73% | 12.23% | 11.95% | 10.85% |
| 专任教师数/人 | | 2 460 | 2 641 | 3 018 | 4 262 | 4 631 | 4 511 | 525 | 590 | 1 208 | 1 020 | 1 168 | 1 378 | 8 267 | 9 030 | 9 815 |

表2 2020—2022年苏州工业园区专任教师学历占比表

| 组别 | 年份 | 小学 | | | 九年一贯制 | | | 初中 | | | 高中 | | | 全区 | | |
|---|---|---|---|---|---|---|---|---|---|---|---|---|---|---|---|---|
| | | 2020 | 2021 | 2022 | 2020 | 2021 | 2022 | 2020 | 2021 | 2022 | 2020 | 2021 | 2022 | 2020 | 2021 | 2022 |
| 研究生 | | 16.46% | 16.47% | 16.37% | 22.74% | 24.27% | 25.49% | 34.29% | 38.14% | 37.58% | 41.86% | 46.06% | 54.17% | 23.96% | 25.71% | 27.33% |
| 本科 | | 79.92% | 80.54% | 81.44% | 75.48% | 74.30% | 73.18% | 64.76% | 61.19% | 62.25% | 57.16% | 53.34% | 45.83% | 73.86% | 72.56% | 71.37% |
| 本科及以上 | | 96.38% | 97.01% | 97.81% | 98.22% | 98.57% | 98.67% | 99.05% | 99.33% | 99.83% | 99.02% | 99.40% | 100.00% | 97.82% | 98.27% | 98.70% |
| 专任教师数/人 | | 2 460 | 2 641 | 3 018 | 4 262 | 4 631 | 4 511 | 525 | 590 | 1 208 | 1 020 | 1 168 | 1 078 | 8 267 | 9 030 | 9 815 |

苏州工业园区中小学专任教师中本科及以上学历人数占比为98.70%，其中研究生学历教师人数占比为27.33%（高中超过了50%）。

从学历数据来看，2020—2022年研究生学历教师人数每年都在增长。

### （三）教师职称结构

苏州工业园区2020—2022年中小学专任教师职称结构情况如表3所示。与苏州其他地区相比，苏州工业园区的教师队伍职称水平不占优势。

数据表明，苏州工业园区正高级、高级和中级职称教师的比例在2022年略有提升，但新教师数量增长过快，初级职称教师比例仍然较高。

### （四）名师数量结构

苏州工业园区中小学、幼儿园（含教育局、教师发展中心、青少年活动中心、仁爱学校等单位）大市级以上各类名师情况如表4所示。

近年来，苏州工业园区加大人才培养力度，各类人才不断成长、发展。2022年，苏州工业园区市级以上名师数量得到较大幅度增长，较2021年增加46人。

## 二、教育人才指数具体分析

### （一）基本数据分析

#### 1. 苏州工业园区全区教育人才指数平均值

苏州工业园区2020—2022年中小学教育人才指数三年均值数据情况如表5所示。综合三年数据，2022年全区人才指数均出现增长。

表3 2020—2022年苏州工业园区专任教师职称结构情况

| 组别 | 小学 | | | 九年一贯制 | | | 初中 | | | 高中 | | | 全区 | | |
|---|---|---|---|---|---|---|---|---|---|---|---|---|---|---|---|
| 年份 | 2020 | 2021 | 2022 | 2020 | 2021 | 2022 | 2020 | 2021 | 2022 | 2020 | 2021 | 2022 | 2020 | 2021 | 2022 |
| 正高级 | 0.00% | 0.04% | 0.07% | 0.19% | 0.19% | 0.22% | 0.19% | 0.17% | 0.25% | 0.78% | 0.86% | 1.58% | 0.21% | 0.23% | 0.33% |
| 高级 | 3.98% | 4.81% | 5.80% | 11.45% | 11.75% | 12.28% | 20.57% | 21.02% | 22.02% | 35.69% | 32.45% | 30.61% | 12.80% | 13.00% | 13.50% |
| 中级 | 46.71% | 50.32% | 50.66% | 35.10% | 35.93% | 37.75% | 37.90% | 35.08% | 33.86% | 30.98% | 30.74% | 30.06% | 38.22% | 39.41% | 40.40% |
| 初级 | 33.46% | 32.90% | 33.73% | 29.89% | 31.70% | 29.06% | 18.10% | 18.31% | 18.21% | 6.08% | 8.22% | 7.98% | 27.27% | 28.14% | 26.85% |
| 专任教师数/人 | 2 460 | 2 641 | 3 018 | 4 262 | 4 631 | 4 511 | 525 | 590 | 1 208 | 1 020 | 1 168 | 1 078 | 8 267 | 9 030 | 9 815 |

表4 2022年苏州工业园区市级以上名师结构表

| 名称 | "苏教名家"培养工程培养对象 | 省名师工作室主持人 | 正高级教师 | | 特级教师 | | 全国模范教师 | | 全国优秀教师 | | 姑苏教育人才 | | 省教学名师 | 市名教师、名校长 | | 合计 |
|---|---|---|---|---|---|---|---|---|---|---|---|---|---|---|---|---|
| | | | 引进 | 自培 | 引进 | 自培 | 引进 | 自培 | 引进 | 自培 | 引进 | 自培 | | 引进 | 自培 | |
| 人数/人 | 1 | 4 | 13 | 37 | 28 | 12 | 1 | 0 | 5 | 3 | 29 | 64 | 4 | 5 | 28 | 234 |

表5  苏州工业园区全区中小学教育人才指数三年均值比较

| 指标项 | 年份 | 刚性指标 | 柔性指标 | 总分 |
|---|---|---|---|---|
| 全区 | 2020 | 40.22 | 25.05 | 65.27 |
| 全区 | 2021 | 55.78 | 25.15 | 80.93 |
| 全区 | 2022 | 57.6 | 25.11 | 82.71 |
| 高中 | 2020 | 40.22 | 25.05 | 65.27 |
| 高中 | 2021 | 40.73 | 23.78 | 64.51 |
| 高中 | 2022 | 49.93 | 23.66 | 73.59 |
| 初中 | 2020 | 35.07 | 25.10 | 60.17 |
| 初中 | 2021 | 44.08 | 22.73 | 66.81 |
| 初中 | 2022 | 40.88 | 22.72 | 63.60 |
| 九年一贯制 | 2020 | 32.87 | 25.09 | 57.96 |
| 九年一贯制 | 2021 | 44.07 | 24.84 | 68.91 |
| 九年一贯制 | 2022 | 45.18 | 25.01 | 70.19 |
| 小学 | 2020 | 53.56 | 25.09 | 78.65 |
| 小学 | 2021 | 77.64 | 26.47 | 104.11 |
| 小学 | 2022 | 77.93 | 26.32 | 104.25 |

2. 义务教育阶段各类型学校教育人才指数平均值

据表6数据显示，2022年初中校教育人才指数较前两年有所下降。

表6  初中校教育人才指数三年均值比较

| 指标项 | 年份 | 刚性指标 | 柔性指标 | 总分 |
|---|---|---|---|---|
| 全区初中 | 2020 | 41.28 | 25.08 | 66.36 |
| 全区初中 | 2021 | 44.08 | 22.73 | 66.81 |
| 全区初中 | 2022 | 40.88 | 22.72 | 63.60 |
| 非开发区初中 | 2020 | 29.84 | 26.11 | 55.95 |
| 非开发区初中 | 2021 | 39.35 | 23.60 | 62.95 |
| 非开发区初中 | 2022 | 32.86 | 21.94 | 54.80 |
| 开发区初中 | 2020 | 40.29 | 24.10 | 64.39 |
| 开发区初中 | 2021 | 46.44 | 22.30 | 68.74 |
| 开发区初中 | 2022 | 46.23 | 23.24 | 69.47 |

据表7数据显示，2022年九年一贯制学校教育人才指数较前两年有所增长。

**表7　九年一贯制学校教育人才指数三年均值比较**

| 指标项 | 年份 | 刚性指标 | 柔性指标 | 总分 |
| --- | --- | --- | --- | --- |
| 全区九年一贯制 | 2020 | 32.87 | 25.09 | 57.96 |
|  | 2021 | 44.07 | 24.84 | 68.91 |
|  | 2022 | 45.18 | 25.01 | 70.19 |
| 开发区九年一贯制 | 2020 | 34.84 | 25.33 | 60.17 |
|  | 2021 | 47.08 | 25.13 | 72.21 |
|  | 2022 | 48.36 | 25.25 | 73.61 |
| 非开发区九年一贯制 | 2020 | 29.27 | 24.64 | 53.91 |
|  | 2021 | 39.33 | 24.38 | 63.71 |
|  | 2022 | 39.35 | 24.58 | 63.93 |

据表8数据显示，2022年小学校教育人才指数较前两年略有增长。

**表8　小学校教育人才指数三年均值比较**

| 指标项 | 年份 | 刚性指标 | 柔性指标 | 总分 |
| --- | --- | --- | --- | --- |
| 全区小学 | 2020 | 53.56 | 25.09 | 78.65 |
|  | 2021 | 77.64 | 26.47 | 104.11 |
|  | 2022 | 77.93 | 26.32 | 104.25 |
| 开发区小学 | 2020 | 57.05 | 24.96 | 82.01 |
|  | 2021 | 79.36 | 26.63 | 105.99 |
|  | 2022 | 83.87 | 26.44 | 110.31 |
| 非开发区小学 | 2020 | 47.27 | 25.33 | 72.6 |
|  | 2021 | 74.55 | 26.19 | 100.74 |
|  | 2022 | 68.03 | 26.13 | 94.16 |

## （二）指标数据分析

### 1. 骨干教师（含名师）指数分析

骨干教师（含名师）指数主要用于测量学校中市、区级教坛新秀（新苗）以上的学科类教学、学术骨干与市级以上名师及社会认可度高、含金量高的教师比例。相关情况如表9、表10所示。

数据表明，2022年该指数在高中组最高，在初中组最低。义务教育阶段各组非开发区与开发区学校均有差距。2022年该指数与上年相比有所上升。高中组、九年一贯制组和小学组指数均有上升，初中组低于其他各组，组际、内部有差距，同类校存在程度不等的差异，骨干教师占比还不太均衡。

表9 2020—2022年苏州工业园区全区中小学骨干教师（含名师）指数平均值

| 年份 | 全区 | 高中 | 初中 | 九年一贯制 | 小学 |
| --- | --- | --- | --- | --- | --- |
| 2020 | 12.57 | 16.72 | 13.84 | 9.84 | 14.34 |
| 2021 | 11.79 | 11.26 | 12.56 | 9.59 | 14.61 |
| 2022 | 14.01 | 16.48 | 11.46 | 11.95 | 16.38 |

表10 2022年义务教育阶段同类型学校骨干教师（含名师）指数平均值、最高分与最低分

| 指标项 | | | 初中 | 九年一贯制 | 小学 |
| --- | --- | --- | --- | --- | --- |
| 平均值 | 开发区学校 | | 13.08 | 12.99 | 18.76 |
| | 非开发区学校 | | 9.03 | 10.04 | 12.41 |
| | 新建校 | 5年内 | — | 11.56 | — |
| | | 3年内 | — | 15.67 | — |
| 最高分 | 开发区学校 | | 16.70 | 16.37 | 31.22 |
| | 非开发区学校 | | 13.56 | 15.64 | 17.81 |
| | 新建校 | 5年内 | — | 16.13 | — |
| | | 3年内 | — | 16.13 | — |
| 最低分 | 开发区学校 | | 9.71 | 8.12 | 5.95 |
| | 非开发区学校 | | 4.49 | 6.14 | 2.50 |
| | 新建校 | 5年内 | — | 6.14 | — |
| | | 3年内 | — | 15.20 | — |

2. 教学能力与教学成果指数分析

教学能力与教学成果指数主要用于测量学校中获得区级以上教育教学竞赛暨教学成果奖的教师的比例。2020—2022年苏州工业园区全区中小学教学能力与教学成果指数如表11所示。

表11 2020—2022年苏州工业园区全区中小学教学能力与教学成果指数平均值

| 年份 | 全区 | 高中 | 初中 | 九年一贯制 | 小学 |
| --- | --- | --- | --- | --- | --- |
| 2020 | 16.32 | 12.90 | 13.33 | 12.24 | 23.11 |
| 2021 | 30.20 | 19.33 | 22.36 | 22.83 | 44.45 |
| 2022 | 28.37 | 21.80 | 19.09 | 19.97 | 41.84 |

表12中的数据表明，在教学能力与教学成果指数统计中，小学组远高于全区平均，

其他组都低于全区平均；在义务教育阶段学校中，非开发区学校均低于开发区学校（小学均分差距尤其突出）。

表12  2022年义务教育阶段同类型学校教学能力与教学成果指数平均值、最高分与最低分

| 指标项 | | | | 初中 | 九年一贯制 | 小学 |
|---|---|---|---|---|---|---|
| 平均值 | | 开发区学校 | | 21.39 | 22.33 | 45.41 |
| | | 非开发区学校 | | 15.64 | 15.64 | 35.89 |
| | 新建校 | | 5年内 | — | 16.22 | — |
| | | | 3年内 | — | 15.02 | — |
| 最高分 | | 开发区学校 | | 21.60 | 58.46 | 56.71 |
| | | 非开发区学校 | | 18.44 | 24.83 | 72.65 |
| | 新建校 | | 5年内 | — | 20.31 | — |
| | | | 3年内 | — | 17.65 | — |
| 最低分 | | 开发区学校 | | 21.19 | 12.38 | 23.91 |
| | | 非开发区学校 | | 12.83 | 7.79 | 6.94 |
| | 新建校 | | 5年内 | — | 11.14 | — |
| | | | 3年内 | — | 12.38 | — |

3. 德育管理人才指数分析

德育管理人才指数用于测量学校中德育管理或工作较为突出的教师比例。

表13、表14中的数据表明，与2021年相比，2022年德育管理人才指数略有上升。小学组得分相对较高，超过平均值；九年一贯制组、初中组、高中组得分低于平均值。

表13  2020—2022年苏州工业园区全区中小学德育管理人才指数平均值

| 年份 | 全区 | 高中 | 初中 | 九年一贯制 | 小学 |
|---|---|---|---|---|---|
| 2020 | 0.65 | 0.76 | 0.53 | 0.43 | 0.93 |
| 2021 | 0.68 | 0.65 | 0.50 | 0.44 | 1.04 |
| 2022 | 0.73 | 0.65 | 0.50 | 0.50 | 1.06 |

表14  2022年义务教育阶段同类型学校德育管理人才指数平均值、最高分与最低分

| 指标项 | | | | 初中 | 九年一贯制 | 小学 |
|---|---|---|---|---|---|---|
| 平均值 | | 开发区学校 | | 0.54 | 0.56 | 1.18 |
| | | 非开发区学校 | | 0.44 | 0.40 | 0.86 |
| | 新建校 | | 5年内 | — | 0.50 | — |
| | | | 3年内 | — | 0.20 | — |

续表

| | 指标项 | | 初中 | 九年一贯制 | 小学 |
|---|---|---|---|---|---|
| 最高分 | 开发区学校 | | 0.80 | 1.05 | 2.09 |
| | 非开发区学校 | | 0.67 | 0.57 | 2.14 |
| | 新建校 | 5年内 | — | 1.05 | — |
| | | 3年内 | — | 0.39 | — |
| 最低分 | 开发区学校 | | 0.38 | 0.00 | 0.40 |
| | 非开发区学校 | | 0.20 | 0.32 | 0.12 |
| | 新建校 | 5年内 | — | 0.00 | — |
| | | 3年内 | — | 0.00 | — |

4. 教育技术（保障）人才指数分析

教育技术（保障）人才指数主要用于衡量信息化教学能手比赛、市十佳网络教学团队比赛、市中小学教师网络团队竞赛等获奖人数占全校教师人数的比例。

表15、表16中的数据表明，与2021年相比，2022年教育技术（保障）人才指数略有上升。除了组际差距外，有些组校际差距在拉大，同类学校也有不均衡现象。

表15 2020—2022年苏州工业园区全区中小学教育技术（保障）人才指数平均值

| 年份 | 全区 | 高中 | 初中 | 九年一贯制 | 小学 |
|---|---|---|---|---|---|
| 2020 | 1.43 | 0.51 | 0.84 | 0.91 | 2.49 |
| 2021 | 2.25 | 0.58 | 1.25 | 1.43 | 4.01 |
| 2022 | 2.52 | 0.64 | 1.26 | 1.63 | 4.34 |

表16 2022年义务教育阶段同类型学校教育技术（保障）人才指数平均值、最高分与最低分

| | 指标项 | | 初中 | 九年一贯制 | 小学 |
|---|---|---|---|---|---|
| 平均值 | 开发区学校 | | 1.73 | 1.72 | 3.91 |
| | 非开发区学校 | | 0.56 | 1.46 | 5.05 |
| | 新建校 | 5年内 | — | 1.27 | — |
| | | 3年内 | — | 1.41 | — |
| 最高分 | 开发区学校 | | 2.31 | 3.83 | 10.41 |
| | 非开发区学校 | | 0.80 | 3.10 | 11.57 |
| | 新建校 | 5年内 | — | 2.18 | — |
| | | 3年内 | — | 1.50 | — |

续表

| | 指标项 | | 初中 | 九年一贯制 | 小学 |
|---|---|---|---|---|---|
| 最低分 | 开发区学校 | | 1.23 | 0.81 | 0.76 |
| | 非开发区学校 | | 0.31 | 0.53 | 1.19 |
| | 新建校 | 5年内 | — | 0.53 | — |
| | | 3年内 | — | 1.31 | — |

5. 教育国际化指数分析

教育国际化指数用于测量学校中教育国际化人才的比例。

表17、表18中的数据表明，在教育国际化指数方面，小学组、九年一贯制组、高中组保持领先优势。对比近三年的测评数据，受新冠病毒感染疫情等因素影响，教育国际化指数区域整体下滑明显；对比各个组别的数据，各学段均呈下滑趋势。

表17　2020—2022年苏州工业园区全区中小学教育国际化指数平均值

| 年份 | 全区 | 高中 | 初中 | 九年一贯制 | 小学 |
|---|---|---|---|---|---|
| 2020 | 0.16 | 0.23 | 0.17 | 0.10 | 0.22 |
| 2021 | 0.14 | 0.17 | 0.16 | 0.08 | 0.19 |
| 2022 | 0.13 | 0.17 | 0.07 | 0.10 | 0.18 |

表18　2022年义务教育阶段同类型学校教育国际化指数平均值、最高分与最低分

| | 指标项 | | 初中 | 九年一贯制 | 小学 |
|---|---|---|---|---|---|
| 平均值 | 开发区学校 | | 0.04 | 0.12 | 0.24 |
| | 非开发区学校 | | 0.11 | 0.06 | 0.08 |
| | 新建校 | 5年内 | — | 0.09 | — |
| | | 3年内 | — | 0.17 | — |
| 最高分 | 开发区学校 | | 0.13 | 0.24 | 0.46 |
| | 非开发区学校 | | 0.20 | 0.15 | 0.17 |
| | 新建校 | 5年内 | — | 0.19 | — |
| | | 3年内 | — | 0.19 | — |
| 最低分 | 开发区学校 | | 0.00 | 0.00 | 0.02 |
| | 非开发区学校 | | 0.01 | 0.00 | 0.04 |
| | 新建校 | 5年内 | — | 0.00 | — |
| | | 3年内 | — | 0.15 | — |

### 6. 高学历教师指数分析

高学历教师指数用于测量学校中高学历教师的比例。

表19、表20中的数据表明，2022年高学历教师指数略有上升，小学组优势突出，开发区和非开发区学校之间差距明显，初中组仍处于低位。

表19　2020—2022年苏州工园区全区中小学高学历教师指数平均值

| 年份 | 全区 | 高中 | 初中 | 九年一贯制 | 小学 |
| --- | --- | --- | --- | --- | --- |
| 2020 | 4.22 | 3.39 | 2.15 | 4.05 | 5.27 |
| 2021 | 4.33 | 3.63 | 2.70 | 3.97 | 5.34 |
| 2022 | 4.41 | 3.90 | 2.71 | 4.17 | 5.32 |

表20　2022年义务教育阶段同类型学校高学历教师指数平均值、最高分与最低分

| 指标项 | | | 初中 | 九年一贯制 | 小学 |
| --- | --- | --- | --- | --- | --- |
| 平均值 | 开发区学校 | | 3.42 | 4.65 | 5.48 |
| | 非开发区学校 | | 1.65 | 3.28 | 5.06 |
| | 新建校 | 5年内 | — | 3.80 | — |
| | | 3年内 | — | 3.08 | — |
| 最高分 | 开发区学校 | | 3.67 | 5.39 | 5.60 |
| | 非开发区学校 | | 1.85 | 3.92 | 5.26 |
| | 新建校 | 5年内 | — | 5.39 | — |
| | | 3年内 | — | 4.38 | — |
| 最低分 | 开发区学校 | | 3.25 | 3.70 | 5.27 |
| | 非开发区学校 | | 1.44 | 1.77 | 4.65 |
| | 新建校 | 5年内 | — | 1.77 | — |
| | | 3年内 | — | 1.77 | — |

### 7. 高职称教师指数分析

高职称教师指数用于测量学校中高职称教师的比例。

综观高职称教师指数数据（表21、表22），小学组高于区域平均水平；初中组、九年一贯制组中的非开发区学校高于开发区学校；最高分仍然出现在小学组。

表21　2020—2022年苏州工业园区全区中小学高职称教师指数平均值

| 年份 | 全区 | 高中 | 初中 | 九年一贯制 | 小学 |
| --- | --- | --- | --- | --- | --- |
| 2020 | 3.00 | 2.77 | 1.45 | 2.45 | 4.18 |
| 2021 | 3.11 | 2.59 | 1.73 | 2.48 | 4.37 |
| 2022 | 3.19 | 2.48 | 1.57 | 2.69 | 4.41 |

表22  2022年义务教育阶段同类型学校高职称教师指数平均值、最高分与最低分

| | 指标项 | | 初中 | 九年一贯制 | 小学 |
|---|---|---|---|---|---|
| 平均值 | 开发区学校 | | 1.20 | 2.40 | 4.54 |
| | 非开发区学校 | | 2.12 | 3.22 | 4.20 |
| | 新建校 | 5年内 | — | 1.96 | — |
| | | 3年内 | — | 1.73 | — |
| 最高分 | 开发区学校 | | 1.42 | 4.41 | 6.37 |
| | 非开发区学校 | | 2.72 | 4.62 | 5.71 |
| | 新建校 | 5年内 | — | 2.86 | — |
| | | 3年内 | — | 2.00 | — |
| 最低分 | 开发区学校 | | 1.01 | 1.25 | 2.25 |
| | 非开发区学校 | | 1.52 | 1.46 | 1.07 |
| | 新建校 | 5年内 | — | 1.46 | — |
| | | 3年内 | — | 1.46 | — |

8. 青年骨干教师指数分析

青年骨干教师指数用于测量学校中40周岁及以下骨干教师的比例。

表23、表24中的数据表明，在青年骨干教师指数方面，2022年苏州工业园区全区较上年大幅上升。

表23  2020—2022年苏州工业园区全区中小学青年骨干教师指数平均值

| 年份 | 全区 | 高中 | 初中 | 九年一贯制 | 小学 |
|---|---|---|---|---|---|
| 2020 | 2.42 | 2.52 | 2.44 | 2.36 | 2.47 |
| 2021 | 2.77 | 2.15 | 2.39 | 2.75 | 3.04 |
| 2022 | 3.65 | 3.31 | 3.59 | 3.73 | 3.68 |

表24  2022年义务教育阶段同类型学校青年骨干教师指数平均值、最高分与最低分

| | 指标项 | | 初中 | 九年一贯制 | 小学 |
|---|---|---|---|---|---|
| 平均值 | 开发区学校 | | 4.07 | 3.15 | 3.53 |
| | 非开发区学校 | | 2.87 | 4.79 | 3.93 |
| | 新建校 | 5年内 | — | 5.29 | — |
| | | 3年内 | — | 3.05 | — |
| 最高分 | 开发区学校 | | 4.77 | 4.73 | 5.83 |
| | 非开发区学校 | | 3.23 | 14.17 | 4.77 |
| | 新建校 | 5年内 | — | 14.17 | — |
| | | 3年内 | — | 3.44 | — |

续表

| | 指标项 | | 初中 | 九年一贯制 | 小学 |
|---|---|---|---|---|---|
| 最低分 | 开发区学校 | | 3.30 | 2.05 | 1.46 |
| | 非开发区学校 | | 2.50 | 2.37 | 2.64 |
| | 新建校 | 5年内 | — | 2.05 | — |
| | | 3年内 | — | 2.66 | — |

9. 青年管理人才指数分析

青年管理人才指数用于测量35周岁及以下管理人才的比例。

表25、表26中的数据表明，与前两年相比，2022年青年管理人才指数略有上浮，但九年一贯制组略有下降。

表25　2020—2022年苏州工业园区全区中小学青年管理人才指数平均值

| 年份 | 全区 | 高中 | 初中 | 九年一贯制 | 小学 |
|---|---|---|---|---|---|
| 2020 | 0.49 | 0.4 | 0.31 | 0.49 | 0.56 |
| 2021 | 0.51 | 0.38 | 0.43 | 0.49 | 0.6 |
| 2022 | 0.59 | 0.52 | 0.64 | 0.46 | 0.72 |

表26　2022年义务教育阶段同类型学校青年管理人才指数平均值、最高分与最低分

| | 指标项 | | 初中 | 九年一贯制 | 小学 |
|---|---|---|---|---|---|
| 平均值 | 开发区学校 | | 0.75 | 0.44 | 0.82 |
| | 非开发区学校 | | 0.47 | 0.48 | 0.56 |
| | 新建校 | 5年内 | — | 0.35 | — |
| | | 3年内 | — | 0.44 | — |
| 最高分 | 开发区学校 | | 0.79 | 0.95 | 1.61 |
| | 非开发区学校 | | 0.65 | 0.94 | 1.00 |
| | 新建校 | 5年内 | — | 0.88 | — |
| | | 3年内 | — | 0.88 | — |
| 最低分 | 开发区学校 | | 0.69 | 0.00 | 0.28 |
| | 非开发区学校 | | 0.29 | 0.00 | 0.09 |
| | 新建校 | 5年内 | — | 0.00 | — |
| | | 3年内 | — | 0.00 | — |

10. 区域人才交流指数分析

区域人才交流指数用于测量学校中参与区域流动的教师比例。

表27、表28中的数据表明，2022年区域人才交流指数全区相对平稳，各组小幅波

动，有起有落。

表 27　2020—2022 年苏州工业园区全区中小学区域人才交流指数平均值

| 年份 | 全区 | 高中 | 初中 | 九年一贯制 | 小学 |
|---|---|---|---|---|---|
| 2020 | 0.13 | 0.06 | 0.12 | 0.10 | 0.20 |
| 2021 | 0.17 | 0.04 | 0.10 | 0.12 | 0.28 |
| 2022 | 0.13 | 0.05 | 0.02 | 0.10 | 0.20 |

表 28　2022 年义务教育阶段同类型学校区域人才交流指数平均值、最高分与最低分

| | 指标项 | | 初中 | 九年一贯制 | 小学 |
|---|---|---|---|---|---|
| 平均值 | 开发区学校 | | 0.03 | 0.11 | 0.21 |
| | 非开发区学校 | | 0.02 | 0.08 | 0.18 |
| | 新建校 | 5 年内 | — | 0.14 | — |
| | | 3 年内 | — | 0.36 | — |
| 最高分 | 开发区学校 | | 0.04 | 0.61 | 0.72 |
| | 非开发区学校 | | 0.04 | 0.34 | 0.47 |
| | 新建校 | 5 年内 | — | 0.38 | — |
| | | 3 年内 | — | 0.38 | — |
| 最低分 | 开发区学校 | | 0.00 | 0.00 | 0.00 |
| | 非开发区学校 | | 0.00 | 0.00 | 0.00 |
| | 新建校 | 5 年内 | — | 0.00 | — |
| | | 3 年内 | — | 0.34 | — |

11. 人才成长环境指数分析

人才成长环境指数用于测量学校中的教师整体成长环境。

表 29、表 30 中的数据表明，与 2021 年相比，2022 年人才成长环境指数在高中组、小学组略低，在初中组、九年一贯制组略高。

表 29　2020—2022 年苏州工业园区全区中小学人才成长环境指数平均值

| 年份 | 全区 | 高中 | 初中 | 九年一贯制 | 小学 |
|---|---|---|---|---|---|
| 2020 | 10.00 | 10.00 | 10.00 | 10.00 | 10.00 |
| 2021 | 10.00 | 10.21 | 9.90 | 9.95 | 10.02 |
| 2022 | 10.00 | 9.90 | 9.96 | 10.11 | 9.93 |

表30 2022年义务教育阶段同类型学校人才成长环境指数平均值、最高分与最低分

| 指标项 | | | 初中 | 九年一贯制 | 小学 |
|---|---|---|---|---|---|
| 平均值 | 开发区学校 | | 9.74 | 10.15 | 9.91 |
| | 非开发区学校 | | 10.29 | 10.03 | 9.95 |
| | 新建校 | 5年内 | — | 10.12 | — |
| | | 3年内 | — | 9.98 | — |
| 最高分 | 开发区学校 | | 10.29 | 10.54 | 10.04 |
| | 非开发区学校 | | 10.29 | 10.37 | 10.02 |
| | 新建校 | 5年内 | — | 10.29 | — |
| | | 3年内 | — | 10.22 | — |
| 最低分 | 开发区学校 | | 9.47 | 9.74 | 9.82 |
| | 非开发区学校 | | 10.29 | 9.72 | 9.82 |
| | 新建校 | 5年内 | — | 9.74 | — |
| | | 3年内 | — | 9.74 | — |

12. 行政团队综合指数分析

行政团队综合指数用于测量学校中行政团队管理与服务的认同度。

表31、表32中的数据显示，与2021年相比，2022年行政团队综合指数在初中组、九年一贯制组有所提升，在其他组略有下降。

表31 2020—2022年苏州工业园区全区中小学行政团队综合指数平均值

| 年份 | 全区 | 高中 | 初中 | 九年一贯制 | 小学 |
|---|---|---|---|---|---|
| 2020 | 10.00 | 10.00 | 10.00 | 10.00 | 10.00 |
| 2021 | 10.00 | 10.15 | 8.95 | 9.87 | 10.34 |
| 2022 | 10.00 | 10.06 | 9.46 | 9.99 | 10.16 |

表32 2022年义务教育阶段同类型学校行政团队综合指数平均值、最高分与最低分

| 指标项 | | | 初中 | 九年一贯制 | 小学 |
|---|---|---|---|---|---|
| 平均值 | 开发区学校 | | 9.43 | 10.01 | 10.13 |
| | 非开发区学校 | | 9.51 | 9.96 | 10.22 |
| | 新建校 | 5年内 | — | 10.09 | — |
| | | 3年内 | — | 9.86 | — |

续表

| | 指标项 | | 初中 | 九年一贯制 | 小学 |
|---|---|---|---|---|---|
| 最高分 | 开发区学校 | | 9.64 | 10.37 | 10.37 |
| | 非开发区学校 | | 9.51 | 10.37 | 10.37 |
| | 新建校 | 5年内 | — | 10.37 | — |
| | | 3年内 | — | 10.37 | — |
| 最低分 | 开发区学校 | | 9.33 | 9.30 | 9.85 |
| | 非开发区学校 | | 9.51 | 9.35 | 9.95 |
| | 新建校 | 5年内 | — | 9.35 | — |
| | | 3年内 | — | 9.35 | — |

13. 教育人才绩效指数分析

教育人才绩效指数用于测量学校对人力资源的利用效率。

表33、表34中的数据显示，2022年教育人才绩效指数在小学组呈逐年上升趋势，在初中组、九年一贯制组均略有下降，在高中组相较2021年有了回升。

表33  2020—2022年苏州工业园区全区中小学教育人才绩效指数平均值

| 年份 | 全区 | 高中 | 初中 | 九年一贯制 | 小学 |
|---|---|---|---|---|---|
| 2020 | 5.00 | 5.00 | 5.00 | 5.00 | 5.00 |
| 2021 | 5.00 | 3.39 | 3.81 | 4.91 | 5.84 |
| 2022 | 5.00 | 3.66 | 3.28 | 4.82 | 6.06 |

表34  2022年义务教育阶段同类型学校教育人才绩效指数平均值、最高分与最低分

| | 指标项 | | 初中 | 九年一贯制 | 小学 |
|---|---|---|---|---|---|
| 平均值 | 开发区学校 | | 4.06 | 4.98 | 6.23 |
| | 非开发区学校 | | 2.12 | 4.53 | 5.78 |
| | 新建校 | 5年内 | — | 3.39 | — |
| | | 3年内 | — | 1.68 | — |
| 最高分 | 开发区学校 | | 4.44 | 6.42 | 6.77 |
| | 非开发区学校 | | 4.23 | 5.56 | 6.32 |
| | 新建校 | 5年内 | — | 5.36 | — |
| | | 3年内 | — | 3.35 | — |
| 最低分 | 开发区学校 | | 3.63 | 0.00 | 5.13 |
| | 非开发区学校 | | 0.00 | 3.35 | 4.99 |
| | 新建校 | 5年内 | — | 0.00 | — |
| | | 3年内 | — | 0.00 | — |

14. 教育人才稳定指数分析

教育人才稳定指数用于测量学校中骨干教师、名师的稳定情况。

表35、表36中的数据表明，2022年教育人才稳定指数较2021年略有上升，九年一贯制组的上升幅度较大。

表35　2020—2022年苏州工业园区全区中小学教育人才稳定指数平均值

| 年份 | 全区 | 高中 | 初中 | 九年一贯制 | 小学 |
|---|---|---|---|---|---|
| 2020 | −0.05 | −0.05 | −0.05 | −0.05 | −0.05 |
| 2021 | −0.02 | −0.01 | −0.04 | −0.01 | −0.02 |
| 2022 | −0.02 | 0.00 | −0.02 | 4.82 | −0.03 |

表36　2022年义务教育阶段同类型学校教育人才稳定指数平均值、最高分与最低分

| 指标项 | | | 初中 | 九年一贯制 | 小学 |
|---|---|---|---|---|---|
| 平均值 | 开发区学校 | | −0.03 | −0.02 | −0.05 |
| | 非开发区学校 | | 0.00 | −0.01 | −0.01 |
| | 新建校 | 5年内 | — | 0.00 | — |
| | | 3年内 | — | 0.00 | — |
| 最高分 | 开发区学校 | | 0.00 | 0.00 | 0.00 |
| | 非开发区学校 | | 0.00 | 0.00 | 0.00 |
| | 新建校 | 5年内 | — | 0.00 | — |
| | | 3年内 | — | 0.00 | — |
| 最低分 | 开发区学校 | | −0.05 | −0.14 | −0.33 |
| | 非开发区学校 | | 0.00 | −0.06 | −0.03 |
| | 新建校 | 5年内 | — | 0.00 | — |
| | | 3年内 | — | 0.00 | — |

## 三、对教育人才发展的思考

从上述教育人才指数的指标数据分析来看，苏州工业园区在教育人才指数各个指标测评的具体项目中，与其他同类型地区相比有一定优势，在苏州市比较领先的有苏州工业园区骨干教师（含名师）指数测评中的正高级教师、特级教师、姑苏教育特聘人才、姑苏教育拔尖人才、苏州市学科带头人总量，教学能力与教学成果指数中获教育行政与教学业务主管部门举行的省级及以上优质课和教学基本功竞赛一等奖、苏州市教师专业

素养竞赛一等奖人数，高学历教师指数测评中的研究生学历人数占比等。而在骨干教师（含名师）指数测评中的国家教学名师、省人民教育家培养工程培养对象（"苏教名家"培养工程培养对象）、"姑苏教育名家"和二级与三级岗位正高级教师、苏州市教育特聘A类人才、省教学名师，以及高职称教师等指数，在苏州市与其他同类型地区相比都不具有优势，有的指标比较低，有的指标甚至是零。现将苏州工业园区在教育人才发展中的主要成效与经验、不足原因与拟加强的措施，以及2023年人才队伍建设目标及措施等对教育人才发展的思考概述如下。

## （一）主要成效与经验

### 1. 骨干教师（含名师）指数中部分项目位居苏州市前列

与同类地区相比，苏州工业园区骨干教师占比较大。其中，省特级教师、全国优秀教师、C类与D类姑苏教育特聘人才、苏州市学科带头人总数及其占全体教师的比例目前在苏州大市位居前列。之所以能取得这样的成就，主要是因为苏州工业园区持续加大骨干教师培养、引进的力度。近年来，苏州工业园区优化完善了骨干教师评审系列，相应增加了一些门类指标。这对骨干教师既是一种肯定，又是一种激励。此外，苏州工业园区具有相对宽松的用人政策、富有竞争力的薪资待遇、优美宜居的生活环境，吸引了一批批县区级、设区市级、省级、国家级的优秀教师从区外、市内外乃至省内外汇集到这片教育高地上来。

### 2. 教学能力与教学成果指数中初中数学优课"一路凯歌"

近年来，苏州工业园区教师发展中心根据大数据分析指引，对青年教师在思想政治、师德师风、素养学养、教学基本功、教科研水平等方面有针对、有重点地深入持续开展培训，教师综合素质大幅提升，在省教育行政和教学业务主管部门组织的教学基本功与优质课竞赛中捷报频传、成绩位居前列。大数据分析暴露出青年教师的短板和弱项，苏州工业园区教师发展中心、学科教师培训中心、名师工作坊及教师所在学校据此进行科学匹配，统筹安排各科教研员与年轻教师联动结对，老教师与青年教师一对一"传帮带"，为青年教师专业成长助力。苏州工业园区教师发展中心以课例研究为载体，组织了重在促进青年教师提高思想觉悟、师德水平，提升专业能力、科研水平的多层次、多类型、多形态、系统性的系列培训。其中，初中数学教师团队更是立足学科教学研究，在促进教师专业成长、学科特色形成、区域教育品质提升等方面取得突出成效。例如，2022年西安交通大学苏州附属初级中学蒋妍兮老师在第三届全国中小学青年教师教学竞赛中获得中学数学组一等奖第一名。

**3. 教学能力与教学成果指数中专业素养竞赛续写辉煌**

在苏州市中小学教师专业素养竞赛中，苏州工业园区教师常年领跑全市，2022年再获佳绩，获奖人数及获奖比例均位列全市第一。苏州工业园区高度重视教师专业素养发展，以赛事契机促进教师专业成长。苏州工业园区教师发展中心提前谋划，相应学科研训员借助教师教育体系课程"学科教师专业素养"，组织学校骨干教师精心准备相关复习资料和高质量的模拟试卷，按计划安排各校组织教师做好备赛工作，为参赛教师提供专业指导和帮助，通过"学科教师专业素养"等教师教育体系课程、新上岗教师教学基本功培训及其他多种举措，打好人才分层培养、按需发展的组合拳。

**4. 教学能力与教学成果指数中教学成果奖质量有提升**

在2017年、2021年省级教学成果奖中，苏州工业园区获奖项目数量较多，共斩获特等奖2项、一等奖3项，另有二等奖多项，成绩喜人；2022年，苏州工业园区选送项目获得国家级教学成果二等奖，实现国家级教学成果奖零的突破。苏州工业园区获奖的主要原因和启示如下：一是区校联动，教育行政部门主要领导与主管领导及相关处室、教师发展职能部门主要领导与主管领导及相关处室顶层设计、率先垂范，把方向、定基调，相关学校领导与教师积极参与，扎扎实实地进行研究与实践。二是获奖项目大多是省部级重大项目、教育科学规划课题、教研课题研究成果，项目与课题研究可以成为教学成果孵化的基础。三是获奖项目大多出版有专著（或将专著列入出版计划）或在国家核心期刊与人大报刊复印资料有研究成果，获奖单位普遍对项目或课题研究成果的提炼、推广比较重视。四是获奖项目单位教育改革意识强烈，从课程、教学、师资及人才培养模式上找到了教育改革抓手，切入了教育发展的内涵。

**5. 德育管理人才指数中班主任基本功竞赛连获省级大奖**

近七年来，苏州工业园区教师凭借扎实的基本功、先进的教育理念与过人的教育智慧，继2016年为苏州市在赛事一等奖上取得零的突破、问鼎最高奖后，在省级中小学班主任基本功竞赛中连年获得一等奖，在2020年、2021年分别有两名教师作为苏州市代表队选手参赛并连续双双荣获一等奖，还首次获得长三角地区中小学班主任基本功大赛一等奖。除此之外，苏州工业园区通过自培、引进的省级班主任基本功竞赛一、二等奖获奖人数合计居于苏州市前列。这些成绩的取得原因如下：一是教育局及其相关职能部门高度重视，组织教练团队悉心指导参赛教师，进行了全方位培训；每年组织面向班主任的100多个学时的心理教师上岗培训。二是苏州工业园区教师发展中心与各学校，组织班主任基本功竞赛、主题班会等业务评比暨展示观摩学习活动。三是有关学校高度重视，主要领导亲自关怀、热情鼓励，分管人员齐抓共管、协调配合，德育团队悉心帮助、整合资源，全校上下形成了促进班主任专业发展的强大合力。四是广大班主任勤勉奋进、博采众长、苦练内功、积累经验。

## （二）不足原因与拟加强的措施

### 1. 高端荣誉取得略显不足

（1）落后现状

苏州工业园区高端人才较少，占全体教师比例较小；国家教学名师、姑苏教育名家、姑苏教育A类特聘人才等均没有。

（2）不足原因

一是有些省级项目不再评审或符合条件人数较少。二是国家级、省级部分项目获得难度相对较大。三是在"姑苏教育人才"中，教育名家、教育领军人才要求高，苏州工业园区符合条件人数少；在"姑苏教育特聘人才"方面，苏州工业园区没有符合A类条件的人才。

（3）采取措施

一是对照有关评审条件，组织市级学科带头人以上称号获得者明确努力目标，针对薄弱环节，查漏补缺，力求在一定时期内达到或超过申报条件的要求。二是高原筑峰，群策群力，教育行政与教育教学、教育科研等业务部门和骨干教师共同体，以及名师所在单位为相关教师搭桥铺路、保驾护航。三是发挥榜样示范力量，顶尖人才介绍自身成功经验。四是争取引进一批高端顶尖人才。

### 2. 高级职称指数相对落后

（1）落后现状

高级职称教师与同类型地区相比相对偏少，正高级教师二级与三级岗位还是空白。

（2）不足原因

一是一些教师安于现状，在专业技术上不求大的长进。二是苏州工业园区建区只近30年，高级职称教师本就不多，近年招聘应届生居多，职称总数底盘增大。三是正高级教师二级与三级岗位条件要求较高，符合条件人选不多。四是苏州工业园区没有正高级教师二级与三级岗位设定。

（3）采取措施

一是对广大教师进行职业理想与专业标准教育，明确专业技术发展目标。二是对照有关评审条件，指导有关教师尽快达标。三是尽快放开正高级教师二级与三级岗位设定。

## (三) 2023 年学校人才队伍建设目标及举措

### 1. 目标

(1) 刚性指数目标

刚性指数目标如表 37 所示。

表 37　刚性指数目标

| 类别 | 骨干教师（含名师）指数 | 教学能力与教学成果指数 | 德育管理人才指数 | 教育技术人才指数 | 教育国际化指数 | 高学历教师指数 | 高职称教师指数 | 青年骨干教师指数 | 青年管理人才指数 | 刚性指标汇总 |
|---|---|---|---|---|---|---|---|---|---|---|
| 目标值 | 14.02 | 28.5 | 0.74 | 2.56 | 0.15 | 4.42 | 3.20 | 3.70 | 0.60 | 57.89 |

在以上指标的基础上，2023 年拟新增教师教育人才指数、教育创新人才指数，用于测量区级教师教育人才占比及教学方法创新、教学技术创新、教学评价创新等方面的人才占比。

(2) 柔性指数目标

柔性指数目标如表 38 所示。

表 38　柔性指数目标

| 类别 | 区域人才交流指数 | 人才成长环境指数 | 行政团队综合指数 | 教育人才绩效指数 | 教育人才稳定指数 | 柔性指标汇总 |
|---|---|---|---|---|---|---|
| 目标值 | 0.15 | 10.00 | 10.00 | 5.00 | -0.02 | 25.13 |

### 2. 举措

(1) 通过培养、引进、交流等形式，多措并举、多出人才

利用好 2023 年正高级教师评选政策，力争苏州工业园区用足指标；做好苏州工业园区特聘人才、分层培养人才评审工作；组织好第 24 批苏州工业园区骨干教师评选；加强与知名高校合作，吸引更多优秀毕业生。

(2) 通过"3+X"教师教育体系，提升人才培育的质量

推进"3+X"教师培训课程改革：一方面，推出苏州工业园区教师教育体系 2.0 版全新课程，为各级各类人才能力提升提供相对比较丰富的培训课程；另一方面，着手"X"系列课程培训，着重就一些骨干教师开展专题类的教师梯队培训，加速其向专家型、学者型教师转变。

（3）多措并举，提升"5G+智慧教育"环境下的教师数字素养

借助智能环境开展智慧教育，利用"种子"培训、高端研修、校本培训、自主学习、学科培训、基地培训、结对帮扶等多种方式提高教师的数字素养。

（4）注重"易加"系列应用深化，在特色品牌打造中敢于创新

推进"易加教育4.0"工程，支撑新型教与学模式构建；进行理念革新、项目深化、课堂打造、普及应用、常规竞赛，擦亮"易加"品牌，助力苏州工业园区的教育数字化转型走向深入。

（5）通过"人才+"活力激发系统，重燃各类人才发展激情

加强各类人才队伍建设，既重视管理人才队伍建设，又重视技能人才队伍建设，更重视面广量大的专业技术人才队伍建设，像党的二十大报告中要求的那样，"真心爱才、悉心育才、倾心引才、精心用才，求贤若渴，不拘一格，把各方面优秀人才集聚到党和人民事业中来"。

（本文由苏州工业园区教师发展中心提供，撰稿人：殷俊）

# 2022 年苏州市初中生心理健康状况专题分析报告

## 一、引言

青少年在处于生理和心理快速发展的阶段的同时,其生理和心理常常发展不平衡,对事物的认知及对事态的判断还不够完善,遇到挫折时容易陷入偏激状态。此外,随着经济社会快速发展,学生成长环境不断变化,叠加新冠病毒感染疫情的影响,青少年产生了许多心理冲突。当他们无法正确处理这些问题时,可能会产生焦虑、压抑、悲观等消极情绪,甚至有一系列问题行为。2023 年 4 月,教育部等十七部门联合印发了《全面加强和改进新时代学生心理健康工作专项行动计划(2023—2025 年)》,文件指出要"全面加强和改进新时代学生心理健康工作,提升学生心理健康素养"。可见促进学生身心健康、全面发展,已成为党中央关心、人民群众关切和社会关注的重大课题。因此,聚焦青少年心理健康主题,探究青少年心理健康的影响因素,进一步营造有利于青少年身心健康发展的家校环境,具有非常重要的意义。

## 二、研究设计

### (一) 数据来源

本研究使用的数据来源于苏州市 2022 年全市初中生学业质量监测项目。该监测项目覆盖全市 10 个辖区内的全部初中校,共有 307 个测试点的 336 891 名学生参加测试。监测内容包括学科学业成绩测试与相关因素问卷填答。问卷指标体系包括基本信息、成长背景、身心健康、学习品质、学业负担和学业支持六个一级维度,分成 A、B 两套问卷采集数据。本文的研究变量均在问卷 B 中呈现,剔除无效数据后,有效样本数共计 155 680 人。

## (二) 变量说明

### 1. 心理健康

本研究中的心理健康包括主观幸福感、考试焦虑、自身压力感受三个子维度。三个子维度的得分按各 1/3 的权重合成心理健康维度得分。具体说明如表 1 所示。

**表 1 心理健康维度说明**

| 心理健康子维度 | 维度说明 |
| --- | --- |
| 主观幸福感 | 该维度是指个体对自身生活满意程度的认知评价。共包含 9 道题目，采用 7 级计分 |
| 考试焦虑 | 该维度是指在一定的应试情境激发下，受个体认知评价能力、人格倾向与其他身心因素制约，以担忧为基本特征，以防御或逃避为行为方式，通过不同程度的情绪性反应表现出来的一种心理状态。共包含 6 道题目，采用 4 级计分 |
| 自身压力感受 | 该维度是指学生目前在学习方面承受压力的总体主观感受。共包含 1 道题目，采用 7 级计分 |

### 2. 学业成绩

本研究将学生的学业成绩调整为苏州大市得分为 500 分、标准差为 100 分的量尺分形式呈现。量尺分是根据学生的作答情况，采用项目反应理论模型得到学生能力分数后再转换成的测验标准分数。量尺分具有不受测试题目差异和题目难度影响的特点，从而使得同一年度中完成不同测试卷的学生的分数具有可比性。

### 3. 学业相关因素

学业相关因素维度说明如表 2 所示。

**表 2 学业相关因素维度说明**

| 相关因素 | 子维度 | 维度说明 |
| --- | --- | --- |
| 社会与情感能力 | 情绪调节 | 该维度是指个体根据内外环境的要求，在对情绪进行监控和评估的基础上，采用一定的行为策略对情绪进行影响和控制的过程。共包含 6 道题目，采用 4 级计分 |
| | 坚毅力 | 该维度体现的是个体为达到预定的目标而自觉克服困难、努力的一种意志品质。共包含 4 道题目，采用 4 级计分 |
| | 共情力 | 该维度是指个体对他人情绪或情感的理解，指向对他人的同情、关怀、怜惜之类的情感。共包含 7 道题目，采用 4 级计分 |
| | 学校适应 | 该维度体现的是学生在学校与同学交往互动及融入学校环境的情况。共包含 5 道题目，采用 4 级计分 |

续表

| 相关因素 | 子维度 | 维度说明 |
|---|---|---|
| 人际关系 | 师生关系 | 该维度是指人与人之间相互交往与联系的关系,在本研究中该维度包括师生关系、同伴关系和亲子关系三方面的内容。其中,师生关系量表共包含4道题目,同伴关系量表共包含6道题目,亲子关系量表共包含15道题目,均采用4级计分 |
| | 同伴关系 | |
| | 亲子关系 | |
| 客观学业负担 | 作业负担 | 该维度是指校内作业总时间、学科作业时间和校外作业时间。校内作业总时间是指完成学校教师布置的作业的时间,学科作业时间是指完成学校各科教师布置的作业的时间,校外作业时间是指完成校外其他人(如校外辅导者或家长)布置的作业的时间。共包含3道题目,按照选项中时间由短到长的顺序赋分 |
| | 补习负担 | 该维度是指学生在校外参加补习的总时间及参加学科补习的时间。共包含2道题目,按照选项中时间由短到长的顺序赋分 |
| 体育锻炼 | | 该维度是指学生分别在校内和校外参加体育锻炼的天数或次数。共包含2道题目,以调查题的形式呈现 |

需要说明的是,除了调查题外,本研究中心理健康、学业成绩及学业相关因素所有维度均以指数形式呈现数据,转化过程:得到某变量的原始分后,将原始分转换成以0分为平均分、以1分为标准差的 $Z$ 分数;再转换成以5分为平均分、以2分为标准差的标准分($T$ 分数),即"$T=5+2Z$",转换后苏州市大市的平均得分为5分,该标准分即为该变量的指数。在某个变量上得分越高,表示学生在此变量上的表现越好,如考试焦虑维度得分越高,表示学生的考试焦虑程度越低。

# 三、研究结果

## (一) 心理健康状况的群体差异

### 1. 男生的心理健康状况好于女生

表3、图1呈现了不同性别学生在心理健康各维度上的得分差异。男生在主观幸福感、考试焦虑、自身压力感受三个子维度及总体上的得分均高于女生。可见男生的心理健康状况好于女生。

表3　不同性别学生在心理健康各维度上的得分差异

单位：标准分

| 性别 | 主观幸福感 | 考试焦虑 | 自身压力感受 | 总体 |
| --- | --- | --- | --- | --- |
| 男 | 5.09 | 5.14 | 5.19 | 5.15 |
| 女 | 4.91 | 4.85 | 4.97 | 4.91 |

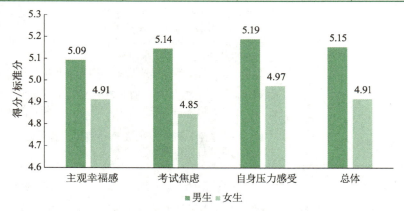

图1　不同性别学生在心理健康各维度上的得分差异

**2. 独生子女的心理健康状况好于非独生子女**

表4、图2呈现了非独生子女和独生子女在心理健康各维度上的得分差异。独生子女在主观幸福感、考试焦虑、自身压力感受三个子维度及总体上的得分均高于非独生子女。可见独生子女的心理健康状况好于非独生子女。

表4　非独生子女和独生子女在心理健康各维度上的得分差异

单位：标准分

| 是否独生 | 主观幸福感 | 考试焦虑 | 自身压力感受 | 总体 |
| --- | --- | --- | --- | --- |
| 是 | 5.12 | 5.16 | 5.17 | 5.16 |
| 否 | 4.95 | 4.92 | 5.04 | 4.98 |

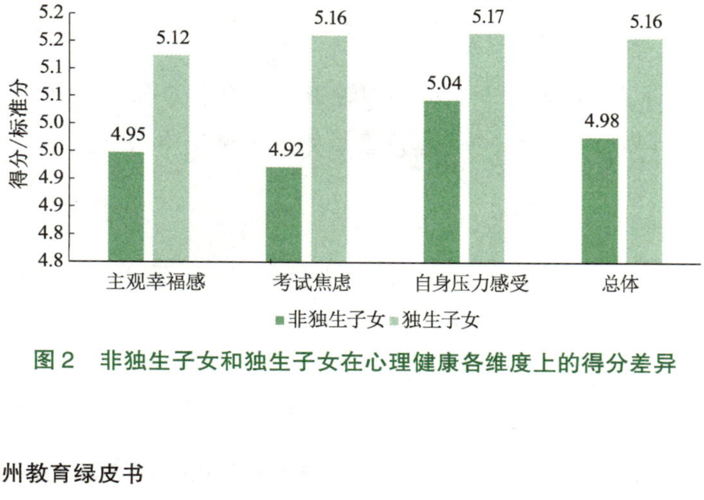

图2　非独生子女和独生子女在心理健康各维度上的得分差异

## （二）心理健康状况与学业成绩的关系

为了探究心理健康状况与学业成绩的关系，本研究将心理健康状况划分为四个水平，具体划分标准：将学生在心理健康总体上的得分由低到高排序后，按人数平均划分为四个水平（人数各占 25%），得分最低的 25% 为水平Ⅰ，得分次低的 25% 为水平Ⅱ，得分次高的 25% 为水平Ⅲ，得分最高的 25% 为水平Ⅳ。

表5、图3呈现了不同心理健康状况水平学生在学业成绩上的得分差异。水平Ⅳ学生的学业成绩最好，水平Ⅲ学生次之，水平Ⅱ学生再次之，水平Ⅰ学生的学业成绩最差。可见心理健康状况好的学生的学业成绩更好。

**表 5　不同心理健康状况水平学生在学业成绩上的得分差异**

单位：量尺分

| 心理健康水平 | 学业成绩 | 心理健康水平 | 学业成绩 |
| --- | --- | --- | --- |
| 水平Ⅰ | 478.54 | 水平Ⅲ | 514.75 |
| 水平Ⅱ | 497.02 | 水平Ⅳ | 519.74 |

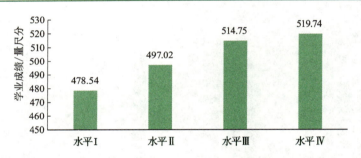

**图 3　不同心理健康状况水平学生在学业成绩上的得分差异**

## （三）心理健康状况与学业相关因素的关系

为了探究心理健康状况与学业相关因素的关系，本研究将情绪调节、坚毅力、共情力、学校适应、师生关系、同伴关系、亲子关系、作业负担、补习负担等维度分别划分为四个水平，具体划分标准：将学生在某一维度上的得分由低到高排序后，划分为四个水平（人数各占 25%），得分最低的 25% 为水平Ⅰ，得分次低的 25% 为水平Ⅱ，得分次高的 25% 为水平Ⅲ，得分最高的 25% 为水平Ⅳ。

**1. 社会与情感能力越强的学生的心理健康状况更好**

首先,表6、图4呈现了不同情绪调节水平学生在心理健康各维度上的得分差异。水平Ⅳ学生在主观幸福感、考试焦虑、自身压力感受三个子维度及总体上的得分最高,水平Ⅲ学生次之,水平Ⅱ学生再次之,水平Ⅰ学生的得分最低。可见情绪调节水平高的学生的心理健康状况更好,表现为主观幸福感更强、考试焦虑程度更低、自身压力感受更轻。

表6 不同情绪调节水平学生在心理健康各维度上的得分差异

单位:标准分

| 情绪调节水平 | 主观幸福感 | 考试焦虑 | 自身压力感受 | 总体 |
| --- | --- | --- | --- | --- |
| 水平Ⅰ | 3.84 | 4.33 | 4.56 | 4.24 |
| 水平Ⅱ | 4.72 | 4.79 | 4.95 | 4.83 |
| 水平Ⅲ | 5.26 | 5.09 | 5.17 | 5.18 |
| 水平Ⅳ | 6.20 | 5.80 | 5.66 | 5.90 |

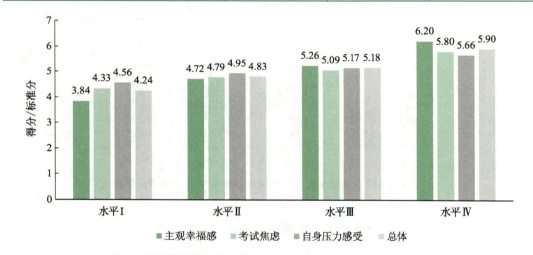

图4 不同情绪调节水平学生在心理健康各维度上的得分差异

其次,表7、图5呈现了不同坚毅力水平学生在心理健康各维度上的得分差异。水平Ⅳ学生在主观幸福感、考试焦虑、自身压力感受三个子维度及总体上的得分最高,水平Ⅲ学生次之,水平Ⅱ学生再次之,水平Ⅰ学生的得分最低。可见坚毅力水平高的学生的心理健康状况更好,表现为主观幸福感更强、考试焦虑程度更低、自身压力感受更轻。

表7　不同坚毅力水平学生在心理健康各维度上的得分差异

单位：标准分

| 坚毅力水平 | 主观幸福感 | 考试焦虑 | 自身压力感受 | 心理健康 |
| --- | --- | --- | --- | --- |
| 水平Ⅰ | 3.63 | 4.21 | 4.55 | 4.13 |
| 水平Ⅱ | 4.60 | 4.59 | 4.83 | 4.68 |
| 水平Ⅲ | 5.42 | 5.19 | 5.21 | 5.28 |
| 水平Ⅳ | 6.39 | 6.02 | 5.76 | 6.07 |

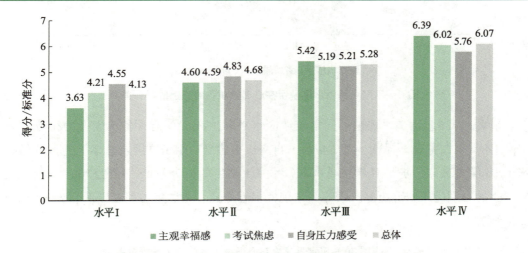

图5　不同坚毅力水平学生在心理健康各维度上的得分差异

再次，表8、图6呈现了不同共情力水平学生在心理健康各维度上的得分差异。水平Ⅳ学生在主观幸福感、考试焦虑、自身压力感受三个子维度及总体上的得分最高，水平Ⅲ学生次之，水平Ⅱ学生再次之，水平Ⅰ学生的得分最低。可见共情水平高的学生的心理健康状况更好，表现为主观幸福感更强、考试焦虑程度更低、自身压力感受更轻。

表8　不同共情力水平学生在心理健康各维度上的得分差异

单位：标准分

| 共情力水平 | 主观幸福感 | 考试焦虑 | 自身压力感受 | 总体 |
| --- | --- | --- | --- | --- |
| 水平Ⅰ | 4.03 | 4.69 | 4.92 | 4.55 |
| 水平Ⅱ | 4.81 | 4.82 | 5.02 | 4.88 |
| 水平Ⅲ | 5.19 | 5.01 | 5.03 | 5.08 |
| 水平Ⅳ | 6.00 | 5.50 | 5.37 | 5.62 |

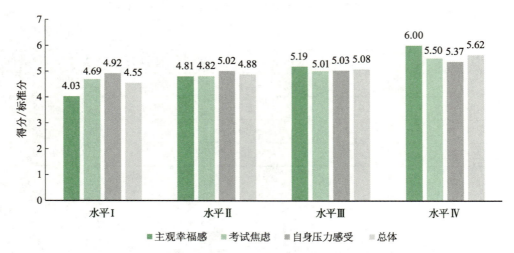

**图 6 不同共情力水平学生在心理健康各维度上的得分差异**

最后，表9、图7呈现了不同学校适应水平学生在心理健康各维度上的得分差异。水平Ⅳ学生在主观幸福感、考试焦虑、自身压力感受三个子维度及总体上的得分最高，水平Ⅲ学生次之，水平Ⅱ学生再次之，水平Ⅰ学生的得分最低。可见学校适应水平高的学生的心理健康状况更好，表现为主观幸福感更强、考试焦虑程度更低、自身压力感受更轻。

**表 9 不同学校适应水平学生在心理健康各维度上的得分差异**

单位：标准分

| 学校适应水平 | 主观幸福感 | 考试焦虑 | 自身压力感受 | 总体 |
| --- | --- | --- | --- | --- |
| 水平Ⅰ | 3.32 | 4.23 | 4.40 | 3.99 |
| 水平Ⅱ | 4.66 | 4.70 | 4.94 | 4.77 |
| 水平Ⅲ | 5.41 | 5.10 | 5.15 | 5.22 |
| 水平Ⅳ | 6.64 | 5.99 | 5.83 | 6.15 |

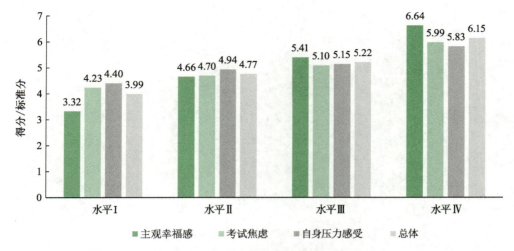

图 7　不同学校适应水平学生在心理健康各维度上的得分差异

2. 人际关系状况好的学生的心理健康状况更好

首先，表 10、图 8 呈现了不同师生关系水平学生在心理健康各维度上的得分差异。水平 Ⅳ 学生在主观幸福感、考试焦虑、自身压力感受三个子维度及总体上的得分最高，水平 Ⅲ 学生次之，水平 Ⅱ 学生再次之，水平 Ⅰ 学生的得分最低。可见师生关系水平高的学生的心理健康状况更好，表现为主观幸福感更强、考试焦虑程度更低、自身压力感受更轻。

表 10　不同师生关系水平学生在心理健康各维度上的得分差异

单位：标准分

| 师生关系水平 | 主观幸福感 | 考试焦虑 | 自身压力感受 | 总体 |
| --- | --- | --- | --- | --- |
| 水平 Ⅰ | 3.58 | 4.36 | 4.44 | 4.13 |
| 水平 Ⅱ | 4.70 | 4.77 | 5.00 | 4.83 |
| 水平 Ⅲ | 5.29 | 5.02 | 5.12 | 5.15 |
| 水平 Ⅳ | 6.47 | 5.86 | 5.77 | 6.04 |

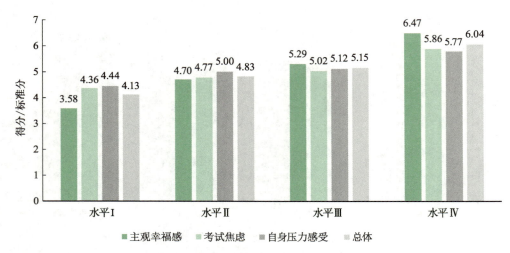

图 8　不同师生关系水平学生在心理健康各维度上的得分差异

其次，表 11、图 9 呈现了不同同伴关系水平学生在心理健康各维度上的得分差异。水平 IV 学生在主观幸福感、考试焦虑、自身压力感受三个子维度及总体上的得分最高，水平 III 学生次之，水平 II 学生再次之，水平 I 学生的得分最低。可见同伴关系水平高的学生的心理健康状况更好，表现为主观幸福感更强、考试焦虑程度更低、自身压力感受更轻。

表 11　不同同伴关系水平学生在心理健康各维度上的得分差异

单位：标准分

| 同伴关系水平 | 主观幸福感 | 考试焦虑 | 自身压力感受 | 总体 |
| --- | --- | --- | --- | --- |
| 水平 I | 3.43 | 4.31 | 4.49 | 4.08 |
| 水平 II | 4.69 | 4.75 | 4.95 | 4.80 |
| 水平 III | 5.47 | 5.09 | 5.15 | 5.24 |
| 水平 IV | 6.45 | 5.86 | 5.74 | 6.02 |

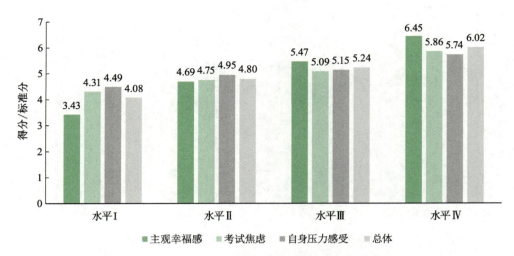

图 9 不同同伴关系水平学生在心理健康各维度上的得分差异

最后，表 12、图 10 呈现了不同亲子关系水平学生在心理健康各维度上的得分差异。水平Ⅳ学生在主观幸福感、考试焦虑、自身压力感受三个子维度及总体上的得分最高，水平Ⅲ学生次之，水平Ⅱ学生再次之，水平Ⅰ学生的得分最低。可见亲子关系水平高的学生的心理健康状况更好，表现为主观幸福感更强、考试焦虑程度更低、自身压力感受更轻。

表 12　不同亲子关系水平学生在心理健康各维度上的得分差异

单位：标准分

| 亲子关系水平 | 主观幸福感 | 考试焦虑 | 自身压力感受 | 总体 |
| --- | --- | --- | --- | --- |
| 水平Ⅰ | 3.58 | 4.31 | 4.40 | 4.10 |
| 水平Ⅱ | 4.61 | 4.69 | 4.89 | 4.73 |
| 水平Ⅲ | 5.36 | 5.09 | 5.20 | 5.22 |
| 水平Ⅳ | 6.47 | 5.93 | 5.84 | 6.09 |

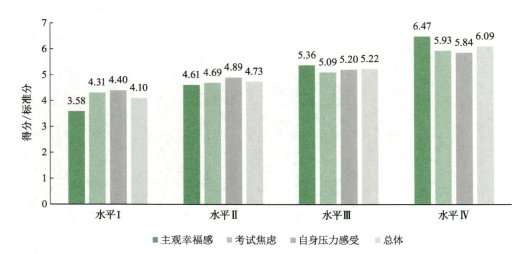

**图 10　不同亲子关系水平学生在心理健康各维度上的得分差异**

### 3. 客观学业负担越轻的学生的心理健康状况更好

首先，表 13、图 11 呈现了不同作业负担水平学生在心理健康各维度上的得分差异。水平 Ⅳ 学生在主观幸福感、考试焦虑、自身压力感受三个子维度及总体上的得分最高，水平 Ⅲ 学生次之，水平 Ⅱ 学生再次之，水平 Ⅰ 学生的得分最低。可见作业负担水平高（作业负担轻）的学生的心理健康状况更好，表现为主观幸福感更强、考试焦虑程度更低、自身压力感受更轻。

**表 13　不同作业负担水平学生在心理健康各维度上的得分差异**

单位：标准分

| 作业负担水平 | 主观幸福感 | 考试焦虑 | 自身压力感受 | 总体 |
| --- | --- | --- | --- | --- |
| 水平 Ⅰ | 4.35 | 4.49 | 4.34 | 4.40 |
| 水平 Ⅱ | 4.99 | 4.94 | 4.97 | 4.97 |
| 水平 Ⅲ | 5.21 | 5.15 | 5.28 | 5.22 |
| 水平 Ⅳ | 5.48 | 5.43 | 5.75 | 5.56 |

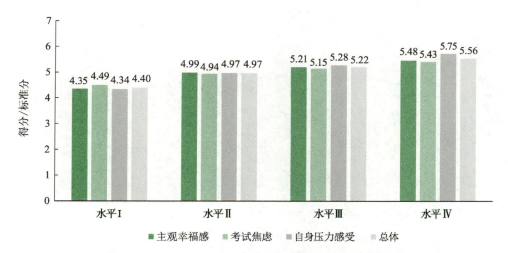

**图 11　不同作业负担水平学生在心理健康各维度上的得分差异**

其次，表 14、图 12 呈现了不同补习负担水平学生在心理健康各维度上的得分差异。水平 Ⅳ 学生在主观幸福感、考试焦虑、自身压力感受三个子维度及总体上的得分最高，水平 Ⅲ 学生次之，水平 Ⅱ 学生再次之，水平 Ⅰ 学生的得分最低。可见补习负担水平高（补习负担轻）的学生的心理健康状况更好，表现为主观幸福感更强、考试焦虑程度更低、自身压力感受更轻。

**表 14　不同补习负担水平学生在心理健康各维度上的得分差异**

单位：标准分

| 补习负担水平 | 主观幸福感 | 考试焦虑 | 自身压力感受 | 总体 |
| --- | --- | --- | --- | --- |
| 水平 Ⅰ | 4.35 | 4.49 | 4.34 | 4.40 |
| 水平 Ⅱ | 4.99 | 4.94 | 4.97 | 4.97 |
| 水平 Ⅲ | 5.21 | 5.15 | 5.28 | 5.22 |
| 水平 Ⅳ | 5.48 | 5.43 | 5.75 | 5.56 |

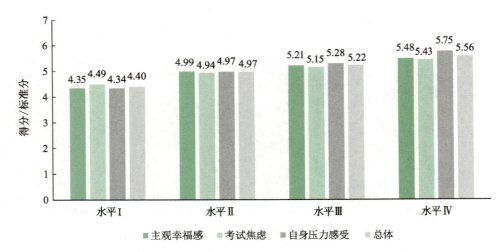

图 12　不同补习负担水平学生在心理健康各维度上的得分差异

**4. 参加体育锻炼多的学生的心理健康状况更好**

首先，表 15、图 13 呈现了参加校内体育锻炼情况不同的学生在心理健康各维度上的得分差异。在校期间每天（共 5 天）都参加体育锻炼时间在 60 min 及以上的学生在主观幸福感、考试焦虑、自身压力感受三个子维度及总体上的得分最高，一天都不参加（0 天）的学生在各维度上的得分最低。可见在校期间参加体育锻炼在 60 min 及以上的天数越多的学生的心理健康状况更好，表现为主观幸福感更强、考试焦虑程度更低、自身压力感受更轻。

表 15　参加校内体育锻炼情况不同的学生在心理健康各维度上的得分差异

单位：标准分

| 参加校内体育锻炼时间在 60 min 及以上的天数 | 主观幸福感 | 考试焦虑 | 自身压力感受 | 总体 |
| --- | --- | --- | --- | --- |
| 0 天 | 4.00 | 4.52 | 4.60 | 4.37 |
| 1 天 | 4.54 | 4.67 | 4.88 | 4.69 |
| 2 天 | 4.78 | 4.80 | 4.98 | 4.86 |
| 3 天 | 5.11 | 5.04 | 5.11 | 5.09 |
| 4 天 | 5.38 | 5.24 | 5.20 | 5.28 |
| 5 天 | 5.72 | 5.53 | 5.53 | 5.60 |

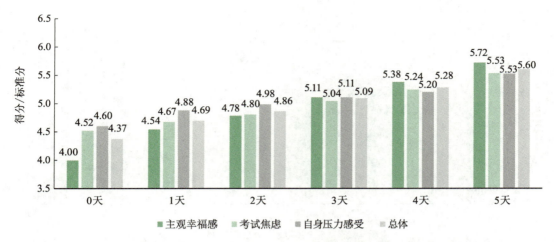

**图 13　参加校内体育锻炼情况不同的学生在心理健康各维度上的得分差异**

其次，表 16、图 14 呈现了参加校外体育锻炼情况不同的学生在心理健康各维度上的得分差异。每周参加校外体育锻炼的次数为 7 次及以上的学生在主观幸福感、考试焦虑、自身压力感受三个子维度及总体上的得分最高，一次都不参加（0 次）的学生在各维度上的得分最低。可见校外期间每周参加体育锻炼的次数越多的学生的心理健康状况更好，表现为主观幸福感更强、考试焦虑程度更低、自身压力感受更轻。

**表 16　参加校外体育锻炼情况不同的学生在心理健康各维度上的得分差异**

单位：标准分

| 每周参加校外体育锻炼的次数 | 主观幸福感 | 考试焦虑 | 自身压力感受 | 总体 |
| --- | --- | --- | --- | --- |
| 0 次 | 3.61 | 4.47 | 4.60 | 4.23 |
| 1 次 | 4.46 | 4.67 | 4.80 | 4.65 |
| 2 次 | 4.89 | 4.87 | 4.99 | 4.92 |
| 3 次 | 5.08 | 4.96 | 5.11 | 5.06 |
| 4 次 | 5.29 | 5.13 | 5.18 | 5.21 |
| 5 次 | 5.44 | 5.25 | 5.24 | 5.32 |
| 6 次 | 5.59 | 5.37 | 5.31 | 5.43 |
| 7 次及以上 | 5.66 | 5.52 | 5.49 | 5.57 |

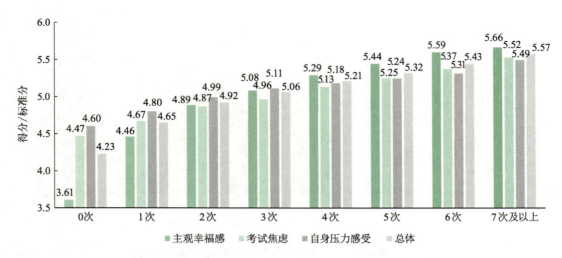

图 14　参加校外体育锻炼情况不同的学生在心理健康各维度上的得分差异

# 四、教育建议

## （一）系统推进社会与情感能力的培养

本研究发现，社会与情感能力强的学生的心理健康状况更好。因此，应当系统推进对社会与情感能力的培养，促进学生获得良好的心理发展。首先，教育部门要构建长效科学的培养机制，将社会与情感能力培养纳入我国教育政策话语体系，以政策为引领，做好顶层设计，系统推进实施。其次，以学校为主阵地，大力推进社会与情感能力培养课程建设，并通过开展各种课内外活动激发学生的兴趣和主动性。最后，在学校中，教师是学生的领路人，社会与情感能力较强的教师往往具有健康的精神状态且能实施有效的教学。因此，要面向教师开展社会与情感能力的专题培训与专业训练，塑造教师的积极思维，提升教师的幸福感，让教师情感与学生情感形成共振频道、共同发展。

## （二）帮助学生构建良好的人际关系

依据生态系统观的心理韧性模型，儿童、青少年在发展过程中具有安全、爱、归属等心理需要，这些需要的满足依赖学校、家长、社会和同伴群体中的保护性因素及资源（包括亲密关系、高期望、积极参与），如果外部资源满足了心理需要，则个体就会发展出心理韧性特质，这些特质会保护儿童、青少年免受危险因素的影响，从而获得良好发展。根据此模型的观点，良好的人际支持能够满足儿童及青少年建立关系、发展能力等基本需要，从而提高他们的心理健康发展水平。因此，家长和教师应该给予孩子充分的尊重、理解和支持，并帮助其构建和谐的人际关系网络。家长除了履行养育责任外，还应成为孩子最信任的陪伴者与支持者。家长应当认识到，孩子是成长发展中的个体，难免犯错，因此在养育过程中要给予他们足够的耐心和关爱。教师应主动与学生建立良好的师生关系，提高自己对学生的亲子关系的敏感度，引导学生与家长保持良好沟通，同时也要促使学生与同伴友爱互助、共同成长。

### （三）缓解学生过重的学业负担

2021年7月，中共中央办公厅、国务院办公厅印发《关于进一步减轻义务教育阶段学生作业负担和校外培训负担的意见》，明确提出要有效减轻义务教育阶段学生过重作业负担和校外培训负担。本研究结果显示，客观学业负担轻的学生的心理健康状况更好，这证实了这一政策的正确性。对于家长而言，要认识到过重的作业负担不仅对孩子的学业发展作用不大，而且可能影响孩子的身心健康，因此要避免额外增加孩子的作业负担和补习负担，尽可能保证孩子拥有充足的睡眠和规律的作息，同时要帮助孩子提高学习效率。对于学校而言，一是要全力推进"双减"政策落地落实，严控书面作业总量，不断提升作业质量，同时要提高教学效率，特别是学生课堂学习效率；二是要加强对家长和学生的引导，形成家校教育的合力，切实减轻违背教育教学规律、有损学生身心健康的过重作业负担。

### （四）确保学生有足够的体育锻炼时间

体育锻炼不仅可以强身健体，而且可以深刻地塑造一个人的意志品质和生活态度，并促进学生心理的健康发展。在心理学领域，体育锻炼已经是被广泛认可的一种可以缓解压力、减轻抑郁、保持心理健康的有效手段。因此，学校应保证学生每天校内一小时的体育锻炼，保证体育课开齐、开足、开好，营造良好的体育运动氛围。家长要做好榜样示范，加强亲子锻炼。家长是孩子最重要的学习榜样，要想让孩子养成体育锻炼习惯，家长要扮演好带领角色，自己平时多进行运动。同时，家长应多带孩子开展亲子锻炼，如可以利用晚饭前的二三十分钟时间，引导孩子开展一些趣味性强的运动项目，或者周末陪孩子爬山、骑车、划船等，这样不仅能使孩子增强体能，还能促进亲子之间的情感交流。

### (五) 关注群体差异，建立心理预警机制

本研究发现，与相对应的同伴相比，女生、非独生子女、非苏州市户籍、家庭社会经济地位低的学生的心理健康状况更差。首先，我们应正视不同群体在心理健康状况方面的发展差异，积极探索并找准造成不同群体的心理发展差异的关键因素，从造成差异的因素入手，通过改变教育行为、学习环境等来帮助学生调整状态，为其健康成长和长远发展奠基。其次，相关部门应建立心理预警机制，通过对学生日常学习行为、社会交往活动和心理健康状态的多维度、多阶段分析，识别学生的心理发展变化，并采取针对性的防范措施，保障学生的心理健康发展。最后，学校与相关教师应向相关群体（如女生、非独生子女、非苏州市户籍学生及家庭社会经济地位低的学生）倾斜更多的关注和帮扶，如提供心理健康咨询、进行职业生涯发展规划辅导、进行兴趣培养引导等，促进其心理状况朝着健康的方向良性发展。

（本文由苏州市教育质量监测中心提供，撰稿人：于飞飞）

# 集团化办学助推城乡基础教育一体化高质量发展
## ——吴江区集团化办学专题分析报告

## 一、集团化办学的背景

2012年，国务院印发《关于深入推进义务教育均衡发展的意见》，要求通过探索集团化办学等新办学模式，整体提升学校办学水平；2013年，教育部等部门出台《关于全面改善贫困地区义务教育薄弱学校基本办学条件的意见》，要求通过集团化等方式扩大优质资源的覆盖面，合理分流学生，解决"大班额"等问题；2016年，国务院出台《关于统筹推进县域内城乡义务教育一体化改革发展的若干意见》，要求通过实施集团化办学方式，对薄弱学校和乡村学校进行扶持，促进教育均衡发展；2017年，中共中央办公厅、国务院办公厅印发《关于深化教育体制机制改革的意见》，强调改进管理模式，探索集团化办学等办学形式。国家层面的政策导向明确，集团化办学是扩大优质资源覆盖面、促进教育均衡发展的重要手段。随着相关政策文本的指引和实践的不断推进，各省市逐步开始探索集团化办学模式，部分地区先后出台了集团化办学的专门性政策文件，为指导集团化办学进一步实施提供思路，也为促进教育资源的均衡提供地方智慧。

为落实国家和省、市对基础教育优质均衡发展的指示和要求，回应人民群众"有学上、上好学"的需求，吴江区在2017年8月由区政府出台了《关于推进集团化办学的实施意见》，将集团化办学改革纳入了全区重点改革事项，并对全区多层次的集团化办学模式和发展要求做了全面的、具有吴江特色的顶层设计，建构起四大类的集团化办学模式，并不断拓宽长三角区域内的共同体建设及合作办学模式。

## 二、集团化办学的推进情况

吴江区的集团化办学的主要内容是通过组建不同类型、不同层次的教育集团，推动优质资源要素的合理流动和下沉，激发学校转化管理机制、优化课程教学、强化师资建设、深化品牌打造等方面的内驱力，实现优质教育理念、资源、方法、成果、品牌共享，充分发挥基础性优质教育资源的示范辐射作用，解决校际教育资源不均衡问题，把老百姓家门口的每一所学校都办成优质学校，营造积极健康的区域教育生态。

2017年，按照"重点扶持、试点先行、分类推进"的工作思路，通过教育行政部门的指导协调，吴江区将若干所区位条件、资源禀赋、发展水平处于不同层次或具有不同特点的学校组建为"教育集团"，遵循分类试点推进、聚焦内涵发展、坚持开放协同、激发办学活力的原则，在拥有两个及以上校区的学校中，遴选3所学校先行试点，组建成紧密型教育集团，分别为江苏省吴江实验小学教育集团（下辖太湖校区、爱德校区、城中校区、苏州湾实验小学）、苏州市吴江区盛泽实验小学教育集团（下辖舜湖校区、城南校区、程开甲小学）、苏州市吴江区鲈乡实验小学教育集团（下辖仲英校区、越秀校区）。根据"双向选择，行政统筹"的原则，在综合评估的基础上，组建18个协作型教育集团（学校发展共同体）。全区21所合格外来工子弟学校分别与一所公办小学结对，组建17个帮扶型教育集团。2018年，为加强中小学衔接教学，推进学段贯通的研究，全区4所公办九年一贯制学校组建联盟，建立纵向式教育集团。2019年，为实现学前教育优质均衡发展，充分发挥优质教育资源的示范辐射作用，全区先后建立苏州市吴江区实验幼儿园教育集团和苏州市吴江区鲈乡幼儿园教育集团；将盛泽小学、绸都小学纳入苏州市吴江区盛泽实验小学教育集团，实行集团化管理；成立江村实验学校，并将其纳入九年一贯制学校联盟。2020年，全区组建江苏省震泽中学教育集团、北外附属苏州湾外国语学校广雅教育集团、天和小学蒲公英教育集团；将吴江区桃源小学纳入苏州市吴江区盛泽实验小学教育集团；设立苏州市吴江区盛泽实验小学教育集团鼎方校区、苏州市吴江区实验幼儿园教育集团求真园区、苏州市吴江区鲈乡幼儿园教育集团流虹园区、苏州市吴江区鲈乡实验小学教育集团流虹校区、苏州市吴江区思贤实验小学南校区；新成立江苏省震泽中学育英学校，并将其纳入江苏省震泽中学教育集团统一管理。2021年，成立苏州市吴江区实验初级中学教育集团（由苏州市吴江区实验初级中学和苏州市吴江区笠泽实验初级中学组成）。2022年，组建盛泽二中教育集团（由苏州市吴江区盛泽第二中学、苏州市吴江区盛泽实验初级中学组成）、盛泽中学教育集团（由吴江盛泽中学、盛泽一中组成）；组建吴江经济技术开发区江陵实验小学教育集团（下辖绣湖东路小学、淞南路小学和三淞路小学）；将吴江区盛泽新城实验小学和吴江区坛丘小学纳入苏州市吴江区盛泽实验小学教育集团；组建江苏省汾湖高新技术产业开发区幼儿教育集团（由金家坝幼儿园、芦墟幼儿园、黎里幼儿园、北库幼儿园、莘塔幼儿园、汾湖高新技术产业开发区实验幼儿园、汾湖高新技术产业开发区城区幼儿园和越江幼儿园组成）；将上海世外教育附属吴江云龙实验学校、苏州大学附属吴江学校纳入九年一贯制学校联盟。2023年，设立吴江经济技术开发区江陵实验小学教育集团吉市路小学。

到2023年上半年，吴江区全区共有紧密型、协作型、帮扶型、纵向型四大类型教育集团，覆盖到所有学段。紧密型教育集团在部分多校区的学校中试点组建，教育集团实行总校长负责制，集团成员校的战略发展规划、绩效评价方案由集团统一制定，各成员校师资、设备等由集团统配统筹；重要活动、重大项目集体攻关，内部成员校既有校区（非独立法人），也有独立建制学校。协作型教育集团采用"1+$N$"组建方式，即由一所优质学校牵头，若干所潜力学校参与，组建"协作型"教育集团；集团内各成员校法人地位不变、管理体制不变、经济独立核算不变、校名和行政隶属关系不变；集团内学校之间管理互通、研训联动、项目共研、质量共进、文化共建。帮扶型教育集团主要为区域内每一所合格外来工子弟学校分别与一所公办学校结对组建，帮扶的公办学校向被帮扶学校派驻管理人员，实行同步的教育教学管理模式，共享优质教育资源和教学管理经验；另外，也有优质民办学校对薄弱公办学校的帮扶，双方开展项目共研、资源共享等合作。纵向型教育集团由全区公办九年一贯制学校组成，联盟内建立章程，按照学年度和学期工作方案、计划开展涵盖学校管理、教学研究、课程建设等各方面的研讨活动，推进学段贯通方面的研究，提高农村小规模薄弱学校的办学水平并加快一贯制学校办学的探索。

其间，吴江区全区也借力长三角一体化国家战略，加快长三角教育一体化江苏试验区建设，充分利用上海、浙江等地优质教育资源优势，采取联办、托管、校际合作等多种方式打造试验区优质示范学校，拓展集团化办学模式。全区以盛泽、汾湖、松陵和江陵等地为试点，实施"长三角教育一体化创新管理合作项目"，共建实验校，深度推进沪苏合作办学。2021年以来陆续引进上海中小学博雅教育研究所、上海世外教育集团、南京师范大学、苏州大学、上海师范大学等优质教育资源开展合作办学项目，为老校的提档升级、新校的特色发展提供强大资源支撑。

几年来，吴江区全区集团化办学机制不断创新，在集团内逐步形成"七位一体"的布局，即学校文化相互滋养、学校管理协作共议、课程建设共建共享、师资力量交流互助、课堂教学教研联动、项目策划聚力协同、设施管理开放共享，充分构建起人力资源优势、资源集中优势、实施"大项目"的优势，努力"做优集团，做强校区"。同时，在长三角一体化国家战略背景下加快推进集团办学地域拓展，多形式广渠道开展全方位合作。这一系列举措助推区域基础教育学校的集团化品牌建设与教育事业高质量均衡发展，同时也通过集团化办学推进城乡携手共进计划，着力推动乡村教育振兴。全区先后召开集团化办学创新推进会、"指向优质均衡发展的集团化办学"推进会等，不断反思改进集团化办学的实施路径；连续多年举办"苏州湾教育对话"论坛，面向全国展示集团化办学经验。吴江区的集团化办学经验多次在苏州市集团化办学推进会上交流，苏州市吴江区盛泽实验小学教育集团、苏州市吴江实验小学教育集团等集团化办学成果在《中国教师报》《人民教育》等主流媒体得到专题介绍。

## 三、集团化办学的典型案例

### （一）苏州市吴江区盛泽实验小学教育集团

苏州市吴江区盛泽实验小学教育集团作为紧密型教育集团目前拥有12所成员学校（校区），师生共两万多人。集团从城乡教育一体化的实际需要出发，因地制宜，借助集体决策、项目协同、内生发展、自我督导等共同发展的机制创新，探索集团化办学的有效路径，激活集团各校的发展动能，最大限度地促进教育均衡发展。

在四年多的集团化办学中，集团实行了以集团党政联席会议为核心决策机构的三"心"一"议"运行机制，探索一条一"带"一"路"的办学路径——"老"带"新"、"强"带"弱"、"公"带"民"，实现了从"优先发展"到"共同发展"和"特色发展"。在不断的研究实践中，集团把握促进教育"优质均衡"的三个关键要素——教师队伍素质、课程实施水平及内部治理结构，积极探索突破路径和有效策略。

一是找到了提升师资水平的"三把钥匙"：统筹全员轮岗、校本专业研修及打开成长空间。

二是破解了提升课程质量的"三道难题"：优化课程结构、优化课程路径及优化教学过程。

三是采取了提升治理能力的"三大行动"：制度重建、结构变革及机制创新。集团力主通过建立"平等、合作、共赢"的内部管理机制，促进集团的自主运行与可持续发展。

苏州市吴江区盛泽实验小学教育集团以一种校本化的创造性实践，让每个学生享有公平而有质量的教育，为吴江区乡镇教育推广集团化办学提供了可移植的实践范式。

## （二）苏州市吴江实验小学教育集团

苏州市吴江实验小学教育集团从拥有5个校区、1所成员学校逐渐发展壮大到目前拥有5个校区、8所成员学校，勇于承担先行先试的"探路者"责任，积极探索集团化办学新举措新路径。集团以"把学校建设成为智力生活和精神世界不断丰富之地"为新时代新愿景，5个校区形成各自的适切文化：城中校区"人人拥有金钥匙"，爱德校区要"把爱德校区建设成为爱的乐园、德的摇篮"，太湖校区"创造值得回味的童年"，苏州湾实验小学在"苏州湾，一个长故事的地方"，东太湖实验小学奏响"蓬勃生长欢乐颂"。

集团坚持"为儿童积极生长而教"，落实"三以三成"：以积极生长者成就积极生长者，以专业化路径成就高品质教育，以大开放策略成就大发展格局；搭建"积极生长好课堂""课程学术周"等课程教学类平台，改变课程与教学形态；创办《积极生长者旬刊》《积极生长者学报》等校刊，推进改革实践成果展示；开展"教育嘉年华""讲述与聆听"等品牌活动，提升校园活动价值含量；举行"阅读节""数学周"等丰富多彩的校园"节""日"活动，形成良好的教育载体。

集团锻造高水平师资队伍，积极发展教师，建设教师专业发展的学术新高地。集团培育了一大批特级教师、名教师和青年拔尖人才，其"课程研修班""种子教师培育工程"等以导师制引领一线教师专业发展，承办新教育国际论坛、"苏州湾教育对话"论坛等一系列高质量活动，以宏大的静态展示扩大集团教师的影响力。集团的"积极生长者"系列评比与宣传、"网格化"党员能量管理等活动，向上向好"点亮"教师，形成集团专业场域。

在新形势下，苏州市吴江实验小学教育集团将充分发挥示范带动作用，"积力之所举""众智之所为"，引领推动教育更高水平地优质均衡发展。

# 四、集团化办学的新探索

2023年，吴江区全区按照党的二十大报告中"加快义务教育优质均衡发展和城乡一体化"的重大部署，以及中共中央办公厅、国务院办公厅印发的《关于构建优质均衡的基本公共教育服务体系的意见》，在近年来区域集团化办学取得的成效及积累的经验做法基础上，进一步完善和优化公办义务段集团化办学的整体布局和制度设计，出台了《吴江区公办义务教育集团化办学实施方案（试行）》，在公办义务教育学校中建立了 10 个教育集团和 1 个九年一贯制学校创新联盟，从而更好地推动城乡一体化办学和城乡教育一体化发展。

新的义务教育学校集团化办学实施方案以习近平新时代中国特色社会主义思想为指导，以办人民满意的教育为目标，围绕深化教育教学改革的一系列关键环节，重点聚焦教育教学研究和资源共享，以实行理事制的紧密协作型教育集团为基本模式，推进教育集团合理布局和协同发展，促进全区教育管理向一线聚焦，激发教育集团及成员学校的办学活力，鼓励教育集团及成员学校以打造重点项目提升办学质量、实现特色发展，推动公办义务教育城乡一体化办学。

实施方案的主要内容分为九个方面。一是加强集团党建，筑牢思想根基。通过探索党建共同体建设，建立集团成员学校理论学习、创新活动联动机制，形成党组织领导下的集团成员学校重大行政决策共商机制。二是优化师资流动，促进教师成长。探索建立集团内师资流动工作机制，以集团为单位建立统一的教师培养培训机制，促进教师成长发展。三是丰富课程资源，打造特色品牌。做好优质资源、特色资源辐射规划，提高集团化办学"公共课程"意识，实现"峰谷共振"。四是深入教学研究，建立一体化机制。由大教研组、大学科组、大课题组牵头，采用线上线下相结合的方式，开展项目研究，实现教学研究一体化和重点工作的共研协进。五是聚焦德育重点，优化育人路径。以项目为引领，以问题为导向统一开展德育重点活动，合作解决焦点问题、特殊问题，提升德育研究能力。六是落实五育并举，促进全面发展。优化实施特色项目，统筹流动师资队伍，创新管理课程资源，交流展示办学成果，多措并举实现集团体艺科技等工作全面发展。七是建立监控体系，提升教学质量。建立集团成员学校全覆盖的教学质量监控体系，推进教育大数据研究应用，以问题为导向开展精准化分析、评价，并探索可持续且有效的解决路径，从而全面提升教学质量。八是打造重点项目，凝聚集团共识。精心打造重点项目和重大活动，统一谋划、统筹实施，以此为切入点做实、做精、做强集团特色和品牌，从而凝聚集团共识，增强集团认同。九是依托科技支撑，共享优质资源。整合集团成员学校的研究力量，进一步完善原有的优质课程和教育教学资源，建设集团文化和教育教学资源互通共享平台，共建教育资源共享体系。

全区将在加强集团化办学的政策研究、制度建设、工作指导和发展评估等方面，不断开拓视野和思路，依托专业的指导和引领，由点到面不断探索、创新，从而促进优质教育资源实质性扩大、持续性发展。全区把集团化办学的着力点放在五个方面：

一是把着力点放在健全资源共享机制上。根据集团实际，有序推进集团内多种形式的师资流动，深入推进特色课程资源共建共享，支持和保障集团成员学校以学校原有优势和特色为基础，依托集团整体力量精心打造重点项目和特色品牌，促进集团内优质教育资源按需精准供给、高效配置、集约利用。

二是把着力点放在教师培训和成长上。以集团研训基地建设为依托，以成立集团学科研究中心和名师工作室为抓手，加大区级层面对集团教师研训的统筹安排力度，从而整合研训资源，建立统一的教师培养培训机制，促进教师成长。建立引领、结对帮扶机制，不断调整优化组织方式与研究方式，通过持续"输血"、自主"造血"等，促进集团更大教师群体的发展成长。

三是把着力点放在推进教学研一体化建设上。集团围绕课堂教学共性、瓶颈问题开展项目研究，精准发现和解决课堂教学问题，通过集团内的专家指导、教研活动和课题研究等多种形式，提升课堂教学和教科研的有效性、针对性，整体提高集团成员学校课堂教学和教育科研质量。建立集团的教学质量监控体系，注重过程性、诊断性质量评价，从而全面提升教学质量。

四是把着力点放在强化统一认识和相互尊重追求上。在尊重集团成员学校自身独特的发展历程和特有的资源优势前提下，适度形成集团的核心理念和价值认同，个性与共性相结合，重点与全面相结合，实现"各美其美，美美与共"，合力托举集团的再发展。

五是把着力点放在统筹协调整体推进上。教育行政部门各科室在政策研究、制度建设、工作指导、条件保障和发展评估等方面予以支持和督促；各集团成员学校做好调研和规划，明确阶段性重点项目，制订学年工作计划，落实责任分工、统筹推进实施。教育专家对集团发展进行顶层设计和发展规划的指导。

从2017年系统推进到2023年调整优化，吴江区的集团化办学规模不断扩大，体系不断完善，由点到面持续推动城乡一体、公民协同、学段贯通等创新研究，围绕教学研一体化、课程建设、师资流动等重点项目开展改革攻坚，实现共建共享，从而不断推动全区集团化办学走上强强联合、以强带弱、内生外拓的发展之路，全面构建起多层次的具有吴江特色的集团化办学体系，促进全区教育优质均衡发展和城乡一体化发展。

（本文由吴江区教育局普教科提供，撰稿人：沈志伟）